运动科学前沿译丛

U0602328

Artificial Intelligence in Sport Performance Analysis

运动表现分析中的人工智能

[葡]杜阿尔特·阿劳若（Duarte Araújo）、[葡]米卡埃尔·科塞罗（Micael Couceiro）
[法]卢多维奇·塞弗特（Ludovic Seifert）、[葡]雨果·萨尔门托（Hugo Sarmento）
[英]基思·戴维兹（Keith Davids）　著

王　坤　黄　涛　等译

上海教育出版社
SHANGHAI EDUCATIONAL
PUBLISHING HOUSE

译者团队

王　坤　黄　涛　杨彦祥　罗　严　柳文希

刘逸婷　蔡少波　夏泽涵　郑　祥

译者序

近年来，人工智能技术不断发展，逐渐在各个领域得以应用。体育和运动领域也成为其重要的应用场景，受到学界和业界的广泛关注和期待。在此背景下，我们有幸翻译《运动表现分析中的人工智能》（*Artificial Intelligence in Sport Performance Analysis*）一书。本书基于生态动力学理论框架，深入探讨了人工智能技术在运动训练和比赛中的应用，为教练、科研人员、运动分析师及其他相关学科的从业者提供了指导和参考。

在翻译过程中，我们深刻认识到本书的多学科交叉特点。作者将运动科学与计算机科学、人工智能、数据科学等学科相结合，探讨了如何利用人工智能技术对运动员及运动团队的表现进行分析和预测等丰富内容。这些内容不仅反映了当前的研究前沿，也为将来的研究与实践奠定了基础。

本书的独特之处在于，其对人工智能应用的理解不限于数据驱动的分析，而是采用数据启发决策的方法。这意味着在运动表现分析中，不但依靠大数据的支持，还要以理论框架为基础，从而更有效地解读数据中的规律和潜在因果关系。作者提出的生态动力学框架为理解运动表现提供了新视角，即优异的运动表现不仅取决于技术与体能，还受到运动员与环境之间动态互动的深刻影响。这一视角对未来智能化运动表现的分析与优化具有重要的理论和实践意义。生态动力学框架强调个体与环境的相互关系，认为运动表现是多种因素相互作用的结果，而非单一变量的产物。这一框架为我们理解运动员如何在动态、复杂的环境中作出决策提供了理论工具，对教练在实践中利用这些信息制订训练计划也具有参考价值。

这种学科的交叉融合使我们在翻译过程中深感责任重大。我们要理解各个学科的相关概念和关系，以确保将这些知识和内容准确地传递给读者。在此过程中，我们遇到了一些挑战。例如，如何将运动科学和人工智能学术体系中的专业术语转换为符合中文学术语境和习惯的表达。我们参考了相关文献，以确保本书中的概念和内容得以清晰、准确呈现。此外，为保持术语翻译的语境适应性,中文版未保留原书辅文的索引部分。在翻译过程中,我们力求保持原著的学术严谨性,同时确保译文的流畅性和准确性。我们不仅注重准确传递内容,还希望语言生动、可读,让读者体会到原著的严谨逻辑与学术思想。因此,我们对每一章节、每一段落的翻译都进行了多次讨论与修改,力求做到"信、达、雅"。然而,由于译者的知识和水平有限,译文中可能存在错误和疏忽,敬请读者指正。

最后,我们衷心感谢原著作者的杰出贡献,以及各位译者和编辑的不懈努力。没有他们的辛勤付出,本书不可能出版。我们还要感谢在翻译过程中给予帮助和建议的同行专家,他们的专业知识和建议对本译著的完成起了重要的作用。我们希望本书的出版能够为国内运动科学、运动训练及运动表现分析领域的研究者和从业者提供启发和参考,激发更多学者和教练关注人工智能在运动领域的应用,也期望本书能够成为学术交流的桥梁,促进国内外运动科学与人工智能应用领域的合作与发展。

译者团队

2025 年 7 月

序　言

理解运动员间的动态行为模式与互动模式是每位运动从业者所面临的重大挑战,而这些模式也是优异运动表现的特征。本书旨在帮助读者理解如何运用人工智能(AI)的生态动力学框架解释运动表现并设计训练方案。

本书深入探讨了人工智能技术在足球等团队项目以及高尔夫、攀岩等个人项目中的应用,帮助读者深入理解一些运动学和生理学相关指标。通过审视当下最前沿的人工智能技术,使这些指标得以更好地体现运动员的运动表现。

《运动表现分析中的人工智能》以创新的方法提供全面的视角,为运动训练指导、运动分析、运动科学以及工程学、计算机和数据科学、统计学等相关学科的学者和从业者提供应用参考。

杜阿尔特·阿劳若(Duarte Araújo),葡萄牙里斯本大学人类运动学学院副教授、运动表现跨学科研究中心(CIPER)负责人、运动技能实验室主任。

米卡埃尔·科塞罗(Micael Couceiro),葡萄牙科英布拉系统与机器人研究所副研究员,Ingeniarius 公司联合创始人兼首席执行官。

卢多维奇·塞弗特(Ludovic Seifert),法国鲁昂诺曼底大学运动科学学院运动控制与学习方向教授、身体活动和运动转化研究中心(CETAPS)实验室副主任、运动表现分析与大数据硕士项目负责人。

雨果·萨尔门托(Hugo Sarmento),葡萄牙科英布拉大学运动科学学院助理教授。

基思·戴维兹(Keith Davids),英国谢菲尔德哈勒姆大学运动和人类表现研究组动作学习方向教授。

目　录

插　图

表　格

作者介绍

　　杜阿尔特·阿劳若(Duarte Araújo)博士是葡萄牙里斯本大学运动与健康系副教授、系主任,并在该校人类运动学学院任职。他领导着该学院的人类运动表现跨学科研究中心(CIPER)及运动技能实验室,并且是 *Psychology of Sport and Exercise* 和 *Journal of Expertise* 杂志的副主编。他的研究领域包括运动技能与决策、表现分析以及体育活动的可供性。这些研究得到了葡萄牙科学与技术基金会的资助。他在学术期刊上发表论文超过 160 篇(在"Web of Science"平台上的引用次数超过 5500 次),出版专著超过 15 本,涵盖运动技能、团队表现、运动可变性、认知及决策等主题。他与多个体育联合会和俱乐部长期合作,指导了来自葡萄牙、意大利、巴西、西班牙和澳大利亚的多名博士生。

　　米卡埃尔·科塞罗(Micael Couceiro)获葡萄牙科英布拉工程学院电气工程学士、教师执照和硕士学位,在科英布拉大学获电气与计算机工程博士学位,并在里斯本大学人类运动学学院完成博士后研究工作。过去 14 年,他的研究涉足机器人学、计算机视觉、体育工程等多个领域,并取得以下学术成果:在国际影响因子期刊发表论文 50 余篇,在国际学术会议发表论文 70 余篇,出版学术专著 3 本,累计指导了硕士生 15 名、博士生 2 名,并负责协调研发项目 6 个。他目前是系统与机器人研究所的副研究员,也是 Ingeniarius 公司的联合创始人兼首席执行官,该公司致力于开发机器人解决方案和可穿戴技术。

　　基思·戴维兹(Keith Davids)博士是英国谢菲尔德哈勒姆大学运动与人类表现研究组教授,专注于动作学习的研究。他毕业于伦敦大学,并在利兹大学获心理学和体育教育博士学位。他曾在英国(曼彻斯特城市大学)、新西兰(奥塔哥大学)、澳大利亚(昆士兰科技大学)以及芬兰(于韦斯屈莱大学体育与健康科学系杰出教授)任教。他的研究主要关注运动表现、技能学习和运动技能的提升,以及如何设计学习、训练和实践环境。他与西班牙、葡萄牙、法国、荷兰、伊朗、马其顿、新西兰、澳大利亚和芬兰的许多专家在运动、体育活动和锻炼领域有着研究合作。他的大部分研究是与新西兰南岛体育学院、昆士兰体育学院、澳大利亚体育研究所、澳大利亚游泳协会、澳大利亚板球协会、英国自行车协会和英国体育研究所合作开展的。

雨果·萨尔门托（Hugo Sarmento）博士是葡萄牙科英布拉大学的助理教授，也是该校青少年运动训练硕士项目的负责人。他的研究采用生态动力学方法，专注于运动技能和运动员培养，同时也在表现分析、训练负荷监测、比赛分析、小场地和条件性比赛以及体育活动与健康等方面进行研究。他已发表 80 多篇国际同行评审的原创文章，并且担任 6 本国际学术期刊的编委。

卢多维奇·塞弗特（Ludovic Seifert）博士是法国鲁昂诺曼底大学的教授，体育活动和运动转化研究中心（CETAPS）实验室副主任，该校运动表现分析硕士项目的负责人。他于 1998 年获体育教育证书，2003 年在鲁昂诺曼底大学获运动科学博士学位。他的研究以生态动力学方法为理论框架，涉及动作技能学习与控制、运动技能与运动员培养领域，重点关注动作协调和视觉运动技能，尤其专注于游泳和攀岩项目的研究。他与多个法国体育联合会（如游泳、攀岩与登山、冰球等）及职业俱乐部有着密切的合作关系。研究成果发表于同行评审期刊并被广泛引用。

前　言

科技,特别是数字计算机科学技术,对运动产生了深远的影响。体育运动从业者借助数据来监测并提升运动表现水平;赛事官员通过追踪系统来增强决策判断力;观众则通过共享数据丰富了观看和体验体育赛事的方式。从运动表现动态过程中提取大数据,已成为大型体育赛事中的常规操作。

目前,运动从业者和学者面临着一个重要挑战,即了解运动员之间的动态行为模式和互动,这些模式是不同运动中优异表现的特征。因此,人工智能(AI)技术越来越流行。人工智能领域的相关研究已经研发出能够记录、分类、分析和解读海量数据的硬件与软件系统。然而,人工智能研究过程中的一个风险是过度依赖数据驱动。本书强调采用数据支持的决策模式能更有效地激发学习者、教练员和运动员的参与,而非单纯的数据驱动。这需要一个全面的理论框架,以批判性地解读庞大且复杂的数据集中的信息,从而提升运动员在训练和比赛中的表现。本书强调了一种生态动力学框架,旨在引导读者理解如何在运动表现分析中运用人工智能技术。本书以团队项目尤其是足球作为主要分析对象,同时也关注人工智能技术在个人项目(如高尔夫、游泳和攀岩等)中的应用。

大数据的强大之处在于通过人工智能特别是机器学习,识别数据中一致性模式的潜力。然而,这个过程仍需要人工观察来监控自动生成的结果,判断哪些模式具有实际意义,哪些是随机现象(Woo,Tay,& Proctor,2020)。运用人工智能技术的目标是从包含大量变量的数据集中创建可靠且可重复的预测模型。为了高效处理大量变量,这些算法能够搜索潜在的预测变量,并找出具有解释力的变量。尽管这些方法不能保证找到理想的模型,但能够识别在各种条件下表现良好的模型,从而提供更有效的评估和干预手段。

本书的主要目的是为运动表现分析的研究与实践提供参考,包括以下几个方面:

(1)以前沿研究为依据,深入探讨运动员表现的运动学与生理学指标,尤其是捕捉运动员与环境互动体系的生态物理指标。

（2）明确研究设计，强调参与者、任务、情境与流程的选择，以及所需的数据采集技术。

（3）确定有助于解释运动员成绩背后时空变量的计算指标，同时将这些指标作为数据预处理程序，用于提取竞技表现的代表性特征。

（4）探究人工智能技术如何自动化评估运动行为与表现，并在一定程度上预测健康与竞赛结果。

《运动表现分析中的人工智能》基于创新的方法提供了全面的视角，为教练、运动分析师、学者及从业者提供了实践应用指南，包括将大量数据"压缩"为少量关键变量，提供比传统竞技表现分析方式更深入的分析方式。本书详细阐述了如何解读数据的动态模式，以帮助运动从业者理解成功与不成功的竞技表现，并指导赛前准备以及训练和实训情景的设计。

本书分为七章。第一章和第二章概述了运动领域大数据和人工智能的核心概念及相关研究。具体而言，第一章探讨如何处理大数据，总结了近期优化大规模复杂数据解读的技术方法，这些方法旨在避免将运动仅简单地数据化，进而使运动表现量化从传统方法转向模式驱动的方法。第二章对第一章内容进行了详细阐述，呈现了一篇最新的文献综述，详细讲述了人工智能在竞赛成绩、比分数据和伤病发生率研究中的应用。第三章提供了运动研究设计方面的指南，聚焦描述运动表现的变量，讨论了运动学和生理学表现指标，以及如何从这些指标过渡到生态物理变量。该章详细探讨了这些"低阶"表现指标在足球等运动中的应用，介绍了用于研究运动需求的多种方法，阐述了精准可靠的时空运动学分析（如球员位置和身体姿态）的代表性特征，以更全面地理解运动表现。此外，第三章也强调了自动化工具在运动表现行为分析中的应用，以提升个体和团队的竞赛结果。此章还解释了如何准备和构建分析运动表现的方法设置，介绍和比较了若干方法与技术方案，包括传统摄像机、3D深度摄像机、动作捕捉设备和运动专用设备，以支撑科研和实际应用中的设计需求。第四章的内容从变量提取过渡至表征运动员表现的时空特征变量的处理，主要以足球为例，介绍了当前最前沿的分析方法和测量手段。第五章和第六章主要阐述了人工智能如何被用于识别运动表现模式，呈现了多种分类架构，这些架构不仅用于分类，还在一定程度上预测运动员的健康与竞技表现。最后一章对本书的主要内容进行了总结，为读者明确了关键信息，指出了所介绍的技术方法的局限性，提出了未来发展方向，并探讨了人工智能在科研、教学及训练中的应用价值。

本书的目标读者包括讲授与学习运动科学、表现分析及相关领域本科及研究生课程的人员，同时也包括体育机构中从事实践工作的专业人士，特别是那些寻求运用新方法和人工智能技术来加深对运动中互动动态模式理解的从业者。本书内容适合在体育产业和职业俱乐部中工作的教练、表现分析师、运动工程师以及运动学专家参考使用。

本书的一大特色是采用了生态动力学的理论框架。为阐述这一框架，我们特别强调其三个核心假设，这些假设将生态动力学的不同要素整合在一起（Araújo 等，2020；Button 等，2020）：①运动表现来自于运动员—环境系统；②要理解个体的运动表现，需要分析环境提供的行为机会（即可供性 affordance）；③运动表现（作为自组织的结果）在相互作用的约束下出现。

第一，个体和环境相互依存，而非独立存在。运动员在不断变化的情境中有意识地进行各类运动（行为）。作为复杂动态系统的一部分，每名运动员的行为都必须根据外界变化不断地重新调整。同时，在任何给定时刻，个体—环境体系的构成会随着个体关注点的变化而动态改变。这表明行为不仅受限于个体自身的生理或心理过程。不同于以生物体（个体）为中心的传统观念，生态动力学认为行为是生物体与环境系统的重新组织。这一理论的内涵在于，理解运动表现需要同时重视运动环境的特征，而不是仅仅关注运动员本身。

第二，对于运动员而言，环境体验是有意义的，这意味着对运动表现的理解应将体验融入环境特性之中，正如 Gibson（1979）在其可供性概念中所阐述的那样。环境特征能够直接为运动员提供在运动环境中哪些可以做、哪些不能做的信息。可供性是环境相对于个体能力的一个特性。因此，感知可以理解为在环境中探测特定行动可能性信息的过程。

第三，从个体—环境体系的视角来看，运动表现可以被视为在特定约束下是自组织的（self-organized），而不是依赖于来自内部（如思维）或外部（如教练指导）的强制性安排。运动表现不是被内部或外部结构所设定的，但在既定的约束下，通常只有少数几个稳定的解决方案可以达成期望的结果。当体系（即个体—环境体系）因系统内各个部分的动态互动而建立起特定状态（即行为模式）时，该状态便被认为是自组织的。外部计划（如教练的计划）不会引发自组织过程。自组织过程由系统内的组成部分（如运动员、队友、对手、教练和技术团队、设施）共同生成。由此产生的行为模式与体系的组成部分不同，不能仅凭组成部分的特性来预测。

根据生态动力学,生态物理变量(Araújo 等,2020)是捕捉智能行为最合适的起点。这些变量表达了环境与运动员之间的契合关系。无论如何,运动从业者的专业知识有助于对这些变量的解释。因此,强烈建议使用可视化分析作为解释大数据的工具,其展示形式可以通过跨学科合作的方式开发,包括运动科学专家、从业者、计算机与数据科学家以及工程师间的协作(Couceiro 等,2016)。可视化分析和精心设计的信息图表能够更好地考虑情境,而自动化的、脱离情境的输出可能永远无法做到这一点。鉴于运动学专家在理解运动、身体和环境如何共同影响智能表现行为方面的专业知识,他们可以与计算机专家合作,开发更有具身性和嵌入性的架构,以捕捉人工智能的影响。这是本书的主要目标。

2020 年 10 月 31 日

Duarte Araujo,Micael Couceiro, Ludovic Seifert,

Hugo Sarmento 和 Keith Davis

参考文献

Araújo, D., Davids, K., & Renshaw, I. (2020). Cognition, emotion and action in sport: An ecological dynamics perspective. In G. Tenenbaum & R. Eklundf (Eds.), *Handbook of sport psychology* (4th ed., pp. 535 – 555). New York, NY: John Wiley & Sons, Inc.

Button, C., Seifert, L., Chow, J. Y., Araújo, D., & Davids, K. (2020). *Dynamics of skill acquisition: An ecological dynamics approach* (2nd ed.). Champaign, IL: Human Kinetics.

Couceiro, M. S., Dias, G., Araújo, D., & Davids, K. (2016). The ARCANE project: How an ecological dynamics framework can enhance performance assessment and prediction in football. *Sports Medicine*, 46(12), 1781 – 1786.

Gibson, J. J. (1979). *The ecological approach to visual perception*. Boston, MA: Houghton Mifflin.

Woo, S. E., Tay, L., & Proctor, R. W. (Eds.). (2020). *Big data in psychological research*. Washington, DC: American Psychological Association.

致　谢

杜阿尔特·阿劳若(Duarte Araújo)的研究得到了葡萄牙科学机构——科学技术基金会的资助,项目编号为 UIDB/00447/2020,受资助方为人类运动表现跨学科研究中心(CIPER)(unit 447)。

米卡埃尔·科塞罗(Micael Couceiro)的研究得到了 CORE R & D 项目的支持,该项目由葡萄牙 2020 计划(Portugal 2020 programme)共同资助,编号为 CENTRO‐01‐0247‐FEDER 037082。

卢多维奇·塞弗特(Ludovic Seifert)的研究得到了法国国家研究机构的 DynACEV 基金项目(编号:ANR‐17‐CE38‐0006)和 NePTUNE 基金项目(编号:ANR‐19‐STHP‐0004)的资助。

第一章　赋能人类智能：
大数据和人工智能在运动表现准备中的生态动力学方法

运 动 大 数 据

数字技术对体育领域产生了深远影响(Miah，2017)。运动员和教练依靠数字化运动数据监控和提升运动表现;裁判员借助运动追踪系统来提高判罚的准确性;观众则通过共享的数据丰富观看和体验体育赛事的方式。

如今,科技使体育从业者、运动员和观众能够更快速、更全面地收集和存储大量数据。这些数据可以通过各种传感器和设备以不同的方式收集,既可以独立储存,也可以通过互联的应用程序整合。然而,数据激增的速度和规模,已经超出了人类处理、分析、存储和理解这些数据的能力。而且,人与设备的互联程度日益提高,关联设备、器件的数量不断增加,催生出大量的数据集,需要挖掘出其中有价值的信息,从而提高运动表现水平、安全性、健康与福祉。技术的进步不仅带来了新的数据流、存储库和算力的提升,还推动了统计、分析、计算技术(如人工智能技术)的发展。这些技术广泛应用于包括运动在内的许多领域。通过分析这些数据集,可以提升我们规划、准备和预测运动表现的能力。因此,大数据逐渐进入了运动科学的研究领域(Goes 等,2020;Rein & Memmert,2016;本书第二章)。大数据泛指快速增长的多形态数据(如结构化和非结构化数据),及其支撑的技术基础设施(如数据捕获、存储和处理)和用于数据分析的技术手段(Woo，Tay，& Proctor，2020)。20 世纪 90 年代中期,John Mashey提出了"大数据"这一概念(Gandomi & Haider，2015),用于描述那些由于庞大且复杂,针对特定问题无法用传统方法管理并获取价值的数据集(Proctor & Xiong，2020)。因 此,"3V"——体 量(Volume)、种 类(Variety)和 速 度(Velocity)逐渐成为描述大数据特性的通用范式(Gandomi & Haider,2015)。理解"3V"特性对理解大数据十分重要:①体量指数据的规模,通常以太字节(TB)甚至艾字节(EB)来衡量;②种类指数据的类型(如文本、物理传感器数据、音频、视频、图表)以及数据结构(结构化或非结构化);③速度指数据流的持续生成速度以及分析数据的速度。此外,近年来也有对其他"V"特性的相关讨论(Proctor & Xiong，2020),如可变性(Variability,即数据流的变化)、准确性(Veracity,即数据的精度)和价值(Value,即通过大数据获取有意义信息的能力)。相应地,数据挖掘指从这些大型数据集中提取有用信息的能力(Fan &

Bifet，2014)。数据挖掘的手段之一就是利用人工智能来实现，这也是本书后续章节讨论的主题。

对于运动学专家和从业者而言，首要挑战是了解如何获取和访问这些数据，其次是如何将数据处理和清洗成可用于科学研究和运动员辅助的形式（Endel & Piringer，2015)。同时，由于采集的数据可能不完整，需要一定的方法来转换、检测和处理缺失数据。传统的零假设检验（0.05 显著性水平）在大数据背景下可能失去意义，因为在大数据样本量非常大的情况下，微小的差异也可能具有统计显著性。因此，随之而来的另一项挑战是如何从大数据中获取有意义的信息并预测结果。对此，一种解决方案是倚重于统计学和计算建模（Proctor & Xiong，2020)，如机器学习技术（如 Couceiro，Dias，Mendes，& Araújo，2013;有关综述内容参见第二章)。将在本章末尾讨论的另一种可能的补充解决方案是通过理论掌握该获取哪些数据以及如何处理和解释这些数据，而不是单纯依赖计算能力进行数据分析。

大数据的来源

Woo，Tay，Jebb，Ford 和 Kern(2020)指出，行为研究中最常见的三大数据来源是社交媒体（如 Twitter 和 Facebook)、可穿戴传感器（如 Garmin 和 Fitbit)和互联网活动（如网页搜索和浏览)。此外，Woo 等人(2020)还提到了另外两种新兴的数据来源，即公共网络摄像头和智能手机（关于运动科学中的主要数据来源，参见第三章)。这些大数据与"传统"的数据来源（如调查和访谈）不同，后者通常规模较小、生成速度较慢且技术门槛较低。需要注意的是，"大"数据和"小"数据是一个连续体，并非表示两种截然不同的数据类型。

近年来，技术的进步显著提升了我们研究运动员在自然状态下的运动表现（参见第三章）及其专业技能的能力（如 Baker & Farrow，2015;Ericsson，Hoffman，Kozbelt，& Williams，2018;Ward，Schraagen，Gore，& Roth，2020)。生态瞬时评估（EMA)通过手持电子设备收集即时行为数据，要求参与者每天在设备提示下多次填写问卷。尽管这些设备能够实时捕捉参与者的行为过程数据，但调查疲劳、行为表达的局限以及回答偏倚等问题可能会影响参与者自我报告数据的准确性（Blake，Lee，Rosa，& Sherman，2020)。基于智能手机的移动感应是一种采集自然行为数据的新方法（Araújo 等,2019)，它能无干扰地追踪参与者的物理位置、体育活动和生理信息（Júdice 等,2020;

Ram & Diehl，2015）。与互联网连接的传感器可以持续提供数据流，许多类型的传感器可以嵌入可穿戴设备中，以捕捉特定的数据，如压力、加速度和定位数据（如地理信息系统 GIS 和全球定位系统 GPS），这些数据可以记录行为变量，包括位置、姿势和运动（如坐、站、走和跑），以及与其他传感器的物理距离（Chaffin 等，2017）。这些技术的扩展使以前因隐私、成本和技术限制而无法获取的行为数据逐渐可被捕捉（Woo，Tay，Jebb 等，2020）。得益于智能手机的高度便携性这一独特优势，研究者能够对调查数据和由智能手机传感器记录与共享的行为观察数据（通常还包括社交媒体）进行交叉分析，从而全面了解参与者的行为和体验（Harari 等，2016；Fortes 等，2019）。还有研究探讨了使用智能手机数据进行行为测量的信效度问题（Harari 等，2016；Júdice 等，2020；Woo，Tay，Jebb 等，2020）。

虽然可穿戴设备在捕捉个体所处环境的关键方面已取得进展，但它们无法提供关于个体在动作过程中的视觉感受，或者环境可能发生的视觉变化。可穿戴摄像头能够提供有关个人视觉环境的原始信息，从而弥补这一局限（Omodei & McLennan，1994）。对于在有限空间内的竞技表现，另一种可能的方式是单人（如高尔夫）或交互式（如运动员、团队和表现环境之间）的录像。在 20 世纪 80 和 90 年代，人们通常会对这些视频录像编码和汇总。但近期的研究采用更密集的数据采集策略，以研究运动中的团体行为（Araújo & Davids，2016；Rein & Memmert，2016）。还有部分视频数据是通过公共摄像头获得，其图像分辨率通常不高，难以进行精确的个体行为分析，但仍可以用来捕捉一些基本信息以及公共空间内个体、人际和群体行为的有意义模式，如公共场所活动行为或比赛中的集体行为（Woo，Tay，Jebb 等，2020）。以上方法正在不断优化，逐渐变得可信且有用（Adolph，2016）。此外，视频记录的度量属性在分析前需仔细决策，以确定分析的适当单位，明确研究的目标构念（constructs）和时间框架，从而决定将哪些图像信息纳入或排除在分析之外（如 Sanchez-Algarra & Anguera，2013）。

• 大数据测量的信效度

大数据的来源面临伦理和实践方面的挑战，包括隐私、数据安全与存储、数据共享与效度以及可重复性等问题。Adjerid 和 Kelley（2018）指出，我们需要提升数据的测量水平和数据质量，以确保大数据在科学研究中的严谨性。需要注意的是,"更多"的数据并不意味着"更好"的数据质量。Woo,Tay,Jebb 等人(2020)探讨了评估大数据测量效度的三种主要方式:

(1) 响应过程,即所测量的概念与参与者实际反应间的一致性。在这一领域,计算机领域(具有分析传感器数据的能力)与运动科学领域(掌握人类运动表现的理论和专业知识)的学者需要紧密合作,从而理解哪些信息是有价值的,技术应朝哪些方向发展以生成有价值的信息,以及所观察到的规律的真实含义。

(2) 内部(因子)结构。传感器相关研究通常使用单一指标或仅提供操作性测量(Chaffin 等,2017),这可能不足以揭示复杂的构念。然而,结合多元指标可以捕捉到更复杂的构念(Woo,Tay,Jebb 等,2020)。这类情况下,可以通过探索性或验证性的因子分析来鉴别和检验模型的拟合度。同样重要的是,需考虑这些因子是对潜在构念的反映性因子还是形成性因子(Edwards & Bagozzi,2000)。鉴于传感器数据可提供多元时间序列数据,需开发和运用纵向或动态因子模型,以验证时间序列指标是否在时间尺度上具有可操作性(指处理和分析数据方面),以及是否恰当地反映出所测量的构念(Davids 等,2014)。

(3) 与其他变量的理论关系。对于特定的研究构念,重要的是要检验其在一系列潜在相关构念中的收敛效度和区分效度(Woo,Tay,Jebb 等,2020)。

可靠性评估可以在大数据分析过程的各个阶段进行。如果是基于观察者标注的测量(如记录团队球类比赛中的传球次数),那么可以使用典型的"观察者一致性"(如 kappa 值和组内相关系数)来评估测量的可靠性。对于数据驱动的一些特征(如团队球类比赛中的传球类型),可以通过随机抽取数据集来评估结果的可重复性(如相同的词是否被归为同类别)。另一种方法是将连续数据分割成多个时间点,通过对这些时间段的数据进行相关性分析来评估其跨时间一致性(Woo,Tay,Jebb 等,2020)。Chaffin 等人(2017)探究了可穿戴传感器在捕捉行为变量时的可靠性。他们对两种测量误差的来源进行区分,即传感器间的问题敏感度差异(如传感器 A 可能比传感器 B 更敏感),以及同一传感器在不同时段的差异。结果表明,研究者在对不同个体的差异作出推论时需要谨慎,因为这些差异可能是由传感器本身的不同导致的。

通过可视化分析掌握大数据

在大数据分析中,统计建模时常常会遗漏相关背景信息,而现实世界是多维且错综复杂的。决策者不会完全依赖软件分析的结果,他们会在更广泛的社会情境下解释和分析结果的各个方面,从而寻求更适宜且通用的结论(Karimzadeh,Zhao,Wang,Snyder,& Ebert,2020)。当大数据中存在大量统计显著关系时,分析者应能够识别哪些关系是有意义的。可视化分析通过交互式访问、组织管理、所需细节及情境信息,帮助决策者找到相关模式。它还通过整合人类的丰富经验和领域内专业知识(这些知识无法通过数据收集)来增强计算模型的算法(Karimzadeh 等,2020)。在这种基于文化和社会背景的实践情境框架下,人类能够识别在特定领域内什么是相关或有意义的内容。

制作得当的数据图形可视化可以有效地传递信息,提供大数据中不易被发现的有价值的信息。数据可视化是一系列以易于理解的图形方式快速、准确呈现数据的方法,具有探索和解释两大主要功能(Sinar,2015)。其探索功能可以帮助决策者识别原始数据中的潜在关系,解释功能则有助于构建、分析和回答特定的科学问题(Song,Liu,Tang,& Long,2020)。尽管分析和理解数据是数据可视化的基础,但可视化的感知美感同样重要。软硬件的发展使计算机能够存储和分析高维度的海量数据。一些复杂的算法,如机器学习模型,旨在将海量复杂数据降低到可处理的规模和维度,并进行预测。然而,有时由于算法复杂且缺乏透明度,人们无法充分理解和信任这些结果(Burrell,2016)。可视化分析结合用户经验、情境信息、人的专业知识以及人类主导的计算分析能力,可以强化决策的过程。它整合了设计学和认知科学的原则,为数据或分析结果找到合适的视觉类比,并强调为每个分析任务创建有效的感知表达(Karimzadeh 等,2020)。

大数据可视化技术与常规数据可视化并无本质区别。我们可以将传统上用于常规数据的可视化技术加以改进,将其融入更广泛的可视化分析系统,使其具有更强的交互性和链接视图(Robinson,2011)。例如,汇总性的基础可视化方法(如条形图、饼图、折线图)也适用于大数据,且有更多交互功能,可以按需呈现一些附加元素和细节。新型数据可视化技术通常更适用于非结构化数据来源。可视化分析可以整合多种计算模型,并通过交互式用户界面生成模拟结果,从而便于测试各种假设场景,辅助决策。用户可以对关键决策点的中间和最终场景进行可视化操作(Karimzadeh 等,2020)。

• 可视化分析系统的设计

Tay,Jebb & Woo(2017)强调,在设计可视化分析系统时应认真考虑以下四个问题:①识别(分离和凸显相关的数据、模式以及分析尺度);②整合(综合不同数据源和模型来揭示新见解);③即时(针对流式、实时和时间敏感的数据,综合使用新近和历史数据识别重要时间动态变化);④交互(在可视化界面上选择、切换、交换和整合不同数据类型,归纳式地发现和识别新模式)。可视化分析领域拓展了前期工作,帮助研究人员、分析师和决策者有效地利用数据进行探索、监测、分析和决策(Song 等,2020)。这增强了可视化分析的实用性和可用性。实用性指的是系统辅助用户完成任务的能力,而可用性则描述了分析师在完成同样任务时使用系统的难易程度(Ellis & Dix,2006)。为确保系统的实用性和可用性,通常,可视化分析研究者采用以用户为中心的设计范式,并在设计和开发的各个阶段与利益相关者(如主管、经理、教练、培训师和分析师)密切合作。以用户为中心的设计通常包括确定应用场景、明确需求和制订设计方案。创建解决方案常常是一个迭代过程,在此过程中,通过草图或系统的实际形态将多种设计理念呈现给用户,寻求他们的反馈并进行过程性评估,进而完善设计并再次展示系统以获得更多反馈(Song 等,2020)。在系统实施完成后,研究者依照各种规范(Ellis & Dix,2006)进行最终评估,并报告系统在特定目标和用户方面的可用性和实用性。

计算方法、可视化技术和认知科学领域的研究可以通过找到兼顾机器计算能力与人类智能的解决方案,来推动视觉分析的发展。这不仅对视觉分析至关重要,对于计算方法而言也同样如此,因为在算法设计、数据采样和结果解释过程中,自动化方法往往会受到人为选择(甚至潜在偏差)的影响(Karimzadeh 等,2020)。

通过人工智能处理大数据

大数据的部分"威力"来自于人工智能,特别是机器学习和深度学习在识别数据中的一致模式方面的潜力。重要的是,在此过程中人类观察者需要监控机器自动生成的结果,以明确哪些模式是有意义的,哪些是随机出现的(Woo,Tay,Jebb 等,2020)。

• 机器学习

机器学习是一系列统计方法，旨在从含有多变量的数据集中创建可靠和可重复的预测模型。当变量数量很多时，传统方法（如多元回归）可能无法生成可靠的模型来预测结果。为了有效处理多元变量，机器学习算法可用于检索预测变量空间，并凸显具有解释能力的变量（参见第五、第六章）。这些方法并不能确保找到理想的模型，但可以找出在各种条件下表现良好的模型。鉴于这些方法具有探索性，需使用内部交叉验证法防止过度拟合。当模型过于契合特定数据集时称为过度拟合，这会降低模型推广到新数据集的能力（Grimm，Stegmann，Jacobucci，& Serang，2020）。此外，当参与者和变量数量较多时，可将数据集随机分割成较小的子样本，用部分子集来训练模型，用另一部分子集来测试这些模型，这使得在同一研究中重复结果成为可能。此外，还可以将拟合模型的准确性与人类对数据子集的标注进行对比，从而获得额外的准确性指标（Woo，Tay，Jebb 等，2020）。通常，机器学习方法可分为监督式和无监督式（Alpaydin，2009）。

监督式机器学习

在监督式机器学习中，模型通过标注数据进行训练，以完成不同的预测任务，例如分类（如将图片分为"在得分区域内"或"在得分区域外"）或回归。监督式学习算法的目标是找到输入数据中的关系或结构，使模型能够生成预定义的输出标签。这些输出是根据训练数据确定的。训练数据包括已知输入和输出关系的样本，通常是人工手动标注输入数据（如将图片标注为"在得分区域内"）。训练数据的采样方式和标注方法都会影响所生成的自动化模型，并可能产生采样者偏倚，尤其是在样本包含了时间、空间或事件类型的情况下。最重要的是，训练数据如未能反映输入与输出间的已知关系，可能会导致虚假的结果（除非假设和结果以可视化方式展示给具备领域内知识的用户），并且任何采样本质上都可能出现分析者偏倚（Wallgrün，Karimzadeh，MacEachren，& Pezanowski，2018）。此外，人类行为等动态现象不宜用唯一的机器学习模型训练，因为这些特征会因情境和行为的交互而变化；为某一特定事件、时间或地点生成的模型可能在其他情况下并不适用。与传统数据分析一样，机器学习可能无法对难以收集的人与社会背景进行建模。因此，机器学习无法像人类分析师那样，从一系列事件、事件间的关联及其情境中构建分析的背景。一旦情境发

7

生变化,机器学习算法仍会依赖于初始训练的模型,而人类则可以基于现有的模型结果并结合新的情境,作出适当推论或决策(Karimzadeh 等,2020)。例如,在新冠病毒大流行期间,人们在线消费行为的改变,影响了卖家网站(如亚马逊)的人工智能模型。人类在新冠病毒大流行期间的特定行为导致库存管理、欺诈检测和营销相关的算法出现问题,致使许多在正常人类行为下训练的机器学习模型无法对人类行为进行预测或归类(Heaven,2020)。

无监督式机器学习

该方法不需要标注数据或预训练模型。相反,训练算法直接从现有数据中学习。例如,K-means 聚类算法通过最大化"聚类内"的相似性和最小化"聚类间"的相似性,找到数据的自然类别(Karimzadeh 等,2020),可用于识别排球比赛中得分点的聚类(即类似点的自然分组)。然而,K-means 需要预知聚类的数量(具备领域内知识的人很容易掌握这些信息,即使是某些能够识别最佳聚类数量的无监督方法)。例如,如果数据中存在异常值,计算机生成的聚类可能会显著偏移。无论是监督式还是无监督式方法,人的参与都能确保结果符合不断变化的情境或动态现象。可视化分析为人类专家提供了调整输入和架构(如模型配置和结构)、监控模型性能(精度或速度)、对比结果与现实和情境以及改进生成的输出标签,从而为在线学习提供实时示例的基础(Karimzadeh 等,2020)。

• 深度学习

深度学习是一种特定类型的人工神经网络,包含多层(故称"深度"),它的兴起得益于最新的硬件发展(LeCun,Bengio,& Hinton,2015)。具体来说,输入值(如图像中的像素值)通过多次权重与常数相加生成所需的(已知的)输出值(如包含"在得分区域内"的图像的数字标签)。深度学习非常依赖大量的训练数据。"金标准"(当前最有效的方法)的示例被用于优化神经网络中的权重和常数,并生成具有一定(可接受的)准确度的模型,预测"测试"数据的标签。测试数据通常由观察者手动标注,以确保生成的模型可以为训练阶段未使用的样本生成标签。深度学习模型需要大量的训练样本才能达到可接受的水平(远多于机器学习所需的样本量),因为需要优化神经网络的许多权重和层。然而,训练数据和测试数据通常只代表了某一时间、空间、现象或事件的一个片段。建立一个新的代表性的训练数据集费时费力,而且依然只是在特定时间通过对世界进行硬性假设的采样。因此，在某些情况下，仅使用深度学习可能会导致以下问题：决策者无法动态调整输入参数（考虑需要灵活输入的动态现象的假设场景），结果脱离情境，并且模型仅适用于训练数据，而不能适应空间或时间的变化等（Karimzadeh 等，2020）。与传统统计方法不同，深度学习模型并不是为了"解释"输入参数的重要性或显著性，因此深度学习模型并不具备"解释性"。例如，一个简单的线性回归模型可以解释"传球次数"或"威胁射门次数"（自变量）对"球队赢得比赛"（因变量）的贡献。在回归模型求解后，分析人员可以检查系数和自变量的统计显著性值，并推断出如"威胁射门次数"每增加一个单位，比赛胜负预期会减少（或增加）多少，以及这个值是否有意义等结论。然而，深度学习模型主要关注预测比赛胜利的次数，而不是直接揭示自变量的相对重要性。这给决策者和政策制定者带来难题，因为他们在规划和决策时，不仅需要使用分类系统，还需要理解现象蕴含的规律（Karimzadeh 等，2020）。

- **机器学习与行为识别**

机器学习技术可用于总结一系列活动（Gandomi & Haider，2015）。人类通常可以轻易识别视频图像中的运动行为。然而，开发能够执行此类识别过程的计算机软件却困难得多。行为识别一般包括以下步骤：①分割（像素分类）；②运动识别（区分移动和不移动的像素）；③对象分类（将对象分为人类和非人类）；④运动追踪（逐帧追踪对象）（Gowsikhaa，Abirami，& Baskaran，2014）。当前，运动识别、对象分类和运动追踪均为基于机器的低级别处理技术（即涉及机器学习算法）。相比之下，行为识别（姿势、事件或活动识别）、行为分析（空间和时间约束，以及语义描述）和行为分类（交互人数）属于基于机器或人类的高级处理技术，尚未实现完全自动化（Aghajanzadeh，Jebb，Li，Lu，& Thiruvathukal，2020）。尽管已有数十年研究，计算机程序在自动识别和预测人类行为方面仍面临许多挑战。首先，对人类行为的理解需基于特定情境，这种情境可能（或很难）由该行为发生的地点来确定。例如，街头搏斗可能与社会暴力有关，属于非常规事件；而在城市武术竞赛活动中，搏斗是一个可预期事件。在这种情况下，事件发生的位置本身并不足以解释行为。其次，许多应用程序需要理解人群中个体的行为，当许多人同时移动时，计算机程序无法独立识别（Aghajanzadeh 等，2020）。

虽然先进的大数据分析方法是解决运动科学问题的有力工具，但并不能解决所有问题。研究人员必须仔细研究当前的问题和数据,以确定最合适的算法,而不是直接使用以往研究或实践中的算法。选择不恰当的方法可能会使结果难以解读,甚至得出错误结论。此外,当复杂算法过度捕捉训练数据的特征时,可能会产生"过拟合"问题,从而使模型无法推广到其他数据集,这也是需要解决的难题(Song 等,2020)。当前,大数据分析正迅速发展,新的或优化的算法和工具不断被开发出来,这既是挑战也是机遇,需要重新评估统计训练方法,以适应大数据时代。

大数据与运动科学如何融合?

大数据对运动学专家和从业者有天然的吸引力,因为运动科研人员和组织一直是大规模数据的主要使用者。他们运用大数据来识别模式和运动现象,从而更准确地预测运动表现和训练行为。然而,在使用这些大数据集时会面临许多新的问题,例如数据收集、清理方式、硬件类型、研究人员的专业知识和分析技术的选择等(Adjerid & Kelley,2018;Song 等,2020)。因此,运动科学中大数据的信效度和实用性存在着方法学和经验方面的重要挑战。例如,目前关于机器学习算法能否提高我们预测相关结果(如受伤、赢、输或得分)能力的证据还比较有限(参见第二章)。除预测准确性外,使用机器学习算法进行选材识别的主要问题在于评估和决策过程中可能存在潜在偏倚(参见 Güllich 等,2019)。我们必须认识到(并试图去阐明),这些评估、预测和偏倚方面的潜在问题在运动科学研究中广泛存在(Woo,Tay,& Proctor,2020)。大数据可能无法完全代表某个群体,对子群体差异的分析也可能不够可靠。此外,大数据不可避免地会带来数据隐私和数字监控等问题。针对特定研究问题,如果在未获得知情同意的情况下大规模收集数据,就会出现诸如何时和如何使用数据、知情同意,以及在分析和研究过程中如何保护个人隐私等问题。此类数据的出现使运动科学家在大数据相关的保密和隐私领域面临伦理挑战(Woo,Tay,& Proctor,2020)。Song 等人(2020)认为,相关机构的伦理审查委员会可以解决更多的数据安全问题。他们指出,作为研究者和从业者,我们有责任在看到大数据助力知识和实践的潜力的同时,关注背后的法律和伦理问题。

运动科学的另一个主要问题是,当大数据提倡"无理论程序(atheoretical procedures)"时,会出现理论深度和运动特异性的缺失。运动学专家不仅关注使用数据来最大限度地提高预测有意义结果的能力,而且还发展和进一步阐明理论,为在运动表现、实践和发展中所观察到的关系提供有意义的解释(Araújo & Davids,2016;Couceiro,Dias,Araújo,& Davids,2016)。然而,在实践中,来自大数据和人工智能的新见解似乎很少见。这可能是由于运动员间复杂的互动(如团队项目中发生的情况)以及方法的使用缺乏理论指导。例如,诸多一致性问题(事件如何被识别、热点区域如何在功能上被定义,或某些动作如何在防守和进攻并存的情境下发生)均会影响运动科学研究的可重复性(Passos,Araújo,& Volossovitch,2017)。

• 运动科学研究中的溯因方法

通常,大数据被视为一种经验范式,其侧重于分析大数据集中变量间的相关性,而不是用于理解因果关系。它更倾向于采用归纳方法而非假设—演绎法,不对表现和发展的潜在因果机制进行验证。归纳方法偏重推理(而非演绎),通常与狭隘的、短期的思维方式相关联,这种思维方式使研究人员紧紧围绕观测到的数据进行研究。大多数运动学专家更偏重假设—演绎法,该方法重点关注检验假设以及概念和理论的相关性。溯因方法强调解释性推理,适用于将那些在可观察现象中不显见的表现层面理论化(Haig,2020)。实际上,Haig(2020)指出,溯因方法为大数据研究的广泛应用提供了重要框架,因为它不仅在现象检测的初始过程(归纳方法关注的重点)提供指导,还指引后期的理论构建工作,即研究者创建、发展并评估理论的过程。重要的是,Haig 提醒,需注意那种假定大数据分析技术可以让数据在无理论的情况下自行解释的观念。研究者不应将大数据基于信效度的模式识别,与理解这些模式对运动员的表现和发展的真正意义混为一谈。

对于溯因方法,数据驱动的研究不仅限于数据模式和经验性概括,还可以解释从数据中提取的对相应模式的假设。溯因推理是一种解释性推理,涉及对假设、模型和理论的推理以解释相关事实。在由包含经验、概念和方法约束的研究问题指引下,分析数据集并发现可靠的经验规律或现象。一旦发现这些现象,就可以通过溯因推理解释潜在因果机制。此时的溯因推理涉及了从现象(被理解为假定的效应)到理论解释(以潜在因果机制为基础)的推理(Haig,2020)。基于理论但不唯理论的方法(溯因推理范式)并不关注对理论本身的检验,而是关注如何从数据分析工作中形成理论(Haig,2020)。

概括地讲,归纳、溯因和假设—演绎理论的科学方法可以分别实现针对既定研究问题的大、小数据集的不同研究目标。归纳方法在发现经验现象时起重要作用,不同的溯因方法相结合有助于构建解释性理论,而假设—演绎方法可以用于检验大数据研究策略所产生的知识和观点。对大数据研究应采取多元化态度,允许不同因果观念发挥作用,这有益于科学研究过程中因果推断的多样化(Haig,2020)。运动科学通常以问题为导向,其中表现、发展和准备等问题需要多重解决方案。

通常,借助大数据可以连续地研究和捕捉个体在环境中的各类细节,运动学专家借此分析环境中的信息结构,以及环境如何限制或引导运动员(Davids,Handford,& Williams,1994;Araújo,Davids,& Hristovski,2006)。然而,数据量大并不一定意味着更有助于研究目的的实现,或对研究问题的整个群体更有代表性。正如在人类行为的假设—演绎研究中经常出现的那样,代表性情境下所收集的数据集往往缺乏对变量的控制。此外,现场数据不一定是随机的,易出现收集过程中数据缺失的问题(Proctor & Xiong,2020)。

当前,计算机科学家、工程师和数据科学家一直是推动大数据编码、存储和保护发展的主力军。然而,其他学科也需要认识并利用大数据的潜力。为从日益庞大的数据量中提取有意义的信息,人们开发了数据可视化技术。大数据领域的工作表明,跨学科合作是运动学专家理解此类数据集信息的关键。为了有效利用大数据,应明确运动科学研究的目标,且必须规范概念性语言和分析工具。若运动学专家希望理解运动现象的原理,他们需进一步理解大数据可能带来的价值。在开发大数据的语言和工具方面,以及如何有效地与教练、从业者、运动员、管理人员和其他利益相关者沟通方面,运动学专家应发挥主要作用。

从人工智能到赋能人类智慧

约70年前,计算机先驱艾伦·图灵(Alan Turing)提出,通过编程赋予数字计算机关于世界的规则和事实,可能会使它们表现出智能行为(Dreyfus,1992),这一观点预示着被称为"人工智能"的领域即将诞生。此后,该领域的发展历经了多次尝试、失败与成功(Bostrom,2017/2014)。Bostrom(2017/2014)在其关于机器智能的有影响力的书中将"超级智能"定义为"在几乎所有相关领域中远超过人类认知表现的智力"。他以国际象棋程序 Deep Fritz 为例进行了说明,对他来说这个程序并非超级智能,因为它仅限于国际象棋领域。因此,要让机器具有通用智能,它就应具备学习能力,通过计算概率来有效处理不确定性，从"感觉输入"和自身内部状态中获取有用的概念，并将"获得的概念转化为用于逻辑和直觉推理的灵活组合"。有趣的是，他强调"目前机器在通用智能方面远不如人类"（Bostrom，2017/2014）。事实上，该书的重要内容之一就是预测未来实现超级智能的途径。

• "人工智能"一词的概念问题

Dreyfus（1992，2007）对"发展人工智能只是时间问题"这一观点并不乐观。他认为人工智能的核心假设是人类基于事实和规则所产生的智能，这一观点弱化了整个人工智能研究计划。其中面临的主要问题是，如何理解基于"思想为被看作一系列无意义事实的世界赋予价值"这一假设的重要性和相关性；关键的困难在于，仅仅将冰冷的事实函数化，无法反映现实世界中事物的意义。除了现实世界的海量事实难以存储之外，主要问题还在于，不知道哪些事实在特定情况下是相关的（见 Dreyfus，1992）。具体来说，当世界上的某些事物发生变化时，程序如何确定其所代表的事实中哪些可以假定保持不变，哪些可能需要更新？为解决该问题，人工智能研究人员提出使用一种具有基本特征和默认分配的架构或结构。但是，架构系统并不隶属于所分析的具体情况，因此为确定当前情况中可能相关的事实，需要一个用于识别该情况的架构，依此类推。因此，识别相关事实的架构存在无限回归的问题。

早期，赫伯特•西蒙（Herbert Simon）及其同事开发的基于物理符号系统的"好的老式人工智能（Good Old-fashioned Artificial Intelligence）"，就陷入了这种无限回归（Bostrom，2017/2014；Dreyfus，1992）的困境。其他近期的方法，如神经网络建模，试图通过给予足够的输入样本来避免这种情况，确保某一特定输出与新的输入相关联。但这仍存在一个问题："相同"的纳入标准需要由程序员来界定。在这样的网络架构下，潜在的普适性永远无法被找到。在日常生活中，人类智能主要被概括为对特定情境的适应。如果程序员将网络限制在提前定义好的正确响应类型上，那就仅能代表在该情境下构建的智能，并不能适用于其他情境。

• 人类智能

重要的是，按照预先确定的规则、事实和顺序进行作业并非人类表达其专业技能的常规方式，因为优异的运动表现涉及背景环境、技能以及对动态情景的知晓（Rietveld，Denys，& Van Westen，2018；Woo，Tay 等，2020）。智能可能源自人类在动态、连续的文化中对事物的意图和所设立的目标。正如 Dreyfus（2007）所述，人类的日常实践活动，使其能在处理人和事时体验当下相关的内容。智能行为和运动表现的特征是对世界的"认识"（knowing of the world），而不仅是"了解"（knowing about the world；Araújo 等，2009）。这种对世界的认识基于与环境、事件和人的互动，以及每个人的特征、身体、需求与技能（Araújo，Dicks，& Davids，2019）。向计算机传递这种知识比较困难。处理人和事的技能与人和事本身不同，后者可以数字形式存储在一种编码列表中，程序从中选择哪些事实与情况相符，哪些不符。这些模型涉及程序员选择世界的固有（提前定义的）特征，将这些特征作为程序的输入，并且设计出成功输出的标准。然而，在运动表现和日常生活中，人与世界直接互动，且世界并非一成不变，因此具体情境很重要。现实世界本身也是最好的模型，因此重要的不是人如何去揭示它，而是世界呈现给人的方式，以及人们如何利用自己的特性在动态的世界中感知和行动，这些特性构成了人类智能（Araújo 等，2019；Dreyfus，2007；Merleau-Ponty，1945）。人类作为具象化的具有感知能力的生命体，能够从物理宇宙中接收能量，但不会赋予这种能量意义；人类看到的不是反射的光，而是对象和人。他们以开放的方式作出反应，以便应对一个有序的世界，而无需他们的大脑将无意义的"感官输入"转换为预编程的响应。在运动时，个体并非在体验物体、场地或人本身，而是单纯地根据环境的可供性或可能性来行动（Gibson，1979）。这种可供性揭示了世界的基础，我们有时会退一步，感知目标、物体或人本身。但通常，人类解决问题的方式是通过"承担可供性"（inviting affordance；Withagen，de Poel，Araújo，& Pepping，2012），这些可供性被认为是一种请求，需要据此对当前情形作出灵活应对。我们的经验会反馈并改变我们对下一个情境的意义和相关性的感知。这种相关性并非事先确定的，因为如果事先确定，人类就无法对新机遇作出反应（Dreyfus，1992）。

• 智能运动表现

在运动情境中，聪明的运动员具有高度的适应能力。运动员与表现环境的动态交互使其能够从不同的感知模式中检测信息，进而指导决策和行为（Button，Seifert，Chow，Araújo，& Davids，2020）。生态动力学方法强调，在理解智能行为时，首先要建立"功能性"的个体与环境的关系。研究运动员与环境所形成的耦合关系,有助于我们理解现实世界中人类行为的复杂性,例如位置移动、路径选择,或竞争者和合作者的选择等。在这种观点下,任何能够成功参与这种动态事件的系统都是具有智能的。从这一视角来看,认知是具身化且嵌入于环境中的,因此,对事件的时间和空间特征的感知,明确了实现目标导向行为所需的身体力量及其扭矩。如果将智能理解为身体和环境分离的状态,那么不仅否认了大多数认知系统的产生主要受社会与物理环境的影响的事实(如 Araújo 等,2010),还背离了人们自己的"行动—感知"技能(Araújo,Hristovski 等,2019)。

人们在不断演变的环境—个体系统中解读智能行为,必然受到该系统的制约。该系统的当前状态是一种结果,这一结果受到即刻行为的过往交互史的限制。通过这种方式,人们的当前表现持续地受到前期互动的塑造。个体过往的行为决定了其后续一系列可能的行为(可供性)。同样,在很多情境中,指导运动员的确切位置也是基于其特定的历史位置。基于前期的特定训练、技能和经验,个体可以在特定情境中对多种可能的行为作出相关选择(Rietveld 等,2018)。这意味着整体行为受目标、意图、动机和需求的限制,同时将个体引导至特定的环境并促使其采取行动。智能行为受到过往经历和未来预期的双重约束。从生态角度看,行动是一个灵活的过程(具有自组织性和突发性)。不同于构成系统的组成部分(如场地、球、运动员的腿),在运动表现环境中出现的智能行为是整体的,且无法仅通过单个组成部分的特征来预测。因此,在同样的约束条件下,这些单个组成部分能够与环境进行多种形式的交互,导致对单个"运动问题"形成多种解决方案。但是,这一过程并不是随机的(或另一个极端:事先内部编程的),而是运动员通过感知到环境的可供性,从而指引自身的行动去完成(或无法完成)任务目标的过程(Davids & Araújo,2010)。感知环境可供性这一动态过程为运动员提供了可预先自我调整行为的基础。因此,不能将智能理解为离散的心理运作与规则的结合,而应看作个体在环境中努力实现既定任务目标的过程中形成的自我调节关系(Araújo 等,2006;Withagen,Araújo,& de Poel,2017)。

• 智能运动表现的具身性

为理解人类智能,有必要强调理解身体所发挥作用的重要性。正如梅洛-庞蒂(Merleau-Ponty,1945)所主张的那样,移动身体是为了与外界互动,这实际上是让自己对事物的刺激(solicitation)作出响应,这种刺激是独立于任何内部表征而产生的。在人类熟练的活动中,运动员的行为是被引导的,从而更好地熟悉情况并更易于对情况作出反应。行动(action)是一种由感知到的调适所引导的、对情境作出的持续反应,也是一种可以更好地感知(预测)下一步该做什么的方式(Gibson,1979;Stepp & Turvey,2010)。当运动员所处的情境偏离了某种身体—环境关系时,他们会自我调整以重新找回平衡。根据经验,当所处情境发生变化时,运动员会根据他们自身形成的经验及其身体随着时间的推移形成的整体状态来作出反应。当他们感觉到明显变化,而周围环境却无变化时,会认为自己已适应情境,因此只需对可能变化的部分进行调整即可。在有经验时,可供性在感知上变得更重要(即感知调适),可以轻松地引导需要做的行为(称为"感知—行为耦合")。我们的熟练程度使我们不需要基于脱离情境事实的无目的表征来制订计划,就能够对相关事物作出反应并忽略不相关的事物(Dreyfus,1992)。一旦我们处于某种情境中却不需要对其进行表征,人工智能所面临的情境与事实的优先级问题就不会出现。

由于我们在所处情境中的应对能力可能不仅取决于大脑的灵活性,更取决于我们参与"感知—运动"活动的能力,因此仅依靠大脑可能不足以对新情形作出反应。正如 Dreyfus(1992)所述:"显然,人和机器(即使是非常精密的机器)的区别不在于分离的、普遍的、非物质的'心灵',而是一个具有参与性、情境化和物质的实体。"简言之,必须用更多元的方式去理解人类,而非仅仅依赖于其神经系统。人类是一种具有自主性的生物,依靠我们的意图(可理解为对物体的直接程度)构建经验。机器可能会提出特定的假设,并通过数据来验证假设是否能被证实或证伪。然而,身体则不需要核查任何具体特征,而只需要核查其是否正在对情境作出反应,因此能以灵活的方式不断调整意图(Dreyfus,1992)。Dreyfus 认为,"应对(coping)"并非指一系列任何具体特征,而是通过持续掌握技能来维持与情境的稳定关系。当然,稳定关系的概念因运动员的目标和情境资源而异,因此它的解释不能脱离具体情境和固定目标。

如果考虑到感知—运动技能在我们发展出感知和应对情境能力中的重要性,或意向和需求在构建社交情境中的作用,又或是整个文化背景在运动员对事物认知的影响等方面的重要性,那么将感知—运动技能正式定义为一个基于事实的复杂系统和规则是高度存疑的。换句话说,人类智能的基础是我们的身体在组织和统一我们对对象、事件和人员的经验方面的作用,是情境在提供背景的同时使行为在无规则状态下依然有序方面的作用,以及人类的主观能动性在组织相关、可用对象的情境方面的作用(Dreyfus,1992)。

生态动力学方法对人工智能在运动中应用的指导

生态动力学理论认为，运动中的目标导向行为源自运动员与运动环境间的"硬"性（物理）和"软"性（信息）联系（Kugler & Turvey，1987）。这一观点表明，生态物理变量（Araújo，Davids，& Renshaw，2020）为捕捉智能行为提供了最恰当的出发点（详见第三章）。这些变量反映了环境与运动员适应之间的契合度。如前所述，适宜的环境可能会直接影响个体能或不能做什么（Withagen 等，2012）。例如，Fink，Foo 和 Warren（2009）操纵虚拟环境中球的飞行轨迹，运动员可以采用抵消（接球者眼睛看到的球的图像）视觉加速度的策略在正确的时间到达正确的地点接球。这种为抵消球的视觉加速度而作出移动反应的策略，表明运动员移动的变化是由运动员与环境的关系决定的（Harrison，Turvey，& Frank，2016）。在无需计算物体的距离或速度的情况下，接近物体时的垂直视觉加速度即可提供关于碰撞—接触时间的信息（Michaels & Zaal，2002）。人工智能研究者和从业者面临的一个重要挑战是，如何在工作中捕捉生态物理变量，从而理解智能行为是以持续、突发的运动员与环境互动的"感知—行为耦合"为基础的。

总之，要实现人工智能赋能人类智慧，生态动力学理论至少可以提供三点建议。首先，选择大数据的来源时应重点关注生态物理变量。传统的大数据强调收集个人特征（如身高）、累计表现（如上赛季的助攻次数）以及环境变量（如出生城市的规模和观众数量），如今的重点应是通过生态物理变量去捕捉运动员如何与运动环境交互的信息（如 Carrilho 等，2020）。其次，鼓励使用视觉分析作为解读数据的工具，它的呈现可以通过跨学科的方式开发，运动学专家和从业者、计算机和数据科学家以及工程师等均可作出贡献（Couceiro 等，2016）。视觉分析和制作精良的信息图表可能更适合用于考察情境的作用，这是自动化、无情境的输出无法做到的。最后，大数据分析背后的计算过程显然需依赖计算机科学家。通常，运动学专家不具备编码此类算法的专业背景知识。不过，双方合作分析数据能更好地顾及运动项目的重要方面，从而更有效地确定和处理变量（如 Araújo & Davids，2016；Couceiro 等，2016）。此外，鉴于运动学专家能够理解运动、身体和环境对探究智能表现行为的作用，他们可以与计算机科学家合作，开发更多具身式和嵌入式的架构来探究人工智能的影响，这也正是本书的目标。

第二章　人工智能如何应用于运动科学以分析和支持运动员和团队的表现？

引　言

人工智能正在逐步渗透并深刻影响着社会的各个领域,特别是科学领域(Ertel,2017；Kubat,2015；Muazu Musa,2019；Pappalardo 等,2019)。在体育领域,教练员和从业者广泛运用统计和数据分析方法,以期精确量化并评估运动员在赛场内外行为的多维度表现。顺应这一趋势,人工智能正逐步成为教练员在决策制定、问题管理中的重要辅助工具(Bianchi,Facchinetti,& Zuccolotto,2017)。然而,在某些行为情境下,这些数据的有效应用和解释仍存在不确定性(Claudino 等,2019),这表明在运动员培养和运动表现优化领域,人工智能学界需要开展更深入的研发(Lam,2018)。

众所周知,在当代高水平体育竞技中,先进的运动表现分析技术已然成为辅助团队、运动科学家和从业者应对各种问题的得力工具(Bianchi 等,2017)。人工智能被广泛定义为一门研究如何支持计算机执行当前人类更擅长的操作和任务的学科(Rich,1983),其最终目的是理解智能并构建智能系统,以优化日常生活系统的组织与功能(Ertel,2017)。

机器自主学习并执行人类日常职能,是数代人的愿景。机器学习作为人工智能的重要分支,其核心在于研究计算机算法,使计算机程序能够基于经验自主进行优化和迭代(Mitchell,1997)。换句话讲,机器学习是计算机科学的一个领域,其目的是"教会"计算机从海量数据中挖掘和学习规律,进而超越最初由计算机科学家设计的程序框架,实现更高层次的智能应用(Samuel,1959,第一章)。

近年来,人们对将机器学习算法应用于分析人类运动表现行为的研究的兴趣日益增长,这种方法通过明确构建基于概率推理的模型来实现(Lam,2018)。Campaniço 等人(2018)提出,技术的引入可以有效地支持运动员表现效果和效率的研究,为教练和从业者提供处理和分析海量统计信息的宝贵工具(即大数据,详见第一章)。

从实际应用的角度来看,机器学习在分类和预测方面展现出强大的能力(详见第五章和第六章)。简而言之,这些模型选取可验证的证据(即特征),进而预测其代表的内容(Whiteside,Cant,Connolly,& Reid,2017)。完善的分析技术能够惠及众多专业人士，包括在招聘、规划等决策中需要数据支持的运动队经理和管理者、教练和辅助人员以及运动员本人（Lam，2018）。关于人工智能和机器学习算法在运动员运动表现优化训练中的应用，现有研究能给我们哪些启示？这些领域的研究趋势和热点又是什么？我们如何运用这些工程技术方法来深入理解并提升运动员的表现？本章将会深入探讨这些问题。

运动科学中的人工智能：研究概述

为了深入探究当前人工智能和机器学习方法在运动员及团队运动表现研究中的应用，本章对现有文献进行了系统综述，以期提供一些有价值的见解。文献综述遵循系统综述与荟萃分析优先报告条目（PRISMA，Preferred Reporting Items for Systematic Reviews and Meta-Analyses）指南进行（Moher，Liberati，Tetzlaff，& Altman，2009），以确保综述过程的规范性和系统性。使用的英文关键词组合为：（"machine learning" OR "predictive modelling" OR "learning algorithms" OR "data mining" OR "deep learning" OR "artificial intelligence" OR "extreme learning machines"）AND（"team sports *" OR "sports *" OR "performance"），在电子数据库 Web of Science、Pubmed 和 SPORTdiscus 中检索 2020 年 3 月 10 日之前的相关文献。研究纳入标准为：①包含与人工智能相关的数据；②针对个人/团队运动；③以英语撰写。排除标准为：①不包含任何有关人工智能和体育运动的相关数据；②综述或会议摘要。两名研究者独立筛选引文和摘要，以确定可能符合纳入标准的文献。对于符合初筛的文献，两名研究者独立检索并审核全文，以确定其是否符合本文的纳入标准。按照系统综述方法的良好实践，筛选过程中如有分歧，则通过与第三名研究者讨论解决。

初筛共获得文献 2143 篇，将其导入参考文献管理软件（EndNote™ X9，Clarivate Analytics，Philadelphia，PA，USA）中。经自动或手动筛查，共删除重复文献 796 篇。根据标题和摘要对剩余的 1347 篇文献进行筛选，最终从数据库中排除了 1084 篇研究。对剩余的 263 篇文献进一步详细审查其全文，最终有 192 篇因不符合纳入标准被排除。筛选流程完成后，对被纳入的 71 篇文章进行深入阅读和分析（图 2.1）。本综述排除文献的主要原因包括：研究主题相关性不足（112 篇），其余排除的文献为会议摘要（57 篇）或非英文撰写（23篇）。

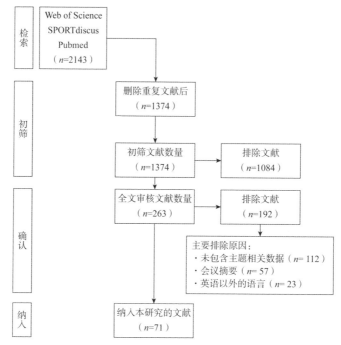

图 2.1 系统综述优先报告条目流程图

为了全面了解人工智能在理解运动表现方面的研究进展,我们将文献按个人和团队项目中最常见的研究主题进行分类。结果表明,目前的科学研究主要集中在以下三方面:①表现预测;②损伤预防;③模式识别(图 2.2)。

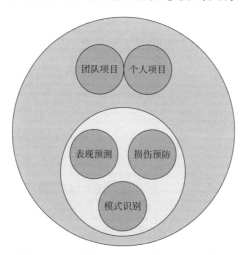

图 2.2 人工智能在运动表现研究中的范围

目前,人工智能在团队运动中的研究主要聚焦于解决特定运动项目中的这些科学问题,项目包括足球(美式足球、澳式足球和传统足球)、篮球、排球和橄橄榄球等。毫无疑问,足球是研究人员关注最多的运动项目,这可能是因为其在技术应用方面获得了更多资金支持。此外,尽管数量较少,研究也涵盖了棒球、冰上曲棍球、五人制足球、射箭、冬季两项、自行车、击剑、高尔夫、滑板、滑雪、游泳、网球和乒乓球等项目(表 2.1 和表 2.2)。在下一节中,我们将结合图 2.2 所示的研究框架,评估、分析这些研究结果(图 2.2)。

表 2.1　球类集体项目人工智能研究概述

	运动项目	样本	研究目的	机器学习模型	结论
Delen 等 (2012)	美式橄榄球	美国大学体育协会(NCAA)8 个赛季的数据	预测大学生橄榄球比赛的结果	决策树、神经网络、支持向量机	结果表明,分类模型在比赛结果预测方面优于基于回归的分类模型;在三种分类技术中,决策树的表现最佳,在十折留出样本中的预测准确率超过85%
Bock (2017)	美式橄榄球	32 支球队 7 个赛季的完整数据	验证失误是否可以被预测	梯度提升机(GBMs)	在特定条件下,失球和拦截都可以被预测,且错误发现率较低(低于 15%)
Cai 等 (2018)	美式橄榄球	58 例头部撞击修复案例,包括 25 例脑震荡和 33 例无脑震荡案例	开发一种对脑震荡进行分类的深度学习方法	支持向量机(SVM)、随机森林(RF)、单变量逻辑回归	研究表明,深度学习在脑震荡预测方面表现出色,并显示出其在未来创伤性脑损伤生物力学研究中的广阔应用前景
Bergeron 等 (2019)	美式橄榄球和其他身体接触类运动	高中学生运动员 3 年来参加美式橄榄球和其他身体接触类运动时遭受脑震荡的数据(n=2004)	实施一种基于监督式机器学习的方法,来模拟在体育活动中遭受脑震荡的高中运动员的估计症状是否会随着时间的推移而变化	逻辑回归、朴素贝叶斯(NB)、SVM、5 近邻(5NN)、C4.5 决策树(C4.5D和C4.5N)、随机森林(RF100 和RF500)、多层感知器和径向基函数网络	监督式机器学习在用于开发基于症状的预测模型,以实际评估运动相关脑震荡的恢复情况和加强临床决策支持方面是有效的,值得进一步探索

（续表）

	运动项目	样本	研究目的	机器学习模型	结论
Ruddy 等 (2018)	澳式橄榄球	362 名球员的数据	探究机器学习技术对腿筋拉伤风险因素的预测能力	朴素贝叶斯、逻辑回归、随机森林、支持向量机、神经网络	风险因素的数据既无法用于鉴别运动员腿筋拉伤的风险是否增加，也不具有任何稳定性
Robertson 等 (2019)	澳式橄榄球	2015 年澳大利亚橄榄球联赛 9005 次脚踢球	开发用于确定澳式橄榄球脚踢球中高频率、有代表性事件的工作模型	规则归纳算法、随机森林（RF）	当考虑约束因素与技能表现的关系及交互作用时，规则归纳算法提供了一种既能降低大型数据集复杂性，又不影响其固有结构的方法
Ross, Dowling, Troje, Fischer 和 Graham (2018)	棒球	542 名运动员进行 7 种动态筛查动作的数据	确定主成分分析能否在进行非体育特异性运动筛查时检测出运动员运动模式的有意义的差异	主成分分析和线性判别分析	研究表明，客观数据驱动方法可在基于二元分类算法（即本例中的技能水平）的运动筛查测试中鉴别出有意义的运动模式差异
Chen, Chou, Tsai, Lee 和 Lin (2012)	棒球		提出一种基于 HMM 的棒球广播视频击球事件探索系统	隐马尔可夫模型	与现有的棒球视频系统相比，该模型的结果令人信服，性能更优越
Bhandari 等 (1997)	篮球	NBA（美国职业篮球联赛）的行数据	从数据挖掘和知识发现的角度描述 Advanced Scout 软件	属性聚焦（Attribute focusing）	允许用户将运动模式与录像带相联系，有助于优化对运动模式的解读过程

（续表）

	运动项目	样本	研究目的	机器学习模型	结论
Schmidt (2012)	篮球	21 名参与者（每人）进行 20 次罚球试验的数据	分析不同技术水平的篮球罚球投手的运动模式	神经网络（Dycon）	神经网络方法具有高度稳定性
Kempe 等 (2015)	篮球	一场比赛中 10 名球员的位置数据	探究"合并自组织映射"分析时空数据的能力，并将其性能与用于分析团队运动位置数据的常见动态控制网络方法进行比较	神经网络	作者认为引入的 SOM 算法可以通过一个或多个团队的跟踪数据轻松地进行训练，并实时、自动对所执行的操作进行分类
Lopez 和 Matthews (2015)	篮球	NCAA 篮球锦标赛的预测指标（如主场和客场比赛的最终比分、客场比赛的旅行距离）	分析传统方法与前沿预测算法的准确性	逻辑回归和对数损失函数	信息数据和传统统计工具在预测结果的准确性方面可以与更复杂的模型相媲美
Cheng 等 (2016)	篮球	2007—2008 赛季至 2014—2015 赛季所有比赛的 14 项基本技术特征数据	预测 NBA 比赛结果	最大熵模型、k 均值聚类、朴素贝叶斯、逻辑回归、BP 神经网络、随机森林	总体而言，NBA 最大熵（NBAME）模型能够与其他机器学习算法相媲美，甚至表现更好
Bianchi 等 (2017)	篮球	2015—2016 NBA 常规赛 82 场比赛的数据	描述球员在比赛中的新角色	神经网络（自组织映射、模糊聚类）	在考量现代篮球运动员的数据时，传统的位置已不能完全代表他们的比赛方式，因此出现了一种新的对球员特征有意义的分类方法：五种角色分类

23

（续表）

	运动项目	样本	研究目的	机器学习模型	结论
Leicht 等 (2017)	篮球	2004—2016年奥运会女子篮球比赛（$n=156$）	研究奥运会女子篮球比赛中团队表现指标与比赛结果间的关系	二元逻辑回归、条件干扰分类树	结合非线性分析，团队可以获得卓越且实用的竞技运动获胜方法
Lam (2018)	篮球		为提前预测一场比赛的结果，对两支球队的运动项目进行建模	贝叶斯回归	2014—2015赛季NBA常规赛，TLGProb（双层高斯过程回归模型）的预测正确率为85.28%，优于现有的NBA预测模型
Schulte 等 (2017)	冰球	数据来自SportLogiq，其中包含国家冰球联盟的130多万场赛事	开发一种情境感知方法来评估冰球比赛中球员的动作、位置和球队表现	马尔可夫博弈	模型验证表明，球队总动作和状态值都是球队成功（即球队的平均进球率）的有力指标
Jäger 和 Schöllhorn (2007)	排球	2002年德国明斯特世界女子排球锦标赛第一轮比赛数据	对国际女子排球比赛中的进攻和防守行为进行分类，并确定球队特有的战术模式	层次聚类分析	该球队的战术分析方法可对选定的进攻和防守战术进行分类，并确定不同国家队在标准情况下的战术模式
Jaeger 和 Schoellhorn (2012)	排球	分析世界锦标赛期间6个国家女子排球队的120项标准情境	识别排球比赛中不同球队的战术模式并分析其变化差异	人工神经网络	结果表明，集体项目中的防守系统在竞技层面上具有高度个性，即使在标准训练情境下也是多变的。人工神经网络可用于通过球员的配置队形来识别球队

（续表）

	运动项目	样本	研究目的	机器学习模型	结论
Gomez, Herrera Lopez, Link 和 Eskofier (2014)	排球	提出通过跟踪沙滩排球视频中的球员和球来确定球员位置和接触时间点的方法	介绍并比较两种通过跟踪沙滩排球视频中的球员和球来确定球员位置和接触时间点的方法	经典粒子滤波器和刚性网格积分直方图追踪器	本研究所纳入的文献中超过 90% 的追踪结果无法证实
Hsu, Chen, Chou 和 Lee (2016)	排球	97 次排球回合	开发一种基于二维直方图的新型球员定位方法，能够定位有遮挡的球员	基于直方图的方法 vs 连通区域分析和方向梯度直方图	根据排球直播视频上的实验结果，相较于传统的目标分割方法（连通区域分析）和基于方向梯度直方图特征的监督式学习方法，该方法的分割效果更优
Passos 等 (2006)	橄榄球	8 名男性橄榄球运动员 (11—12 岁)进行的 32 次不同二元组的反应	①在任务限制不同于篮球的集体球类项目中确定阶段转换；②对进攻方—防守方二元组的人际动态进行 3D 分析；③确定测量这些二元组中动态系统属性的参数	人工神经网络	结果表明，人工神经网络是重建 3D 表现空间的可靠工具，并可能有助于集体项目的运动模式形成

25

(续表)

	运动项目	样本	研究目的	机器学习模型	结论
Passos 等 (2008)	橄榄球	8 名男性橄榄球运动员(11—12 岁)进行的 48 次不同二元组的反应	①确定攻击方—防守方二人组中的人际协调模式,例如在比赛中如何出现达阵或擒抱等结果;②研究不同集体项目中的模式形成动态,并确定准确描述不同表现任务约束下二元系统性行为的相关顺序和控制参数	人工神经网络	结果表明,随着与达阵线的空间距离的缩小,相对速度对橄榄球联盟中进攻方与防守方二元组织的影响随时间而增强
Kelly, Coughlan, Green 和 Caulfield (2012)	橄榄球	分别检测到球员 A、B 和 C 的 1179、619 和 383 次撞击峰值数据	研究可用于自动检测球员擒抱和碰撞的擒抱建模技术	支持向量机与隐藏条件随机场	验证结果表明,该系统能够持续识别碰撞,误报和漏报的情况极少
Chambers, Gabbett 和 Cole (2019)	橄榄球	30 名精英橄榄球运动员的数据:46 场比赛和 51 场训练	研究可穿戴微传感器数据是否可用于开发一种算法——用于自动检测橄榄球训练和比赛中的并列争球事件	基于随机森林分类器的算法	并列争球算法能够准确检测前排、第二排和后排位置的并列争球事件

（续表）

	运动项目	样本	研究目的	机器学习模型	结论
Jonsson 等（2006）	足球	西班牙甲级联赛 6 场比赛的数据	提出一种研究集体项目中运动员之间行为的新方法	T-pattern	结果表明,通过观察标准以及对球员表现中所检测到的时间行为模式的进一步分析,能够识别个人/团队的新型侧写
Joseph 等（2006）	足球	1995—1996 赛季和 1996—1997 赛季托特纳姆热刺足球俱乐部的数据	预测托特纳姆热刺足球俱乐部比赛的结果（胜、负或平）	贝叶斯网络；MC4（一种决策树学习器）；朴素贝叶斯学习器；数据驱动的贝叶斯网络（其结构和节点概率表完全从数据中学习得到）；k 最近邻学习器	贝叶斯网络在数据稀缺的领域具有明显优势,能够在无需大量学习数据的情况下提供准确预测
Min 等（2008）	足球	参加世界杯的 2 支球队的数据	使用贝叶斯推理和基于规则的推理以及比赛中时间序列方法,来开发运动预测框架	贝叶斯网络	基于此框架,作者实现了一个名为 FRES（足球结果专家系统)的足球比赛结果预测模型,并证明它可以给出合理且稳定的预测
Martinez-delRincon 等（2009）	足球	2 支足球队共 20 名球员的数据	开发一个完整的应用程序,能够在多个摄像头监控的环境中跟踪多个物体	贝叶斯估计	该开发系统的性能令人满意,相较于传统人工标注系统有显著改进。在该系统下,使用传统的笔记本电脑可在几小时内处理完整的比对结果

（续表）

	运动项目	样本	研究目的	机器学习模型	结论
Motoi 等（2012）	足球	从职业足球比赛中提取的 40 维序列数据	开发一种基于分层贝叶斯框架的 HMM 足球比赛事件检测方法	贝叶斯 HMM	所开发的算法似乎可行
Grunz 等（2012）	足球	2006 年足球世界杯决赛数据	从位置数据中寻找战术模式	人工神经网络	结果表明，长、短距离开球都可以相对准确地被检测到，从而得出结论，分层架构能够识别不同的战术模式及其变化
Leo, Mazzeo, Nitti 和 Spagnolo（2013）	足球		提出一种从静态摄像头获取的图像中识别足球的新方法	Multi-step 算法	通过在极具挑战性的条件下使用真实足球进行大量实验，以及与文献中的一些主要方法进行比较，证实所提出方法的有效性
Montoliu 等（2015）	足球		使用新技术对足球比赛中的球队模式进行识别与分析	神经网络多层感知器、基于距离的分类器 k 最近邻、基于学习的分类器支持向量机、基于集成学习的分类器随机森林	该研究所提出的方法能够解释球队最常见的动作，并在对三种足球动作（控球、快速进攻和定位球）进行分类和球队活动识别时具有高度准确性。随机森林的分类效果最佳
Arndt 和 Brefeld（2016）	足球	德甲联赛 5 个赛季（2009/10—2013/14）的数据	提出一种基于回归的多任务方法以预测足球运动员的未来表现	多任务回归（岭回归和支持向量回归）	该研究提出的岭回归和支持向量回归的多任务泛化可以有效地学习特定球员的模型

（续表）

	运动项目	样本	研究目的	机器学习模型	结论
Brooks 等 (2016)	足球	2012—2013赛季西甲联赛数据	通过分析传球数据，提供对足球比赛中一些不太明显事件的见解	k 最近邻、支持向量机	研究表明，对足球比赛中的传球数据进行适当分析，可以揭示一些有趣和不明显的见解
Sarmento 等 (2016)	五人制足球	17 名球员 30 场比赛的 126 个进球的数据	量化精英五人制足球比赛中导致进球的进攻序列类型	T-pattern 分析	对进攻序列进行的 T-pattern 分析表明，在五人制足球的进球机会中经常出现有规律的比赛模式，这也是这项运动的典型运动模式
Chawla 等 (2017)	足球	2007/08 赛季英超 4 场比赛的数据（2932 次传球）	开发一个自动化系统以评估比赛中球员之间传球的质量	多项逻辑回归、支持向量机（SVM）分类器和 RUSBoost 分类器	实验结果表明，该系统能够生成一个分类模型，对传球进行"良好""合格"或"不佳"的分类，准确率达 85.8%；同时，计算几何学中复杂方法得出的预测变量对该分类模型只有中等程度重要性
Constantinou 和 Fenton (2017)	足球	欧洲几支足球队的数据（联赛积分、伤病情况、欧洲赛事、教练变更和升级球队）	根据有限数据开发一个能够准确预测足球队表现变化的模型	时间序列预测	该模型可以在赛季开始前预测球队在整个赛季中获得的联赛总积分。此外，模型结果还提供了对球队表现变化影响最大的因素的全面归因研究，并部分解释了博彩公司赔率中普遍存在的热门—冷门偏见的原因

29

（续表）

	运动项目	样本	研究目的	机器学习模型	结论
Link 和 Hoernig (2017)	足球		描述基于位置数据检测足球比赛中个体和球队控球权的模型		
Martins 等 (2017)	足球	不同锦标赛的比赛结果：英超联赛(EPL)，2014/2015 赛季；西甲联赛(LLPD)，2014/2015 赛季；巴西联赛冠军杯，2010 赛季(BLC 2010) 和 2012 赛季(BLC 2012)	开发一种预测锦标赛比赛结果的新方法	与多项式分类器相关的有：朴素贝叶斯、决策树、多层感知器、径向基函数和支持向量机	多项式算法与机器学习技术的结合显著提高了预测准确率。本研究所提出的多项式算法从训练和测试集中选择相关特征变量，准确率超过96%
Razali 等 (2017)	足球	英超联赛 2010—2011，2011—2012 和 2012—2013 赛季的数据	提出一个贝叶斯网络以预测足球比赛的主场胜利、客场胜利和平局的结果	贝叶斯网络	贝叶斯网络在三个赛季中的平均预测准确率为75%，该结果可作为未来足球比赛结果预测研究的基准输出
Schlipsing, Salmen, Tschentscher 和 Igel (2017)	足球		提出一个从足球比赛中获取和分析视频序列的实时系统	线性判别分析(LDA)、最近邻(NN)和一对多多类支持向量机(SVMs)	作者发现：①有意识地运用机器学习和模式识别技术使我们能够在不同环境中实现高分类准确度；②适当的人机界面可以减少系统学习过程中所需的操作人员数量

（续表）

	运动项目	样本	研究目的	机器学习模型	结论
Barron 等（2018）	足球	2008/09 和 2009/10 赛季英格兰足球联赛冠军联赛 1104 场比赛的 966 名非守门员球员的数据，每名球员都踢满 90 分钟	确定影响非守门员球员联赛地位的职业足球关键表现指标	神经网络	研究结果表明，可以利用人工神经网络识别影响球员联赛地位的表现指标，并准确预测他们的职业生涯轨迹
Cho 等（2018）	足球	欧洲冠军联赛新闻资料包	提出一个以传球分布数据为重点的足球胜负预测系统的概念框架	社交网络分析、梯度提升与支持向量机、神经网络、决策树、基于案例的推理、逻辑回归	结果表明，通过社交网络分析生成的网络指标可以代表足球队的表现，且可以利用梯度提升技术开发出精确的胜负预测系统
Jaspers 等（2018）	足球	38 名职业足球运动员 2 个赛季的数据	评估机器学习技术从一组外部负荷指标预测足球训练课 RPE（主观体力感觉评分）的能力	人工神经网络，最小绝对收缩与选择算子模型（LASSO）	人工神经网络和 LASSO 模型的性能均优于基线模型。此外，LASSO 模型对 RPE 的预测比人工神经网络模型更准确
Pappalardo 和 Cintia（2018）	足球	6 个欧洲联赛超过 6000 场比赛和 1000 万次事件的数据	量化表现与成功间的关系	普通最小二乘回归	模拟结果得出的球队排名与实际排名接近，这表明从复杂系统的视角看待足球比赛也许能揭示运动表现和成功之间关系的某些隐藏规律

（续表）

	运动项目	样本	研究目的	机器学习模型	结论
Rossi 等 (2018)	足球	2013/2014 赛季的 26 名意大利职业男运动员的数据	开发基于 GPS 测量和机器学习的职业足球伤病多维预测方法	预测模型	研究表明,该预测模型可以在赛季初期就得到有效应用,从而使俱乐部能够节省相当一部分赛季伤病相关的成本
Takahashi, Yokozawa, Mitsumine 和 Mishina (2018)	足球	4500 张球的图像,连续 900 帧的视频序列	开发一个适用于实际足球比赛的稳健的球位测量系统	支持向量机	所提出的系统可以实时、稳健地测量足球的位置,并可有效地用于制作足球实况转播
Geurkink 等 (2019)	足球	61 个训练课程的数据,以及 913 次单独训练观察记录	预测足球训练中的课次主观疲劳度(sRPE)并确定其主要预测指标	梯度提升机	结果表明,通过相对有限数量的训练观测数据,就可以相当准确地预测课次主观疲劳度
Pappalardo 等 (2019)	足球	18 项顶级足球赛事 4 个赛季的数据	设计并实现 PlayeRank 框架,这是一个基于数据的框架,为足球运动员的表现提供基于多维度和角色敏感的原则化的评估	线性支持向量分类器	结果表明,PlayeRank 是一个新颖的数据驱动框架,在足球运动员的评价和排名方面超越了现有的最先进水平

表2.2 个人项目人工智能研究概述

	运动项目	样本	研究目的	机器学习模型	结论
Muazu Musa 等 (2019)	射箭	50名来自各个射箭项目的青少年射箭运动员,平均年龄为17.0岁,标准差为0.56岁,完成了一轮射箭得分测试	通过训练变体k-NN算法和逻辑回归模型对一组个体能变量进行分类和预测,以确定高潜力和低潜力的射箭运动员	k最近邻、多元线性回归聚类分析	k最近邻模型的表现优于所有预测模型,并且在评估指标上表现出相当好的分类效果,对高潜力、低潜力射箭运动员的预测准确率为82.5%±4.75%
Maier, Meister, Trösch 和 Wehrlin (2018)	冬季两项	4个赛季118,300次射击的数据	探索影响冬季两项射击成绩的因素,并预测未来的命中率和失误率	逻辑回归模型、基于树的提升模型和人工神经网络	仅使用运动员之前特定模式下的射击命中率,通过简单的机器学习模型即可预测未来的射击表现。然而,每一次射击都存在高度的随机性,即便是这些复杂模型也无法显著降低这种随机性
Ofoghi, Zeleznikow, MacMahon 和 Dwyer (2013)	自行车	不同世界锦标赛资深骑手的数据	探索机器学习技术如何辅助自行车运动专家在场地自行车全能赛中作出关键性决策,包括运动员选拔和战略计划制订	聚类分析(k均值聚类算法)和朴素贝叶斯	研究表明,短跑项目在决定奖牌得主方面的影响略大于耐力项目。研究人员采用概率分析方法构建了一个表现预测模型,该模型为教练在全能赛中的战略和战术决策提供了前所未有的支持信息

（续表）

	运动项目	样本	研究目的	机器学习模型	结论
Campaniço 等 (2018)	击剑	1名击剑运动员在每天2次的训练中分别进行1000次和700次的2项训练的数据	通过使用智能系统性能指标,结合教练的技术资质,实时获取来自惯性传感器的信息,来探索对运动员的技术优化	人工神经网络	对所生成模型的性能分析表明,每项练习的预测准确率分别为76.6％和72.7％,然而其他指标表明数据存在较大偏差
Couceiro, Dias 等 (2013)	高尔夫	6名高尔夫职业选手的数据	利用自动检测静态和动态物体的算法,分析职业选手的高尔夫推杆动作	线性判别分析、二次判别分析、正态分布的朴素贝叶斯、核平滑密度估计的朴素贝叶斯、最小二乘支持向量机	作者发现,所使用的5种模式检测方法(性能各不相同)可应用于研究高尔夫推杆表现中的协调和运动控制,从而可以分析在表现情境下运动行为的个体内、个体间的变异性
Corrêa 等 (2017)	滑板	543个人工加速信号	探索在滑板技巧检测中使用惯性传感器的最新技术,并开发新的分类方法	人工神经网络	在加速信号经过正确预处理的前提下,如果正确地构建并训练分类模型,机器学习便可以成为区分滑板平地技巧的有效技术
Rindal 等 (2018)	滑雪	10名参与者的24个数据集	通过使用连接在滑雪者手臂和胸部的两个惯性传感器以及机器学习算法,优化经典越野滑雪子技术自动分类的准确性	神经网络	总体上,作者在测试数据中实现了93.9％的分类准确率。此外,还阐述了如何将对子技术的准确分类与标准体育设备数据(包括位置、高度、速度和心率测量系统)相结合

（续表）

	运动项目	样本	研究目的	机器学习模型	结论
Nemec 等 (2014)	滑雪	5 名高水平滑雪者（2 名女性和 3 名男性）的数据	提出两种机器学习方法，并基于对滑雪者身体的 9 个自由度更精确的近似来估计重心和滑雪轨迹	神经网络、统计泛化	结果优于常用的倒立摆方法，表明了机器学习技术在高山滑雪生物力学测量中具有适用性
Mezyk 和 Unold (2011)	游泳	2 个月内（2008 年 2 月至 3 月）收集的数据，来自弗罗茨瓦夫游泳区的游泳者	使用模糊模型与免疫算法相结合的机器学习方法来模拟运动训练	基于模糊技术的数据挖掘	该机器学习工具从数据集中获取相应规则的准确率接近 70%
Xie 等 (2017)	游泳	4,022,631 条游泳记录的数据	调查所有泳姿与年龄、性别的关系	KNN、线性 SVM、RBF-SVM、DT、RF、AdaBoost、NB、LDA、二次判别分析、二次多项式回归、ANN 和支持向量回归	模拟实验表明，结合多种推理方法得出群体智慧分类（WoCC）的新方法具有更高的整体预测准确率和一致性。该研究揭示了游泳中几种新的年龄相关趋势，并提出了一种对游泳时间进行分类和预测的准确方法
Lim, Oh, Kim, Lee, 和 Park (2018)	乒乓球	2 名乒乓球运动员的 5 项乒乓球技巧数据：正手攻球、反手拉球、反手摆短、正手搓球、正手拉球	提出一种基于深度学习的教练辅助方法，该方法可为乒乓球练习提供有用的辅助信息	长短期记忆网络与深度状态空间模型、概率推理的结合	实验结果表明，所开发的方法在用于表征高维时间序列模式时可以产生良好的结果，并在与可穿戴 IMU（惯性测量单元）传感器配合使用进行乒乓球训练时，可以提供有用的信息

（续表）

	运动项目	样本	研究目的	机器学习模型	结论
Lai 等 (2018)	乒乓球	意大利21,458名运动员在5个赛季中进行的723,057场乒乓球比赛的数据	估计比赛网络在预测运动员成功方面的作用	网络分析与机器学习相结合	结果表明,机器学习方法能够预测球员的胜负,其中拓扑特征在提高预测能力方面作用明显
Lara Cueva 和 Estevez Salazar (2018)	跆拳道	76 名运动员的数据	开发基于跆拳道运动员分类信息的系统	决策树和支持向量机	该研究提出的新型支持系统可以帮助确定适合参加该项运动下一场比赛的运动员,同时为运动员的选拔管理提供了强大而有效的特征概括
Kovalchik 和 Reid (2018)	网球	2015—2017 年澳大利亚网球公开赛(四大满贯赛事之一)的数据	利用时空数据建立职业男子和女子网球的完整击球分类法	基于多阶段模型的聚类方法	结果表明,击球类型与获胜分数密切相关,速度最快且过网高度最低的击球往往最有效
Bacic 和 Hume (2018)	网球	在一次训练中,一名认证网球教练(第一作者)在另一名认证国际网球教练的指导下,记录了 43 个挥拍动作	开发结合运动机能学和人工智能的概念验证原型,以帮助改善网球挥拍技术	进化聚类方法	基于对前期案例的学习,开发出的原型模型能够对未来数据进行自主评估,且这种评估能力与技能水平、教练场景和教练规则相匹配
Whiteside 等 (2017)	网球	18 名运动员在 66 次视频记录的训练过程中的数据(通过手腕佩戴惯性传感器 IMU)	开发自动击球分类系统,帮助量化网球击球的负荷	支持向量机、判别分析、随机森林、k 最近邻、分类树、神经网络	机器学习与微型惯性传感器相结合,能够提供一种实用的自动化方法,用于量化击球次数和区分精英网球运动员的击球类型

（续表）

	运动项目	样本	研究目的	机器学习模型	结论
Kovalchik 等 (2017)	网球	2016 年澳大利亚网球公开赛 86 场 ATP 和 82 场 WTA 比赛的数据	利用挑战系统进行决策研究	递归划分决策树	球和球员的位置是成功挑战的关键因素。网球从业者可以通过采取措施减少延迟挑战以及主裁判影响偏见的方式，让球员更有效地利用挑战，进而提高挑战系统的完整性
Panjan 等 (2010)	网球	1002 名接受过斯洛文尼亚国家网球协会定期检测的男女网球运动员	使用自动计算机方法并结合经验丰富的网球教练的经验，选择最具前景的形态测量和运动测试，以检验网球运动员竞技表现的可预测性	朴素贝叶斯分类方法、决策树、C4.5 算法、k 最近邻、支持向量机和逻辑回归	结果表明，与教练的方法相比，自动识别在识别最有前景变量方面更成功，这一点在女性网球运动员和使用线性回归时表现最为明显
Ida, Fukuhara, Sawada 和 Ishii (2011)	网球	8 名经验丰富的球员和 8 名新手球员，他们通过视觉模拟量表评估了自己对球的速度、方向和旋转的预测	利用网球发球的计算机图形动画，确定发球者的动作与接球者预期之间的定量关系	多元回归分析	结果显示，经验丰富的球员在预测球的方向时，其决断的系数比新手球员更高

（续表）

	运动项目	样本	研究目的	机器学习模型	结论
Memmert 和 Perl (2009a)	多维项目	42 名儿童	提出一种新的神经网络方法,用于分析和模拟创造性行为	人工神经网络	结果显示,该网络能够区分主要的(创造性行为)过程类型,并通过模拟重现所记录的创造性学习过程
Memmert 和 Perl (2009b)	多维项目	20 名足球运动员、17 名曲棍球运动员以及对照组18 人	基于神经网络建立分析创造性运动表现的个体发展类型的框架	人工神经网络	作者认为,运用神经网络,可区分出运动表现发展过程中的 5 种学习行为类型

- **表现预测**

通过对发表在同行评审期刊和其他平台上的、关于过往表现分析和未来表现预测的研究进行分析,我们发现了一些有意义的趋势,有助于改善运动员和团队的训练过程。随着科学技术的快速发展,特别是精准数据挖掘和人工智能算法的使用,对特定比赛结果的预测展现出巨大潜力（Cheng, Zhang, Kyebambe, & Kimbugwe, 2016）。运动统计与分析的核心目标是理解与竞技表现紧密相关的模式和行为,而这些模式和行为与期望的比赛结果密切相关。随着体育组织步入大数据时代,大规模的人工智能方法为复杂的竞技表现动态建模提供了丰富的机会(Schulte 等, 2017)。学界已将这类预测分析作为研究目标,致力于寻找最佳方法,以期能够准确预测特定竞技活动或比赛的结果,或识别出具有潜力的年轻球员以供选拔(Memmert & Perl, 2009a, 2009b)。值得注意的是,这两个主要目标都可能为该技术的应用带来巨大的经济效益。

例如,Delen, Cogdell 和 Kasap（2012）的研究表明,在预测美式橄榄球比赛结果方面,分类模型比基于回归的分类模型更具优势,并且在所使用的三种分类模型(决策树、神经网络和支持向量机)中,决策树预测效果最佳。而在篮球运动中,Cheng 等人(2016)的研究发现,NBA 最大熵(NBAME)模型至少与其他机器学习算法相当或更优。此外，Lopez 和 Matthews（2015）认为，传统的统计工具同样能够产生与复杂模型相媲美的预测准确度。同样，Leicht，Gomez 和 Woods（2017）通过线性（二元逻辑回归）和非线性（条件干扰分类树）统计技术，深入研究了女子篮球比赛（$n=156$）中球队表现指标与比赛结果之间的关系，发现个人的投篮效率和防守行为是分析球队表现的关键指标。该研究结果强调了将非线性分析纳入运动统计与分析中的重要性，为体育组织提供了优化运动表现、追求竞技运动成绩的有效方法。Lam（2018）提出了使用一种基于堆叠贝叶斯回归的创新建模方法——稀疏谱高斯过程回归。在这项研究中，作者利用堆叠回归将球员能力与球队强项相结合，对体育运动进行建模。结论是，在 NBA 2014—2015 赛季常规赛中，通过双层高斯过程回归模型计算的获胜概率，85％的比赛被正确预测，超越了现有的 NBA 预测模型。

在已发表的人工智能分析研究中，关于足球的研究数量最多。一些研究尝试通过贝叶斯网络（Joseph，Fenton，& Neil，2006；Min 等，2008；Razali 等，2017）预测比赛结果，这些模型展现出了较高的合理性和稳定性。此外，研究结果表明，专家贝叶斯网络在预测准确性方面通常优于该领域的其他技术方法。时间预测（Constantinou & Fenton，2017）、朴素贝叶斯、决策树、径向基函数、支持向量机和社交网络分析（Cho，Yoo，& Lee，2018；Martins 等，2017）也已被应用于比赛结果的预测。通过机器学习过程，教练和从业者能够更好地理解不同属性之间的关系，并据此开发模型。这些模型反映了研究中发现的属性间的关联（28 项球员属性、比赛场地和对手实力，共 30 项属性），以及每个属性的相对重要性。特别是在足球运动中，模型能够揭示出预测比赛结果的关键因素，并提供这些因素之间关系的线索（Joseph 等，2006）。Joseph 等人（2006）指出，在处理新问题时通常采用两种技术：①如果对研究情境有一定了解，就可以构建模型，并基于模型选择被认为对研究目标有贡献的属性；②如果对底层机制缺乏认识，则可以考察所有可能相关的属性，并尝试确定最可能产生重要影响的那些属性。然而，预测比赛结果极具挑战性，因为存在大量不可预测的变量。例如，两支球队的相对强弱、伤员情况、球员态度以及球队管理层的决策操作等，都会对比赛胜负产生重要影响（Cheng 等，2016）。

除了尝试预测比赛结果，还有一些研究聚焦于分析与团队和运动员表现相关的更具体问题。例如，Bock（2017）对美式橄榄球失误的可预测性进行了研究。考虑到在一场比赛中，净失误差值为正是预测获胜的一个重要指标，研究人员采用梯度提升机技术并得出结论:在较低的错误发现率(低于15%)下可以预测失球和拦截。在运动科学领域中,这些分析很重要,因为能够预测比赛中的"灾难性"事件,有助于优化管理与决策,从而提升运动员和团队的整体表现(Bock,2017)。

根据 Araújo 等人(2005)的研究,代表性学习设计为运动训练提供了一个框架,用于衡量作为比赛准备的训练在多大程度上能够模拟实际比赛场景中的关键要素。在此背景下,Robertson 等人(2019)提出了一种不同的方法,即采用规则归纳法开发工作模型,以确定澳式足球踢球中高频、具代表性的事件。他们得出结论:规则归纳法能够在不破坏数据集内在结构的前提下,降低大型数据集的复杂性。另外,结果表明,该方法还可用于在代表性学习设计框架内对事件进行定量定义。

此外,研究人员利用神经网络技术在不同方面展开研究。例如:①在篮球比赛中描述球员新职责(Bianchi 等,2017);②利用多项逻辑回归、支持向量机(SVM)分类器和 RUSBoost 分类器构建自动化系统来评估足球比赛中球员之间的传球质量(Chawla,Stephan,Gudmundsson,& Horton,2017);③预测足球运动员职业生涯轨迹(Barron,Ball,Robins,& Sunderland,2018)。Jaspers 等人(2018)和 Geurkink 等人(2019)提出了一种不同的方法,他们利用人工神经网络、LASSO 和梯度提升机预测足球运动员主观体力感觉评分(RPE)。研究发现,机器学习技术对于预测未来训练中的 RPE 值具有重要价值,可协助教练组更好地规划、监控和评估训练课。

对个人项目的研究主要集中在利用机器学习技术预测运动员的竞技表现。例如,在乒乓球(Lai,Meo,Schifanella,& Sulis,2018)、跆拳道(Lara Cueva & Estevez Salazar,2018)和射箭(Muazu Musa 等,2019)等项目中,机器学习技术被应用于对运动员的潜力进行分类和预测。在这三个项目中,这些经过验证的模型成功地预测了:①高潜力射箭运动员的发现;②乒乓球运动员的成功以及在提高预测效率中发挥重要作用的拓扑特征;③最适合跆拳道比赛的运动员。考虑到人才识别和发展是当前体育组织投资巨大的领域之一,将这些分析技术整合到实践中可能成为未来的重要工具。此外,在滑板(Corrêa,Lima,Russomano,& Santos,2017)、滑雪(Nemec 等,2014;Rindal 等,2018)、网球(Bacic & Hume,2018;Kovalchik & Reid,2018;Kovalchik,Sackmann,& Reid,2017;Panjan,Šarabon,& Filipčič,2010;Whiteside 等,2017)和游泳

(Mezyk & Unold ，2011；Sadeghizadeh,Saranjam,& Kamali，2017；Xie 等，2017）项目中,研究人员对应用机器学习技术研究运动员表现的某些特定方面的兴趣日益浓厚,例如网球运动员的击球类型、影响冬季两项运动员射击表现的因素、击剑技术优化探索以及训练和准备过程的改进。Mezyk 和 Unold（2011）的研究提供了一个关于训练过程适应性的案例,该研究收集了游泳运动员两个月的训练课数据,并开发了一种算法,结果证明该算法可以在适当的时间范围内为每名运动员确定精确的训练刺激负荷,提高表现以备战比赛。

• 损伤预防

尽管运动损伤早已被视为全球健康问题,并被一些地方和国家政府机构列为优先关注领域,但大多数国家仍缺乏运动损伤发生率模式的广泛数据。运动损伤发生率是体育实践中的重要课题。在团队运动中,运动员参赛可用性与球队的成功(如排名、位置、获胜场次、进球数)密切相关,同时运动损伤也给俱乐部带来巨大的经济负担（López-Valenciano 等，2020）。以足球为例,职业顶级球队的一名球员因伤缺席一个月的平均成本约为 50 万欧元(Ekstrand，2013)。因此,在运动科学领域中,开发准确可靠的损伤预测模型具有重要意义。来自此类系统的信息可以与预防性训练措施紧密配合,以降低运动员在激烈的赛季受伤的可能性。

Rossi 等人(2018)基于 GPS 测量数据和机器学习,开发了一种多维度的职业足球运动损伤预测方法。研究表明,该预测系统在赛季初期就能有效发挥作用,帮助俱乐部大幅降低赛季中的损伤相关成本。这一方法为职业足球领域的损伤预防开拓了新视角,同时提供了一种系统化的方法来评估和解读损伤风险与训练表现之间的复杂关系。

体育运动中脑震荡的普遍性,尤其是在美式橄榄球中,已受到广泛关注（Bergeron 等，2019）。近些年,运动相关脑震荡作为轻度创伤性脑损伤的主要原因而受到高度关注。运动员和家长对职业和业余体育联赛中脑震荡的成因和影响表示担忧(Haider 等，2018)。例如,在足球运动中,针对高速头球可能带来的长期影响,人们提出了质疑,并尝试减少儿童比赛中的头球频率。

Cai 等人(2018)开发了一种基于深度学习的脑震荡分类方法,利用整个体素级白质纤维应变的隐性特征对脑震荡进行分类。他们基于重建的 NFL 伤病案例,采用留一交叉验证法,将损伤预测性能与两个基线机器学习分类器和四个标量指标通过单变量逻辑回归进行比较。该研究表明,基于特征的机器学习分类器(包括深度学习、支持向量机和随机森林)在所有性能类别中始终优于所有标量损伤指标。此外,Bergeron 等人(2019)采用了一种基于监督式机器学习的方法,对高中运动员在运动期间发生脑震荡后的症状缓解时间进行建模。他们认为,监督式机器学习在开发基于症状的预测模型方面展现出有效性,有助于增强临床决策支持,对运动相关脑震荡恢复进行实际评估。

• 模式识别

模式识别是人工智能在过去几年中影响最大的领域之一。一系列研究聚焦于模式识别(如识别战术模式、个人和小组的运动模式、人际协同模式)或追踪系统(如使用基于 2D 直方图的球员定位方法、贝叶斯 HMM、支持向量机)。

运动表现行为中包含球员和球队采取的成功战术和策略,通过分析特定序列中的运动和互动模式,可以识别其规律性(James,2012)。传统上,任何预测模型的隐含假设在某种程度上都是表现为可重复的。因此,有学者试图检测体育运动中的比赛战术或运动模式(Van Winckel 等,2014)。已有数种技术用于识别运动模式。最近,一种很有前景的技术在体育运动的常见运动模式研究中得以应用,即 T 模式检测和分析(TPA),该方法最初基于行为组织理论,并使用概率论和演化算法。T 模式也可被认为是具有统计显著平移对称性的概率自然(伪)分形。目前,TPA 算法已包含并行处理。Sarmento 等人(2016)和 Jonsson 等人(2006)分别使用 TPA 验证了五人制足球和英式足球中存在规律性比赛模式,这些模式通常与进球机会的出现密切相关。

一些研究者试图利用人工神经网络识别篮球(Bhandari 等,1997;Kempe,Grunz,& Memmert,2015;Schmidt,2012)、排球(Jaeger & Schoellhorn,2012)、足球(Grunz,Memmert,& Perl,2012;Montoliu 等,2015)和橄榄球(Passos 等,2008;Passos 等,2006)的特定运动模式。Passos 等人(2006)分析了橄榄球运动中的人际协调模式,并指出了人工神经网络在分析运动表现方面的一些实际优势:①一旦创建了用于特定运动表现场地的网络,唯一的关键问题就是将摄像机置于完全相同的位置和高度,以便于进行不同类型的运动分析;②无须知道摄像机的任何内在/外在参数,例如与原点相关的焦距和摄像机位置;③如果使用足够数量的参考点,即使存在光学或数字失真,生成的结果也是准确的;④鉴于训练和验证过程需要来自参考结构的一组点标,了解代表表现场地深度、宽度和高度的某些类型测量值(如场地线的长度、线间距)可以提供足够多的点标,以供网络进行这些分析过程。

此外,系统聚类分析的应用使得在标准化情境下识别不同国家排球队的战术模式成为可能(Jäger & Schöllhorn,2007)。再则,Brooks,Kerr 和 Guttag (2016)使用监督式机器学习技术(如 k 最近邻、支持向量机)构建模型,用于预测足球队一系列的传球是否会以射门结束,从而提供了认识从一个位置到另一个位置传球对于创造射门机会相对重要性的方法。

人工智能大数据的重要来源:自动追踪系统的影响与日俱增

正如第一章和第三章所述,机器学习在图像分类、物体检测和自然语言处理等领域取得了前沿成果,因此,其在基于计算机视觉的应用中越来越受欢迎(Elhoseny,2020)。视频观察应用对于分析个人表现越来越重要,而视频目标追踪是其中一项必不可少的任务,因为它会生成相关视频片段中移动目标的相互关联的时间数据(Luo 等,2018)。近年来,能够追踪不同运动(如足球、橄榄球、手球)中球员和球的运动的系统数量成倍增加,这为运动员和球队的行为提供了详细的描述和分析。

Chambers 等人(2019)很好地证明了这类技术的实用性,他们开发并验证了一种并列争球算法,用于自动检测橄榄球比赛中的身体接触事件。这一创新使得球员表现分析更高效,因为此前只能通过标注分析技术来实现,该技术非常耗时。利用自动追踪系统的技术和分析方法,教练和运动科学家能确定与这些接触事件相关的身体负荷,从而改善球员训练过程并降低受伤风险。

在排球比赛中,Hsu 等人(2016)开发了一种自动系统,能够提取逐局比赛数据并使用基于二维直方图的新颖方法定位球员。这种方法不仅能有效获取战术信息,还能在比赛期间收集描述性表现统计数据。此外,Gomez 等人 (2014)在沙滩排球比赛中比较了两种球员追踪方法(经典粒子滤波器和刚性网格积分直方图跟踪器),得出结论:与之前文献中超过 90% 的有效追踪结果相反,在本研究中轨迹增长法追踪球的准确率为 54.2%,霍夫线(Hough line)检测法为 42.1%。之前,Chen 等人(2012)曾报道,在棒球运动中准确检测球轨迹存在困难,而且 Leo 等人(2013)也指出足球领域同样存在类似问题。最近,Takahashi 等人(2018)报道他们成功改进了一个用于自动监测足球运动的系统,可实时整合多视角摄像机的跟踪结果。

过去几十年里,足球视频分析研究呈指数级增长(Leo 等,2013)。一些研究者(Martinez-del-Rincon 等,2009;Motoi 等,2012)尝试使用贝叶斯方法开发比赛追踪系统,具有识别比赛中的事件的功能。这些模型对教练和从业者很重要,对在家或体育场内观赛且有兴趣获取更多实时详细运动表现信息的球迷也很重要。

结　语

在过去的十年间,体育运动领域人工智能的研究呈指数级增长。现有的研究显示,在个人和集体项目领域,最常被探讨的话题有:①表现预测;②损伤预防;③比赛模式和其他特定运动行为的识别。

表现预测是运动分析和统计分析的核心目标,对理论和实践都有重要影响。近年来,随着体育运动组织进入大数据时代,人工智能在预测体育竞赛动态方面的应用呈指数级增长,这对运动员和团队如何为竞赛作准备产生了深远影响。过去十年间,多个领域取得显著进展,从方法学上揭示了哪些算法更适合预测运动表现和损伤,开发了自动化的运动表现追踪系统。然而,仍有必要进一步推进这一领域,不仅要通过使用理论指导下的代表运动动态学的表现指标来实现,而且在此过程中还需要教练、运动员和从业者凭借丰富的经验知识以验证其相关性,并寻找有意义的变量。

基于视频的方法和相关数据的计算是运动领域重要的技术手段,它可以显著减少人工收集信息的工作时间。除了人工智能应用于体育运动带来的所有潜在优势外,数据质量至关重要。因此,需要建立方法学和理论指导实践的部门,以充分利用这些算法带来的优势。

尽管近年来人工智能在体育运动领域的应用有所增加,但仍存在巨大的发展空间。在短期内,通过使用能够测量运动员和团队活动的便携式设备和软件,实时向运动科学家、辅助人员和教练传递更多信息是可以实现的。此外,教练可以更频繁地使用这些信息作出决策。最后,这些技术的广泛应用还有助于增强与球迷的互动,进而推动体育产业的蓬勃发展。

第三章 从可靠的大数据来源到
通过生态物理变量捕捉运动表现

代表性评估设计与技术

科技的进步为深入探究与理解运动表现提供了新机遇,原因在于:①它提供了过去无法获得的数据;②它让我们能够计算过去没有计算过的指标(参见第一章)。例如,机器学习和深度学习技术可让我们实现一些"低阶"指标外的"高阶"指标的计算(如队内和队间组织),这可以在比赛时和(或)在训练时进行。技术的进步催生了许多新的设备、算法、应用(如智能手表、智能手机、全球定位系统 GPS 中的嵌入式传感器,这些传感器与加速度计一起构成惯性测量单元 IMU)和追踪系统,特别是基于计算机视觉技术开发的系统(如多摄像头动作捕捉、电视转播追踪、基于深度学习的无标记 3D 动作捕捉、RGB 深度摄像头)。这些新兴技术可快速向使用者提供有关运动员行为和表现的反馈。然而,随之而来的问题是,传感器总是向科学家和从业者提供一些数据,即使这些数据的收集过程存在问题,难以反映运动中的核心问题,或仅能反映脱离情境的、通过非代表性设计收集的数据,这些均是数据驱动方法的不足之处(Couceiro 等,2016)。其次,数据量过大是数据驱动方法的第二个问题。这一问题需要科学家通过人工智能技术(如机器学习或深度学习)进行数据精简或降维。随之而来的问题是,我们需要确保数据精简和建模过程不会影响从业者对数据含义的理解。此外,数据模糊、降维和建模后的结果有时难以理解,无法直接向教练员解读,较难对运动实践进行指导。这些问题可通过适当的数据采集方案、明确的分析评估任务、恰当的数据收集方法和相关技术来克服。我们认为,合理的研究方案设计应基于生态动力学理论框架,该框架的理论支柱之一是感知—行动耦合理论(perception-action coupling,Araujo & Davids 2015;Araujo,Davids,& Passos,2007),该理论强调代表性(实验)任务设计(representative task design)的重要性(Brunswik,1956)。

1956 年,Brunswik 提出了代表性设计(representative design)的概念,主张在机体—环境关系的层面上研究心理过程(Brunswik,1956)。这意味着在研究机体行为时应同时收集情境变量,这些情境变量代表机体行为发生的环境,从而使实验中的行为具有普适性。代表性设计强调学习、训练或实验的任务约束条件(task constraints)要能够代表运动或比赛时的真实任务约束条件,而这正是研究应关注的核心。代表性设计特别强调关注运动员和环境的关系,而这一视角在数据驱动的行为科学中可能被忽视。运动员从环境中辨别和使用信息来支持其运动的能力取决于感知和运动过程之间准确且高效的关系,即感知—行动耦合(Pinder,Davids,Renshaw,& Araújo,2011a)。例如,Dicks,Button 和 Davids 比较了足球守门员在视频模拟与真实守门(代表性设计)时的运动和注视行为(Dicks,Button,& Davids,2010)。研究发现,守门员模拟守门动作的任务约束条件与真实守门动作的任务约束条件存在显著差异。这表明,高代表性的学习/训练设计才能捕捉到比赛中发生的感知—行动耦合,促进从学习到比赛的技能迁移。同时,该研究还表明,需谨慎使用视频辅助学习、训练和表现分析,使用不当可能会使感知与动作脱钩。在另一项研究中,Pinder,Davids,Renshaw 和 Araújo 关注了使用投球机等设备的问题,这些设备可能会移除运动环境中的关键信息源(如投球手的动作),显著影响板球击球动作的时间和控制(Pinder,Davids,Renshaw,& Araújo,2011b)。研究发现,击球手在面对投球机和投球手时的任务约束条件存在显著差异,面对投球手比面对投球机时会更早开始球棒摆动和前脚移动。因此,回击投球手投出的球时会产生特定的技能迁移(在功能性感知与行动耦合的支持下),而回击投球机投出的球时仅会产生一般性的技能迁移。使用新技术进行干预和收集数据时,科研人员和从业者必须意识到这些设备可能会对技能迁移产生影响。当然,使用投球机练习投球的可重复性较高,运动分析可主要集中在击球手上。相反,当投球手投出球时,由于击球手需获取投球手的动作信息,应同时分析投球手的动作。在这种情况下,运动捕捉系统需要同时捕捉投球手和击球手的动作,而这可能让数据采集工作变得繁重(如需要捕捉和校准大量数据、需要大量身体标记物以准确评估上半身和手臂动作)。此外,当科学家进行深入的微观分析时,可能需要大型的、对运动员有侵入性的以及耗时的运动捕捉系统(如多光学视频系统),这可能会干扰数据收集过程和运动员的动作。因此,为了保证代表性实验设计,科学家应该在大型运动捕捉系统、侵入性设备与测量精度之间进行权衡。例如,当在四肢上使用惯性测量单元(IMU)时,可测量身体不同部位间的角度(即四肢之间的角度),而涉及全身标记的大型动作系统可构建人体测量模型以评估关节角度(Guignard,Rouard,Chollet,& Seifert,2017b)。由于后者提供了关节旋转中心的精确位置,其提供的数据更为准确,但对运动员更有侵入性。因此,科学家和从业者必须始终在任务设计的代表性、测量精度、数据收集环境以及数据处理（即数据分析）的时间与复杂性之间进行权衡。

简而言之，从业者在为训练过程中的数据收集设计具有代表性的任务时，需考虑运动行为的约束因素（即动作真实性和现实性），从特定的环境中充分采集有信息的变量（即相关的可供性），确保感知和行动功能性耦合，保证任务朝着预期的方向发展（Araújo & Davids，2015）。此外，应让从业者能够理解数据收集技术和数据分析方法。为了完善代表性设计，任务应该具备以下特性：①复杂性；②动态性，使学习者有机会探索随时间演变的不同解决方案；③新颖性且与可实现的目标相关；④支持主动感知；⑤可提供关键周围环境信息（Davids，Araújo，Hristovski，Passos，& Chow，2012）。考虑到上述方面，本章将综述用于数据收集的不同设计方法，定义任务、流程和相关技术，重点强调可靠性（两个系统间的一致性；测试的稳定性或可重复性，如观察者间和观察者自身重复测量的等价性）。在考虑可靠性（reliability）时，应评估准确度（accuracy）和精确度（precision）。准确度指的是测量值与实际值之间的差异程度，而精确度是指用相同设备重复测量同一部位时的差异程度。最后，我们讨论了不同设备的效度（validity，设备或捕捉系统实际测量结果与理论上预期测量结果之间的一致程度）。

数据收集设计方法

• 基于视频系统的标记分析

标记分析的原则

基于视频系统的标记分析（notational analysis）已被广泛用于体育运动中的表现分析。该技术通过标注和量化所记录的运动表现为使用者提供信息，是一种方便、实用且经济的方法。标记分析已被用于战术评估、技术分析、运动模式和协调分析、数据库设计和建模，以及从业者和运动员培训（Hughes & Franks，2008）。运动员表现的观察评分包括观察者编码（即模式检测）和排序（即时序识别）。得益于先进的软件（如 Dartfish、Hudl Sportscode、Longomatch、nacsport），现在的编码和排序工作取代了过去完全手动的评分方式，比以往更加容易和快捷。这些软件可将摄像机直接连接到电脑进行现场实时分析，或导入视频并整合多个视角进行赛后分析。这些软件让我们能够创建窗口和按钮，以定义表现指标、运动模式和动作类别，从而在现场分析期间快速识别和编码。然而，仔细

47

观看比赛录像进行赛后分析（如缩放、慢动作、导出包含标注的视频片段以提供反馈）可提高分析的可靠性（Hughes & Franks，2004）。

标记分析的有效性（效度）与可靠性（信度）

标记分析的一个潜在局限性在于数据收集和分析的有效性与可靠性，以及观察者在重复评估时让评估间的编码和排序保持一致的能力。标记分析的有效性指观察者实际的测量结果与预期测量结果的差异程度。可靠性指来自同一测试或方法收集和分析数据条目的一致性，可通过计算观察者内（如测试—重测）和观察者间的等价性（equivalence）来估计（Hughes & Franks，2008）。观察者内和观察者间的等价性对于评估标记分析方法的可靠性至关重要，尤其是在编码和排序过程容易出错的情况下。这些错误可能来自：①同时观察的条目的数量（Roberts，Trewartha，& Stokes，2006）；②识别一个事件开始/结束标准的清晰程度；③多个条目的内容重合；④条目概念（即运动表现指标）的清晰程度。

所有观察者应对每个待观察的条目有相似的理解。因此，标记分析过程的可靠性会受到观察者数量、观察者经验以及观察质量（与视频质量有关）的影响（Hughes & Franks，2004，2008）。这些错误将导致观察者之间或同一观察者的多次分析之间在所用时间、条目观察频率或事件发生次数和类型（即运动员的运动模式和团队行动）的辨别上出现较大差异（Barris & Button，2008）。

根据 Hughes 和 Franks 的建议，仅使用观察者内或观察者间均值或中位数差异的指标是不够的，还应使用均值或中位数的绝对差异指标。因此，计算简单的百分比是评估可靠性的最有效指标。Hughes 和 Franks 也给出了避免错误和混淆的建议（Hughes & Franks，2008）。特别是，数据应保留其初始顺序并可以被逐条核查。可靠性测试应针对每组数据，而不是平均数。为了防止可靠性研究出现问题，需要仔细定义计算百分比时所涉及的变量。鉴于此，Hughes 和 Franks 建议根据以下公式计算百分比差异：$(\sum(\mathrm{mod}(V_1 - V_2))V_{\mathrm{mean}}) \times 100\%$，其中，$V_1$ 和 V_2 是变量，V_{mean} 是它们的均值，mod 表示绝对值，$\sum$ 表示"求和"，用于计算观察系统中每个变量的百分比误差（Hughes & Franks，2008）。

标记分析可靠性与有效性的研究示例

Duthie,Pyne 和 Hooper 分析了基于视频的时间—运动分析的可靠性 (Duthie，Pyne，& Hooper，2003)。他们让一位观察者在 12 场比赛中分别对 10 名橄榄球运动员进行了两次评估(间隔一个月)。该研究通过将重复测量值 之间差值的标准差除以 $\sqrt{2}$ 来计算重测信度,以此量化典型测量误差(typical error of measurement，TEM；Hopkins，2000)。评价标准为:低于 5% 为良好, 5%—9.9% 为中等,高于 10% 为差(McInnes，Carlson，Jones，& McKenna， 1995)。每个运动类别(步行、慢跑、大步走、冲刺跑、静态发力和静态行为)所花 费时间的 TEM 为中等到差(5.8%—11.1%);每个运动频率的可靠性为良好到 差不等(4.3%—13.6% TEM);每个运动的平均持续时间具有中等可靠性 (7.1%—9.3% TEM)。通过该研究,Duthie 等人认为,基于视频的橄榄球运动 员时间—运动分析有着中等可靠性,而不同动作类别的可靠性存在差异 (Duthie 等,2003)。慢跑的可靠性最佳,静态和高强度活动(如大步走和冲刺 跑)的可靠性较差。冲刺跑分析较低的可靠性可能是由运动之间动作模式的差 异所导致,这表明观察者的经验可能会影响他们的评估。

该研究表明进行时间—运动分析时应评估观察者评分的可靠性,特别是与 全球定位系统(GPS)(Dogramac，Watsford，& Murphy，2011)、惯性测量单元 (IMU)(Dadashi 等,2013)或视频追踪系统(Roberts 等,2006)等其他系统进行 比较时。例如,Roberts 等人使用五个摄像机追踪系统记录橄榄球运动中七种 活动①(站立、步行、慢跑、中等强度跑、高强度跑、最大强度跑)的距离和跑速, 并将该系统的记录结果与标记分析进行比较(Roberts 等,2006)。TEM 被用来 量化观察者内和观察者间评估结果的可靠性。在 20 分钟内,标记分析和摄像 机追踪系统记录的平均距离分别为 1554±329 米和 1446±163 米,活动变化的 平均次数分别为 184±24 次和 458±48 次;标记分析的平均速度较高,平均绝 对差异为 0.13 m·s^{-1}。据此,该研究认为,使用七个类别的条目区分活动可能 会增加标记分析过程中选择适当活动的难度。此外,视频追踪系统可以提供关 于活动过程中减速/加速的信息,而标记分析仅能提供平均速度。因此,数据分 析的可靠性取决于任务设计和流程(如区分活动的观察条目的数量)。

为提高有效性和可靠性,观察者可以通过共同练习达成对观察指标的一致

---

① 原文中的七种活动应为六种活动。——译注

意见,也可通过设盲观察(不知晓其他观察者的结果)比较各自的分析,讨论观察之间的差异,以了解和纠正误差来源,并重复这一过程,直到获得较高的可靠性。Seifert 等人比较了新手和有经验的观察者识别游泳运动员手臂划水阶段(即入水、滑行、抓水、拉水、推水和还原)的能力(Seifert 等,2006)。通过平均值(t 检验)和方差(F 检验)的组间比较发现,不同水平的观察者在判断拉水阶段开始时抓水关键点存在显著差异。进一步研究表明,新手观察者需要 50 小时的训练才能提供可靠的观察结果。当观察者对观测特定事件有较高的技能时,其标记分析数据与 3D 运动追踪软件的数据之间没有显著差异(Seifert 等,2006)。有经验的观察者的标记分析结果与 IMU(由 3D 加速度计和 3D 陀螺仪组成的惯性测量单元)计算的手臂划水阶段和协调指数结果相似(Dadashi 等,2013)。基于视频系统的标记分析与 IMU 结果的差异为 $0.2\pm3.9\%$,这与观察者间的差异($1.1\pm3.6\%$)相似。

总之,基于视频的标记分析系统在可靠性方面与其他系统没有显著差异。当评估任务和相关程序设计得当,技术设备设置合理,数据收集、编码和排序无误时,它就能表现出高可靠性。标记分析只能通过平均值(如事件或距离的平均时间,从而计算平均速度)来评估运动(如动作模式)和生理指标(如活动类别)。因此,该方法难以准确判断活动的开始和结束时间,无法提供关于减速/加速或活动强度的信息。此外,条目数量、条目复杂性、观察者经验、评估条目的时间限制(如实时观察)以及视频片段的质量都会显著影响分析的可靠性。由于复合指标(compound metrics,如人际协调)的复杂性,标记分析应侧重于评估直接指标,以确保测量的有效性和可靠性(Vilar, Araújo, Davids, & Button, 2012)。因此,基于视频系统的标记分析是一种方便、实用且低成本的方法。任务的代表性和测量过程的质量应成为使用该方法时的主要关注点,以便为使用者提供有价值的反馈,并将结果转化为比赛中的实际应用。

· 视频和多相机视动系统的 2D 与 3D 自动追踪

自动运动追踪系统的最大优势在于,它能够在无人监督的情况下持续追踪运动员。不同的摄像机系统使用有标记或无标记的运动捕捉技术实现对运动员的 2D 或 3D 追踪。这些摄像机系统包括电视转播、多视频摄像系统和多相机视动系统(Vicon、Qualisys、Optitrack)。

电视转播追踪技术

自动电视转播追踪系统的优势在于,它能够在无需增加体育场内设备或人员的情况下,在官方足球比赛 40% 到 60% 的时间里追踪球和球员(Mciosrtensen & Bornn,2020;SkillCorner,2020)。主转播摄像机左右移动覆盖整个球场时使用动态场地校准技术获取球员位置,生成追踪数据。不过,部分球员会超出摄像机的视野,数据生成不连续。因此,当转播切换到球员特写或重播时,某些球员的位置数据无法获取。外推法(extrapolation)可填补缺失数据,该方法的有效性已被采用金标准方法(即多相机视频追踪系统)的研究证实(Mortensen & Bornn,2020;SkillCorner,2020)。

从技术层面看,在足球比赛的转播视频中收集追踪数据需要以下五个步骤:

(1) 视图分割:判断当前画面是由主摄像机捕捉,还是来自重播或特写视角的摄像机。

(2) 检测球员、裁判和球:在每一帧中进行检测和分类。

(3) 单应性估计(homography estimation):估计摄像机的参数,以便将图像中检测到的物体投影到足球场上的笛卡儿坐标。

(4) 追踪球员、裁判和球:为帧与帧之间添加时间信息。

(5) 球员识别:识别每一帧中的球员。

电视转播追踪技术解决了以下几个具有挑战性的问题(Skill-Corner,2020):

(1) 在没有任何相机位置信息的情况下,在不同大小的体育场内进行单应性估计。

(2) 在比赛的任意时间点追踪球在三维空间(x、y 和 z 坐标)的位置。由于转播信号在任何时间点仅包括一个摄像机,因此位置估计只能从单一视角进行,无法进行传统的三角估计。

(3) 无监督的球员识别:尽管在赛前没有对系统进行球员识别的预训练,但算法仍能够识别从未检测到的球员(即使球员更换了新球服)。这种在首次比赛中就能识别球员的能力确保了产品的可扩展性。

(4) 实时传输:视频处理以每秒十帧的速度实时进行,电视信号有 2 秒延迟,这意味着使用者可在视频接收 2 秒后获得数据。

鉴于所有球员在比赛期间仅有 40%—60% 的转播时间出现于视频中,需要使用外推法解决数据缺失问题。例如，Mortensen 和 Bornn(2020)通过外推数据预测运动员在未被观测到的时间段内不同的运动指标(即总跑动距离、高速跑动距离、超高速跑动距离、速度<3.5 m·s^{-1}、3.5 m·s^{-1}<速度<5.7 m·s^{-1}、速度>5.7 m·s^{-1}、总加速度、加速度密度、0.65 m·s^{-2}<加速度<1.46 m·s^{-2}、1.46 m·s^{-2}<加速度<2.77 m·s^{-2}和加速度>2.77m·s^{-2})。该研究分析了切尔西足球俱乐部在 2014—2015 赛季英超联赛中的 18 场主场比赛数据，包含 248 名球员的信息(Mortensen & Bornn，2020)。研究通过计算均方根预测误差(root mean square predictive error，RMSPE=$\sqrt{\sum(y_i-Y_i)^2/n}$)评估了预测的可靠性，并使用变异系数(coefficient of variation，CV)进行评价。公式中，Y_i 是观察值 y_i 的预测值，n 是观察次数。CV 表示误差相对于数据值本身的大小，代表特定模型能够解释总体数据方差的程度。总体而言，RMSPE 和 CV 表明模型对各个指标的预测非常准确。由于球员在一些指标状态下的时间较短(如速度>5.7 m·s^{-1} 的 RMSPE 只有 6.4 秒)，这些指标的 CV 值较大，但 RMSPE 仍然较低，可在实际情境下使用。球员每场比赛平均跑动距离为 3524 米，总跑动距离的 RMSPE 仅为 183 米(Mortensen & Bornn，2020)。

总之，由于电视转播追踪技术能够预测球员的行动，其在未来有着广阔的应用前景。但目前，该技术仅在改善实况比赛分析方面具有优势，尚未用于评估人际协调或其他与团队集体行为相关的指标。未来，这一技术也可用于训练分析，不过在训练中需要重视摄像机的摆放，避免有未观察到的球员和空间遮挡。

多视频摄像系统

在使用不同视角和可能含有广角镜头的多视频摄像系统时，对视差和失真(平移和旋转)应采用足够的校准点(如平面的网格或棋盘)相对于校准平面(用于二维分析)或空间(用于三维分析)进行校正。在每个视野中运用更多校准点(Abdel-Aziz & Karara，1971；Brewin & Kerwin，2003)可改善基于直接线性转换(direct linear transformation，DLT)(Abdel-Aziz & Karara，1971)的坐标重建。摄像机校准过程中的任何错误都会在随后的数据处理中导致系统误差。另一个误差来源是数字化过程。人工进行解剖标志点的数字化处理容易出错。像标记分析一样，数字化过程中操作者内和操作者间的可靠性指标需要计算。由于追踪精度依赖于摄像机的数量，为减少校准误差和数字化处理的误差，需要使用足够多的摄像机录制动作发生的空间。然而,摄像机数量的增加也会增加数字化过程的工作量,尤其是在手动或半自动追踪的情况下。手动数字化过程非常耗时,这是手动视频追踪的主要问题之一(Mooney 等,2015;Wilson 等,1999)。例如,Psycharakis 和 Sanders(2008)的研究共花费了 27 小时才完成了对游泳四个划水周期的手动数字化工作。因此,自动追踪捕捉是一项重大进步。该技术基于多种算法(基于颜色、形状、运动等)进行模式识别,追踪一个对象或有多个对象的区域。不过,每种算法都有各自的局限性。例如,当使用基于运动或轨迹识别的算法时,会存在物体的非线性位移和空间遮挡问题。当使用基于颜色识别的算法时,会存在环境光的干扰问题。例如,水的清澈度和光线反射、空气—水界面的视差效应(Kwon,1999)、失真问题、游泳者与背景之间的像素对比度(Ichikawa,Ohgi,& Miyaji,1998)、湍流或气泡(Mooney 等,2015)都是妨碍连续数据记录的因素。由于水中运动的复杂性,与陆上观测相比,水中运动的重建误差可增加至 42%(Silvatti 等,2013)。为了克服暂时遮挡、图像模糊以及其他导致数据缺失或质量差的问题,自动追踪算法应整合时间信息,使用在时间上连续的图像序列(如移动窗口、块匹配),而不应采用因填补缺失数据可能会出现问题的逐帧分析(如 Alwani & Chahir,2016;Benezeth,Jodoin,Saligrama,& Rosenberger,2009;Bouziane,Chahir,Molina,& Jouen,2013;Chahir,Djerioui,Brik,& Ladjal,2019;Lassoued,Zagrouba,& Chahir,2016;Liang,Chahir,Molina,Tijus,& Jouen,2014)。

最后,除追踪可能出现标记遮挡问题的特殊物体或身体标记物外,另一种方法是使用基于深度学习的 2D 或 3D 姿态估计法的无标记 3D 运动捕捉系统(Iska-kov,Burkov,Lempitsky,& Malkov,2019;Mündermann,Corazza,& Andriacchi,2006;Pavlakos,Zhou,& Daniilidis,2018;Pavllo,Feichtenhofer,Grangier,& Auli,2019),或者像 Microsoft Kinect™ 这样的 RGB—深度摄像机(Clark 等,2012;Gao,Yu,Zhou,& Du,2015;Liddy 等,2017;Pfister,West,Bronner,& Noah,2014;Schmitz,Ye,Shapiro,Yang,& Noehren,2014)。Liddy 等人(2017)研究了在频率范围为 1 到 3.33 Hz 的双手协调任务中,Microsoft Kinect™ 系统和光学运动 Vicon 系统之间的时间漂移。该研究发现,运动频率最高时两个系统之间的时间漂移最低,而随着频率的增加,手部运动轨迹的结构差异有所减少。OpenPose(Cao,Hidalgo,Simon,Wei,& Sheikh,2018;Nakano 等,2020)是一种常见且开源的姿态估

计技术,可用于 3D 无标记运动捕捉。在捕捉三种不同运动(行走、反向跳跃和投球)的研究中,Nakano 等人(2020)比较了多同步视频摄像机的 OpenPose 3D 无标记运动捕捉系统与基于光学标记物的运动捕捉系统的精确度(用平均绝对误差测量,mean absolute error,MAE)。结果表明,47% 的 MAE 小于 20 毫米,80% 的 MAE 小于 30 毫米,10% 的 MAE 大于 40 毫米。MAE 超过 40 毫米的主要原因是 OpenPose 未能在 2D 图像中捕捉到参与者的姿态。例如,将物体识别为人体或替换人体部位。因此,作者认为,基于 OpenPose 的无标记运动捕捉可用于运动人体科学研究,其精确度可达 30 毫米或更少。用于 3D 重建(如基于块的多视图立体算法——PMVS, Furukawa & Ponce, 2010;泊松表面重建——PSR, Kazhdan, Bolitho, & Hoppe, 2006)和姿态估计的高级算法(如迭代最近点——ICP,Sandau 等,2014)可进行非常精确的 3D 无标记运动捕捉。例如,Sandau 等人(2014)使用这些算法评估了下肢的 3D 关节旋转,发现有标记和无标记运动捕捉系统之间在测量踝、髋关节屈伸角度和髋关节外展/内收角度时一致性较高(均值差异<1°,均方根偏差<3°),然而,两个系统在髋关节和膝关节内旋/外旋、膝关节外展/内收以及踝关节内翻/外翻的评估上一致性较低(Sandau 等,2014)。总之,尽管目前追踪运动过程的金标准仍是通过光学运动系统捕捉身体标记物的运动,计算机视觉、机器学习和深度学习技术的进步赋能了有广阔前景的、快速且低价的 2D 和 3D 无标记运动追踪系统。这些系统可使用单摄像头或多摄像头,运动员无需穿戴任何设备,有利于在真实运动环境中收集数据。

光学运动摄像系统

基于关节点反光标记自动检测的三维(3D)光学运动分析系统是目前运动捕捉的金标准。这些系统需要使用多个摄像头,摄像头的设置、位置、分辨率和校准决定了运动分析的环境背景。为确保身体反光标记能被准确追踪,需要对环境光线进行适当控制,使光学运动摄像系统更适合室内数据采集。捕捉中出现的问题主要取决于被追踪物体的数量、物体之间的空间和时间遮挡程度、摄像头的规格(如分辨率 5—26 MP、帧率 100—1400 Hz、镜头从窄到广、最大捕捉距离 10—40 米)、摄像头的数量以及被追踪物体的距离和体积(Barris & Button, 2008;Pers 等,2002)。对多视频摄像系统而言,测量空间取决于摄像头数量,其与测量的时间—空间的准确性成比例(de Jesus 等,2015)。使用的摄像头越多,光学运动系统的成本就越高(Carse 等,2013)。一些新的 3D 运动分析系统(如 OptiTrack 系统)可解决成本预算不足的问题,也可以精确追踪反光标记(Carse 等,2013；Thewlis,Bishop,Daniell,& Paul,2013)。Thewlis 等人(2013)发现 Vicon 系统与 OptiTrack 系统在追踪步态过程中的绝对角度差异不超过 $4.2°$。在距离标记的比较研究中,Carse 等人(2013)发现 Vicon 与 OptiTrack 系统记录的平均向量幅度高度一致(1—3 mm)。尽管 3D 光学运动系统的成本不高,但它们大多仍只能在实验室条件下使用(Ceccon 等,2013)。将这些设备转运并布置在真实运动环境下使用不仅耗时,且有较大限制,最终只能在一个有限的空间内进行测量分析。例如,光学运动摄像系统只能捕捉三至四个游泳动作周期,而游泳者在 25 米泳道中的动作周期数是可被捕捉到的三倍。尽管作为金标准的光学运动摄像系统的捕捉结果较为准确,但无法提供快速便捷的多周期测量,而且难以适用于像足球场空间大小的数据采集。

传感器

无线、小巧且轻便的可穿戴传感器可弥补多摄像头系统(包括多视频摄像头和光学运动捕捉系统)便携性不足的问题。多摄像头系统的第二个限制与缺乏对数据采集环境(如光线、校准体积和/或区域等)的控制有关,这促使科学家开发新的设备来追踪长时间的行为活动,包括时间序列分析。毕竟,获取一次运动 10%—20% 的数据不能代表整个运动期间的表现。因此,需要新技术在更长的时间内追踪运动员的行为,从而覆盖整个运动时间。使用智能手表、智能手机、全球定位系统(GPS)、惯性测量单元(IMU)或眼动追踪系统(眼镜)等设备就能克服这样的限制。这些设备通常成本低、轻便、以用户为中心且便携(即可穿戴),更方便在运动现场使用。与 3D 多摄像头系统相比,智能手表、GPS 和 IMU 可以在整个比赛或训练期间连续记录大量数据。

智能手表、智能手机和全球定位系统(GPS)

Mooney 等人(2017)以多视频摄像系统标记分析为标准,测试了两款商业游泳活动监测手表(Finis *Swimsense®* 和 Garmin *Swim*™)的可靠性。十名游泳运动员采用四种游泳技术游完 1500 米。研究者从游泳技术、游泳距离、圈速、划水次数和平均速度五个方面评估了智能手表的可靠性。该研究发现这些智能手表在练习区间的中间阶段检测游泳技术、游泳距离和游泳圈速方面具有很高的可靠性,但在练习区间的开始和结束阶段测量的圈数不够准确。此外,划水次数测量存在统计差异,影响了划水频率、划水长度和平均速度的准确性。Mooney 等人(2017)的结论认为这些智能手表适合休闲运动使用,需要进一步增强圈数和划水次数检测的准确性才能在竞赛环境中使用。Pobiruchin,Suleder,Zowalla 和 Wiesner(2017)通过赛前和赛后调查,研究了智能设备(如智能手表和智能手机)记录跑步距离的准确性。在半程马拉松比赛中,使用手机结合应用程序记录的平均轨迹距离(平均绝对误差为 0.35 千米)与 GPS 运动手表记录的平均轨迹距离(平均绝对误差为 0.12 千米)存在显著差异。该结果再次表明,这些智能设备仅适合休闲运动使用,尚不适合用于科学研究。

智能运动服或运动内衣中集成的 GPS 设备常常用于测量团队运动中的外部负荷(Cummins, Orr, O'Connor, & West, 2013;Hausler, Halaki, & Orr, 2016;Jennings, Cormack, Coutts, Boyd, & Aughey, 2010;Johnston 等,2012;Scott, Scott, & Kelly, 2016;Willmott, James, Bliss, Leftwich, & Maxwell, 2019)。Scott 等人(2016)研究了团队运动中 GPS 设备的可靠性,特别关注了在 1 Hz、5 Hz、10 Hz 和 15 Hz 采样频率下对距离、速度和加速度测量的可靠性。在低采样频率下(1 Hz 和 5 Hz),GPS 设备在高强度跑步、速度和短距离直线跑步(尤其是涉及方向变化的情况下)的距离测量方面有局限性;在高采样频率(10 Hz 和 15 Hz)下,对直线和团队运动模拟跑动的测量较为可靠(Scott 等,2016)。几项研究证实了高采样频率 GPS 在团队运动中测量距离和速度方面具有较高的有效性和可靠性,尤其是在测量中等速度(低于 20 km·h^{-1})时(Gray, Jenkins, & Andrews, 2010;Jennings 等,2010;Johnston 等,2012;Waldron, Worsfold, Twist, & Lamb, 2011)。例如,Jennings 等人(2010)观察到,与 20 米冲刺过程的变异系数(19.7%—30%)相比,步行过程中 5 Hz GPS 的变异系数(1.4%—2.6%)更低。同时,该研究发现 1 Hz GPS 在 10 米距离上相同活动(步行时为 30.8%,冲刺时为 77.2%)时的变异系数较高(Jennings 等,2010)。Scott 等人(2016)指出,GPS 的可靠性受紧急变向的影响。Jennings 等人(2010)发现在步行过程中,逐渐变向的变异系数较低(11.5%),而紧急变向的变异系数较高(15.2%)。据此可推断,在高速(超过 20 km·h^{-1})和紧急变向的非线性跑步中的速度测量易出现偏差,需要谨慎考虑将运动员的活动按 0—36 km·h^{-1} 的速度区间划分(Cummins 等,2013)。在速度划分时,性别、场上位置(前锋/后卫)、高强度冲刺次数或在高速区域停留时间的不同可能会掩盖测量的可靠性问题。事实上，很少有研究测评 GPS 设备相较于运动捕捉系统测量的可靠性问题（Randers 等，2010；Waldron 等，2011）。

Randers 等人（2010）对比了四种不同运动捕捉系统（基于视频的时间运动分析系统 VTM、半自动多摄像系统 MCS 和两种商用 GPS 系统：5 Hz GPS 和 1 Hz GPS）在比赛期间测量 20 名足球运动员运动的表现。尽管这四种系统都能够追踪运动员，但在测得的比赛总跑动距离方面，GPS 系统（5 Hz GPS 为 10.72 ± 0.70 千米，1 Hz GPS 为 9.52 ± 0.89 千米）与其他两种系统存在显著差异（MCS 为 10.83 ± 0.77 千米，VTM 为 9.51 ± 0.74 千米）。在高强度跑动距离方面，5 Hz GPS（2.03 ± 0.60 千米）与 MCS（2.65 ± 0.53 千米）、1 Hz GPS（1.66 ± 0.44 千米）与 MCS（2.65 ± 0.53 千米）和 VTM（1.61 ± 0.37 千米）的测量结果存在显著差异。1 Hz GPS（0.23 ± 0.16 千米）与 VTM（0.38 ± 0.18 千米）以及 MCS（0.42 ± 0.17 千米）测得的冲刺距离也存在显著差异，而 5 Hz GPS（0.37 ± 0.19 千米）与 VTM 和 MCS 的测量结果之间没有显著差异。该研究表明，不同系统在识别绝对跑动距离上存在较大差异，解读不同比赛分析系统结果时应谨慎。

在另一项研究中，Waldron 等人（2011）探究了 5 Hz GPS 和计时门（Brower Timing Systems，Draper，UT）两种设备在测量橄榄球运动员冲刺速度和距离时的效度和信度，以及通过 GPS 加速计设备记录加速度的信度。结果表明，GPS 以一种系统性的方式低估了冲刺距离和速度（变异系数范围为 4.81% 到 9.81%）。在比较两次 GPS 的测量值时，所有距离和速度变量都具有高度可靠性（变异系数范围为 1.62% 到 2.3%）。然而，与 GPS 加速计测量（两次测试之间比较峰值加速度和频率时变异系数范围为 4.69% 到 14.12%）相比，计时门的测量更可靠（变异系数范围为 1% 到 1.54%）。Waldron 等人（2011）的研究表明，尽管 GPS 的效度仍存在争议，计时门和 GPS 都是评估速度和距离的可靠系统。GPS 加速计测量中发现的误差表明，该设备在检测运动变化方面具有局限性。提高 GPS 准确性的一种方法是将 GPS、IMU、摄像机和数字地图的数据结合（Baranski & Strumillo，2012）。Baranski 和 Strumillo（2012）采用此方法进行行人引导。在 90% 的引导时间内，该方法能够将行人的位置估计误差控制在 2 米以内，而仅基于 GPS 的误差为 6.5 米（Baranski & Strumillo，2012）。总之，结合 GPS、加速计和本地无线电系统的高级传感器可提高距离和速度测量的可靠性。根据 GPS 设备的测量信度,多摄像头运动捕捉系统更适合追踪场上运动员的位置,以及评估如团队内和团队之间的人际协调等复杂指标。

惯性测量单元(IMU)

惯性测量单元(IMU)由各种传感器组成,如加速度计、陀螺仪和磁力计。这些传感器使 IMU 可测量多种信息。通过融合传感器信号,可研究 IMU 在外部 3D 参考系(如由重力、东向和南向定义的地球参考系)中的方向,这对于计算角度非常有用。IMU 可提供"低阶"指标(例如距离、活动类型、步频和步长)和"高阶"指标(如可用于评估人体部位、关节角度和协调能力的欧拉角、旋转矩阵、四元数;Poitras 等,2019;Sabatini,2011;Seel, Raisch, & Schauer,2014)。此外,如前所述,IMU 可长时间记录数据、提取独立特征,或者在周期性运动(如划船、骑行、游泳、跑步)时进行时间序列分析(如研究周期间的变异性)。以游泳为例,Dadashi,Millet 和 Aminian(2016)分析了在 400 米自由泳中超过 5000 个周期的运动和协调模式。

尽管 IMU 的发展迅速,基于人体部位旋转计算的"高阶"指标(如关节角度)的测量仍然容易出错,需要通过一系列步骤(如 IMU 在身体上定位、校准、数据收集和后处理)以获得准确和有效的指标。根据 Teufl,Miezal,Taetz,Fröhlich 和 Bleser(2018)在步行任务以及 Ahmadi,Rowlands 和 James(2010)在网球发球任务中的研究,将 IMU 放置在坚硬部位比直接放置在参与者皮肤上更能得到准确的结果。肢体运动导致的 3D 误差估计应从计算出的角度中减去,使由于标记移动引起的误差最小化(Ahmadi 等,2010)。因此,需要进行静态和动态校准,以提高角度计算的准确性或减少记录过程中传感器移动引起的偏移(Seel 等,2014)。校准使我们能够同步所有 IMU,并将其位置表达在骨骼解剖框架中(这是一个到绝对坐标系统的 3D 坐标转换;Dadashi,Crettenand,Millet,& Aminian,2012)。这种框架变换(从 IMU 参考系到地面参考系)能够提取传感器加速度上的重力矢量(地球的引力)(Seel 等,2014)。此外,若操作员怀疑 IMU 在肢体上可能出现移动,Fantozzi 等人(2016)建议在测试中重新校准。校准的准确性取决于运动员执行校准程序的准确性(Seel 等,2014)。Seel 等人(2014)提出通过在校准过程中的膝盖运动来应对 IMU 和肢体可能出现错位的情况。通过 10 秒的任意膝盖运动,该研究计算了单位长度方向矢量,其取决于 IMU 在肢体上的初始位置。随后,Seel 等人(2014)整合了屈伸运动期间膝关节轴的角速度差异,得到了准确且缓慢移动的关节角度。这个角度是通过将传感器与一个由加速度计算的噪声较高但变化较少的关节角度估计相结合得到的(Seel 等,2014)。与光学运动 Vicon 系统相比,他们的模型在六次步态实验中的膝关节角度估计结果均有效,平均 RMSE 值为 3.30°。

除校准问题外,IMU 的另一个问题是陀螺仪精度随测量时间增加而逐渐降低。由于噪声的存在,任何类型的测量(即静态、简单的 2D 或复杂的 3D 记录)均会逐渐累积精度漂移(Zhou & Hu, 2010)。此外,尽管可以通过对陀螺仪记录进行时间积分来计算 IMU 的方向,但这一过程会暴露出低频陀螺仪的偏置漂移问题(Sabatini, 2011)。为解决这种现象,可通过加速度计估计 IMU 的倾斜度,并结合其测量的重力矢量,帮助校正陀螺仪漂移并更好地估计 3D 传感器位置。Zhou 和 Hu(2010)使用卡尔曼(Kalman)滤波器比较了加速度计和陀螺仪测量的倾斜度,利用它们之间的差异来校正评估的方向。他们还整合了人体各个部位的长度信息,以更好地评估每个部位的位移(Zhou & Hu, 2010;Zhou, Stone, Hu, & Harris, 2008)。在游泳中,Seifert, Komar, Hérault, Chollet(2014)和 Dadashi(2012)分别观察到角度计算和速度测量中的漂移。前者提出了一种简单的校正方法,通过包裹信号的峰值和谷值来校正肘部角度时间序列中的这种(伪线性)漂移。该过程可生成保持峰值和谷值形状的样条(在漂移完全线性时,某些情况下为直线),这些样条被视为记录的最大值和最小值。此过程无法提供绝对角度值,仅能提供归一化后从 -1 到 1 之间的相对值。这些相对值可对一个时间序列中的周期进行比较(Seifert, Komar, Hérault, & Chollet, 2014)。

惯性测量单元(IMU)的效度、信度和准确度

IMU 的有效性可通过使用斯皮尔曼等级相关系数(斯皮尔曼 r)来评估,从而检验由 IMU 得到的数据与金标准系统(如光学运动多摄像系统)测量结果之间的相关程度。然而,这种方法忽略了测量偏差。这种偏差可通过 Bland 和 Altman 分析(1986)(即一致性界限,Limits of agreement, LoA)来评估,从而比较测量系统间的一致程度,以更好地估计 IMU 的有效性。LoA 的计算方法为平均偏差±1.96 倍标准差。

Taylor, Miller 和 Kaufman(2017)在转轮上进行了动态验证测试,以检验

IMU 的有效性。该研究发现 IMU 在低速时比用来对比的金标准更准确。Cutti，Giovanardi，Rocchi 和 Davalli(2006)的研究也得出了类似的结果，并强调 IMU 的测量误差通常随着速度的增加而增大。

为应对陀螺仪易出现测量漂移的问题，可通过计算数据随时间变化的内部一致性来估计陀螺仪的可靠性(Dadashi 等，2012)。归一化成对变异指数($nPVI$)(Sandnes & Jian，2004)可用于评估周期性时间序列中的空间变异性(如对正弦信号每个周期的计算)：

$$nPVI = \left[\frac{\sum_{C_k=1}^{N} \left| \frac{A_{\text{sensors}} - A_{\text{opto}}}{(A_{\text{sensors}} + A_{\text{opto}})/2} \right|}{N} \right] \times 100$$

其中，C_k 是两个系统得到的第 k 次测量结果，N 是获取的数据总量。可靠性可通过光学运动信号与 IMU 信号中局部最大值出现的时间差来量化。Zanone 和 Kelso(1992)建议，当两个信号是周期性或准周期性时，可计算它们之间的离散相对相位：

$$\theta = \frac{t_1 - t_2}{T} \times 360$$

离散相对相位以度为单位。t_1 指 IMU 信号的漂移峰值，t_2 指光学运动信号的漂移峰值，T 是光学运动信号的周期。在计算离散相对相位时，IMU 信号相对于金标准的任何暂时性或重复性的时间漂移都可以被计算。

最后，可以通过计算 IMU 与光学运动多摄像系统所获得的整个时间序列之间的均方根误差(RMSE)来评估数据的准确性(Rein，2012)：

$$\text{RMSE} = \sqrt{\frac{\sum_{i=1}^{n} (A_{\text{opto}(i)} - A_{\text{sensors}(i)})^2}{n}}$$

其中，n 是两系统间在同一时间 i 比较的总数据对的数量。接近 0 的 RMSE 值表示 IMU 记录的数据相对于光学运动多摄像系统的离散程度低。Zhou 和 Hu(2010)测试了上肢运动的不同运动速度，未发现速度对 Qualisys 光学运动多摄像系统与 Xsens IMU 套件测量值之间的 RMSE 值有显著影响(绝对平均误差约为 3°)。Nüesch，Roos，Pagenstert 和 Mündermann(2017)在步行测试中观察到，IMU 与金标准设备测量的膝关节角度的 RMSE 值在 5° 至 10° 之间。de Magalhães 等人(2013，2015)研究了自由泳划水期间立体摄影测量系统与 IMU 之间测量的肩部运动学角度的差异：上臂与胸部角度的 RMSE 值在 5° 到 10° 之间(平均值为 7°)。在近 20 次划水周期中执行相同任务时，Fantozzi 等人

(2016)报告了两个系统的平均 RMSE 值为 7°,最大的差异出现在肘部旋前—旋后与屈曲—伸展时(分别为 10°和 15°)。根据先前的研究,2°或更小的误差被认为是可接受的,在数据解释过程中无需明确指出(Cuesta-Vargas, Galán-Mercant, & Williams, 2010; McGinley, Baker, Wolfe, & Morris, 2009)。2°到 5°之间的误差也可被视为在合理区间内,但在数据解释时需要考虑指出。Cuesta-Vargas 等人(2010)建议,超过 5°的误差应引起关注,这样的误差可能足以误导对结果的解读。这些建议与 Poitras 等人(2019)系统综述的结果一致。该综述回顾了比较 IMU 与运动捕捉系统测评身体关节角度的研究。总之,IMU 代表着一种在真实环境中实时评估人体运动的设备。由于其无线、小巧、轻便且可长时间记录数据,具有广阔的应用前景。IMU 可收集"低阶"和"高阶"指标;然而,计算指标的复杂性越高,对数据采集过程严谨性(如 IMU 在身体上的位置、校准和设置、同步以及数据处理)的要求就越高。

捕捉运动表现生态动态的生态物理变量

运动表现涉及对个体能力与环境机会的匹配方式,以及它们在比赛的连续任务中动态交互方式的理解。因此,分析运动表现时不能忽略运动的环境背景。具体而言,运动员不是数据的唯一采集对象,还需要捕捉运动员如何调整和实现运动表现环境中的任务目标。可供性的作用以及运动员对其的感知调整和行动准备似乎至关重要,这些都是生态动态框架(ecological dynamics framework)所关注的问题。理解生态动态理论需要关注以下几方面:①运动表现来自运动员—环境系统;② 要理解个体的运动表现,需要分析环境提供的行为机会(即可供性);③运动表现(作为自组织的结果)在相互作用的约束下出现(Araújo & Davids, 2018; Araújo 等,2020; Button 等,2020)。

该理论表明,生态物理变量(Araújo 等,2020)是捕捉行为的起点(参见第一章)。这些变量测量了环境与运动员适应的契合程度。如前所述,运动员所处的环境预示着运动员可以做什么、不能做什么,这就是代表性评估任务十分重要的原因(Araújo & Davids, 2015; Davids 等,2012)。对研究人员和从业者来说,一个重要的挑战是捕捉基于感知—行动耦合的生态物理变量,这些变量出现在运动中持续、动态的运动员与环境交互的过程中。接下来,我们将以足球、橄榄球、游泳和攀岩运动的研究为例进行说明。

- **足球**

    Carrilho 等人(2020)使用 2018 年俄罗斯世界杯一场比赛的时空数据,捕捉了团队协同特征,通过集群相位分析了"球员—球—球门角度"这一生态物理变量。相对相位分析(RPA)已在团队运动中用于测量同步性(如 Travassos, Araújo, Duarte, & McGarry, 2012)。RPA 是基于两个相位之间振荡差异,表示它们相对角度的一种测量方法,该角度由角频率(ω)和初始相位(ϕ0)决定。如果两个振荡在时间序列中相位差接近 0°,则可以锁定在同步的同相模式中;如果相位差接近 180°,则为反相模式。基于这一思想,聚类相位分析(cluster phase analysis,CPA)也用于测量同步性,但它采用 Kuramoto 秩序参数并专注于一组元素的振荡运动关系(Duarte 等,2013)。Carrilho 等人(2020)使用 CPA 分析了球员—球—球门角度(player-ball-goal angles,PBGA),以直接测量球员—环境的关系并捕捉团队协同行为特征(Araújo & Davids, 2016)。球、球门和球员被视为足球比赛的关键生态变量,因为它们会影响和限制球员的行为。通过 PBGA,Carrilho 等人捕捉到球员与环境之间的关系,为 CPA 赋予了生态解释价值。从 CPA 获得的同步性测量是 PBGA 变化的直接结果,可持续捕捉球员在球场上相对于球门和球的位移。

    该研究的位置数据由葡萄牙足球协会(Portuguese Football Federation, FPF)提供,并通过 TRACAB 光学追踪系统(Chyron-Hego)获取(参见 Linke, Link, & Lames, 2020)。数据包括每名球员($n=28$)和球($n=1$)的位置数据,拍摄捕捉频率为 25 Hz,空间分辨率为 0.01 米。对于 CPA 测量值,每个集群(队伍)由球场上的相应球员组成。每名球员 k 的 PBGA,记作 θ_k,在每个时间帧 t_i 处计算,范围是 0 到 π。球的位置判断基于球的顶点,使用每名球员、球和球门的平面坐标计算,如公式(3.1)所示。PBGA 是在球门被进攻时计算的。

$$\theta_k(t_i) = a\tan2(\parallel (P_k(t_i) - B(t_i)) \otimes (G(t_i) - B(t_i)) \parallel, (P_k(t_i) - B(t_i))$$
$$\bullet\ (G(t_i) - B(t_i))) \tag{3.1}$$

    在公式(3.1)中,每名球员 P_k、球 B 和球门 G 在每个时间帧 t_i 的平面坐标(表示为向量)被用来计算 PBGA,即 θ_k(Carrilho 等,2020)。

    分析结果表明,主队的聚类相位值(同步性)相比客队有所增加,并且从有球到无球的角色变化的同步性得到了提高。球员—团队相对相位、球员—球—球门角度相对频率和团队配置表明,同步性的变化可能标志着关键表现(如控球权变化、进球等)的变化。PBGA 通过同步性测量持续地捕捉了团队协同行为的特性。此外,与 PBGA 相同,CPA 可在表现结果出现之前通过同步值的动态变化捕捉到表现结果的变化。该研究表明,同步性的变化代表着团队表现平衡的变化,这可能与表现结果的变化有关。简而言之,这一生态物理变量(PBGA)使得直接测量球员—环境的关系成为可能,因为这些测量直接受到球员相对于关键生态变量位置的影响。

- **橄榄球**

Passos 等人(2008,2009)鉴别出了一个可用于描述橄榄球运动中攻防二人时空关系的生态物理变量。进攻者要从距离得分线 10 米的位置开始持球跑过防守者。生态物理变量的值是基于防守者—进攻者向量与平行于得分线的假想水平线之间的角度计算的,其原点位于防守者的位置。该变量表明,在进攻者到达防守者位置之前角度接近+90°,而在通过防守者之后角度接近 290°,零交点恰好出现在进攻者通过防守者时(Passos 等,2009)。根据这一实验证据,我们建立了攻击者—防守者—得分线动态系统模型(Araújo,Diniz,Passos,& Davids,2014)。要注意的是,尽管两名球员的行为轨迹可能有很大差异,该系统会捕捉三种行为状态:防守者擒抱、防守者擒抱且进攻者有优势,以及进攻者达阵得分。由于生态物理变量捕捉到了球员和环境信息,所以用于建模橄榄球系统的函数能够描述其动态信息。

- **游泳**

在对游泳运动员的生物力学分析中,通常采用 3D 多摄像系统评估游泳者的运动学特征(Bernardina 等,2016,2017;de Jesus 等,2015;Figueiredo,Machado,Vilas-Boas,& Fernandes,2011;Gourgoulis 等,2008),以确定划水周期的关键点(如手入水点、抓水点、最大前坐标、最大后坐标和手出水点;Aujouannet,Bonifazi,Hintzy,Vuillerme,& Rouard,2006),从而定义划水阶段(如外划、内划、推进和非推进阶段;Chollet,Chalies,& Chatard,2000;Ribeiro 等,2017)。这些测量通常在以人体为中心的参考系中进行。因此,手的推进常常以相对于肩膀的位置和质心来表示。这并不意味着以自我为中心的参考系没有意义,但它无法捕捉游泳者与水环境(如游泳池的水面或游泳轴线)的互动关系(Guignard 等,2017a)。根据生态动态框架,生态物理变量,如躯干与水面的角度或手臂与重力方向的角度,可表明游泳者何时处于流线型姿势,以及水动力如何受到干扰(如由于身体的摇摆、俯仰和翻滚运动),这些情况包括在呼吸或逆流游泳时发生的动态变化(Guignard 等,2017a,2020)。基于此,Guignard 等人(2017a,2020)使用 IMU 评估了近端(上臂和小臂之间)和远端(手和小臂之间)的关节间角度和协调性。

- 攀岩

尽管攀岩属于户外活动,但随着它的受欢迎程度越来越高,许多攀岩馆(即人工攀岩墙)开始出现。室内攀岩可设计出不同的攀岩线路,提供丰富的锻炼机会,使习得的技能能够迁移到户外环境。为评估路线设计对表现的影响,一些生态物理变量可被测量,如运动时间与静止时间的比率(Orth,Kerr,Davids,& Seifert,2017;Orth,Davids,Chow,Brymer,& Seifert,2018a;Seifert 等,2018)。Seifert,Hacques,Rivet 和 Legreneur(2020)通过一种新设备(Luxov® Touch,Luxov,法国 Arnas)评估每个支点的接触时间,以研究支点变换的流畅性。接触时间是一个生态物理变量,它可以确定哪个支点涉及较长的静止时间,这通常反映了"关键"点(即路线中最困难的部分),可为路线设置者和使用者提供关于路线设计如何影响攀岩流畅性的信息。流畅度的缺乏也可通过空间指标来研究,例如反映攀岩路径复杂性的几何熵指数(图 3.1)(Orth,Davids,& Seifert,2018b;Sibella,Frosio,Schena,& Borghese,2007;Watts,España-Romero,Ostrowski,& Jensen,2020)。身体位移的平滑度(通过加速度导数计算得出的急动运动;Seifert,Orth 等,2014)也可用于研究攀岩流畅度。

Seifert,Boulanger,Orth 和 Davids(2015)以及 Orth 和其团队(2018b)考察了身体相对于墙壁滚动的生态物理变量如何解释攀岩流畅性。为此,路线设置者通过调整支点方向和可抓握边缘的数量设计了三条不同的路线。一条水平边缘路线可在躯干面对墙壁时进行水平抓握;另一条垂直边缘路线可垂直抓握,在这条路线上,有经验的攀岩者会出现躯干侧面朝向墙壁的情况;最后一条双边缘路线需要同时水平和垂直抓握。由于仅垂直抓握边缘支点的路线对初学者非常具有挑战性,双边缘路线能让初学者进行安全且多样的探索,因为他们既可利用与流畅动作相关的稳定模式(即水平抓握模式和躯干面对墙壁),也可探索流畅度较低的新的行为模式(即垂直抓握和躯干侧面朝向墙壁)(Seifert 等,2015)。

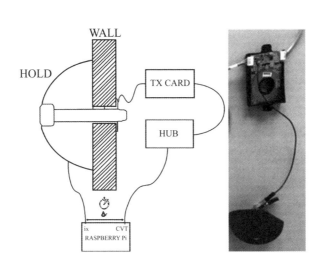

图 3.1 装有 Luxov® Touch 系统的仪器支架

结　语

本章介绍了结合时间和运动的运动学分析方法,以实现对运动表现更全面的生态动态理解。首先,探讨了数据采集的设计方法,根据运动类型(个人和集体运动)确定任务、流程和相关技术。其次,着重介绍了测量运动表现的设备和变量,主要讨论了"低阶"运动表现指标及其相关的生理特征,并探讨了将这些简单指标组合成复合指标的方法,提出了在设计任务、选择相关技术、数据采集和计算指标时需要注意的问题。生态动态理论将运动表现定义为运动员和环境系统的动态交互,我们据此提出可使用生态物理变量捕捉运动表现。有关研究设计的决策通常涉及在以下几个方面进行权衡:效度、准确性、信度,以及:①设置、采集、分析并向从业者提供反馈的时间限制;②任务及其执行环境的性质。

第四章　检测运动表现的计算指标

引　言

前几章和近期的许多研究都传达出这样一个"关键信息"——运动表现是一个具有大量数据的复杂动态系统的一部分(Davids 等,2014)。因此,与其他复杂动态系统一样,人工智能有揭示在运动中取得好成绩的行为以及运动员之间互动模式的潜力(Beal,Norman,& Ramchurn,2019)。然而,分析高度复杂的系统是一项具有挑战性的任务。尽管神经网络(NN)已被广泛地应用于处理这些任务,但其能否成功——如同其他替代方法一样——极大地依赖于输入的数据。

第三章介绍了当今运动领域中的许多颠覆性技术,这些技术可以提取运动员的特定表现指标,例如运动学变量和生态物理变量。我们只能运用 AI 处理通过这些技术获取的大量数据,并为教练和运动分析师提供更有价值的信息。然而,事情并没有那么简单(参见第一章中讨论的大数据问题)。虽然最先进的算法(如具有分层和层次化学习结构的深度学习算法)可以接受原始变量作为输入,并输出有趣的结果,但是,在大多数复杂系统(如运动领域)中,这种情况并不适用。输入数据的表示方式和学习模式的泛化能力对人工智能方法的性能有着至关重要的影响:差的数据表示可能会导致高级深度学习算法性能下降,而好的数据表示则可能让传统的机器学习算法也表现出色(Najafabadi 等,2015)。

因此,在通过摄像机、可穿戴设备和其他技术获取数据的同时,必须确保输入到各种人工智能算法的数据具有代表性。从原始数据中提取有意义的代表性数据的过程,通常被称为特征工程(Nargesian,Samulowitz,Khurana,Khalil,& Turaga,2017)。特征是被观察过程的可测量属性,虽然可以直接设定为原始(raw)数据(如球员的速度),但通常是在原始数据的基础上计算得出的。正如预期的那样,这是一个复杂的问题,因为它不仅需要强大的数学专业知识,还需要相关领域的背景知识。这就意味着需要计算机、运动科学和其他运动相关领域的专家紧密合作。此外,随着科技进步,人工智能可同时处理的特征数量显著增加,因此需要额外的特征选择策略,以减少可能危及人工智能性能的无关或冗余变量。

基于第三章中提到的技术所提取的表现指标或变量,本章将介绍并从算法方面描述多项与足球相关的指标,这些指标将作为第五章中模式识别架构的特征使用。这些计算得出的指标是"高阶"表现指标,已在众多研究中用于评估球员的表现,涵盖了个人指标(如球员轨迹的分数阶系数)和团体指标(如网络相关指标)。

个 人 指 标

许多专家认为,正如自然界中的自组织集体系统(如蚁群和蜂巢)那样,足球队的整体表现远不止是队内球员个人表现的简单相加(Hughes, Franks, & Dancs, 2019)。教练团队通过评估球员在训练负荷下的反应、球员间的互动、创造进球机会等现象,有助于制订新战略和新的队员组合,进一步掌握球员的恢复情况,从而预防过度训练和伤病的发生(Düking, Hotho, Holmberg, Fuss, & Sperlich, 2016;Kellmann, 2010)。

个体运动表现的评估一直是表现分析文献中探讨最广泛的主题。一方面,是因为与团体和网络分析相比,个体分析方法相对简单;另一方面,是因为大多数个体分析法能够得出实用的结果。比如,Osgnach, Poser, Bernardini, Rinaldo 和 Di Prampero(2010)指出,如果一项个人指标旨在估算特定球员加速跑和减速跑中的能量消耗,那么它可辅助分析该球员的代谢能力,并有针对性地制订个性化训练计划以使该球员达到顶级球员的水平。

尽管可以从个人指标中更清晰、直观地获得一些建议,但它也有一个主要缺点,即它以个体为中心,只评估某一球员的表现,而未考虑团队整体表现。虽然一些个人指标可以进行情境化分析(如基于团队阵型中的位置),但它们并不像团队和网络指标那样考虑球员间的互动。然而,一个团队的特点属性远不止球员的个人技能、表现统计、体能、心理因素和伤病情况等(Arnason 等,2004)。因此,教练在选手选拔过程中需要考虑一系列属性,这是一个复杂且多标准的问题,往往包含互相冲突的目标(Tavana, Azizi, Azizi, & Behzadian, 2013)。选择合适的球员并形成有效的团队阵容被认为是晋级顶级联赛的关键(Boon & Sierksma, 2003),而仅考虑每名球员单独的表现是无法实现这一目标的。

尽管存在上述缺点,但如前所述,因其简易性(相较于团队和网络指标),而且运动员个人可直接获益于这些指标,个人指标仍然至关重要。这将在后续章节中进一步阐释。在众多的个体指标领域中,本书选择阐述了两个最常见的子领域——不仅因为这些指标可以基于第三章提到的技术所获取的数据计算得出,更重要的是它们提供了理解和提升运动表现的关键信息。

• 运动指标

各种追踪捕捉方法和相关技术已被广泛应用,能够实时收集每名球员在场上的位置信息(Xu, Orwell, Lowey, & Thirde, 2005),甚至是他们身体关节的状况(Shan & Westerhoff, 2005)。这些时空信息对于加强运动表现分析至关重要,可以促进运动学、技术和战术等多方面的分析(Bartlett, 2014; Carling, Bloomfield, Nelsen, & Reilly, 2008)。第三章列举了一些关键技术,这些技术能够追踪运动学数据,特别是球员随时间而变化的平面位置,包括可穿戴设备(如 GPS、UWB、RFID 等)和视频分析。本章节涉及一些根据这些数据计算出的最常见的指标,包括速度、距离和前进方向,以及一些不太常见的指标,如轨迹熵及其分数动力学。

速度

定义在某一时刻 t 场上的球员 i 的平面位置为 $\boldsymbol{x}_i[t] \in \mathbf{R}^2$,可以分解其维度——这里将足球场简化为 xy 平面,即 $\boldsymbol{x}_i[t] = (x_i[t], y_i[t])$。连续时间步长 t 之间的平均速度大小可以通过下列公式计算:

$$v_i[t] = \frac{|\boldsymbol{x}_i[t] - \boldsymbol{x}_i[t-1]|}{\Delta t} = \frac{\sqrt{(x_i[t] - x_i[t-1])^2 + (y_i[t] - y_i[t-1])^2}}{\Delta t} \quad (4.1)$$

其中,Δt 是两个连续测量值之间的时间间隔,或测量周期,在此处被认为是恒定的。

距离

之前对球员 i 的平面位置的定义同样可以应用于该球员在特定时间变化 t 内所移动的距离。其数学公式描述如下:

$$d_i[t] = \Delta t \sum_{k=0}^{t} v_i[t] \quad (4.2)$$

除了球员所移动的距离外,还可以考虑其他类似的指标,包括球员之间的距离以及到球门的距离等。将平均速度大小 $v_i[t]$ 与移动的距离 $d_i[t]$ 联系起来,可以增强对球员 i 训练负荷的分析,并提供相关数据以区分不同的活动,如步行和跑步。

前进方向

球员的位置会随时间发生变化,具体取决于其战术位置。然而,作为一个独立特征,如果没有适当的情境化分析,其重要性可能并不明显,尤其在分析其是否有助于进攻或防守行动时。因此,如果结合对手的球门方向来分析球员的前进方向,可以提供额外的信息源,有助于理解特定动作,如射门和传球。

设 $x_G[t] = (x_G[t], y_G[t])$ 为对手球门的中线位置,球员 i 的前进方向 $\theta_i[t]$ 可以计算如下:

$$\theta_i[t] = \delta_i[t] - a\tan 2((y_G[t] - y_i[t]), (x_G[t] - x_i[t])) \qquad (4.3)$$

其中,$\delta_i[t]$ 是球员 i 在场上的角度位置。

轨迹熵

研究足球球员的变异性为一系列潜在的新型运动表现分析方法奠定了基础(Carling, Bradley, McCall, & Dupont, 2016; Couceiro, Clemente, Martins, & Machado, 2014)。有多种非线性方法可以用来研究运动员表现,例如 Lyapunov 指数(Burdet 等, 2006)、香农熵(Lopes & Tenreiro Machado, 2019)、近似熵(Fonseca, Milho, Passos, Araújo, & Davids, 2012)和样本熵(Menayo, Encarnación, Gea, & Marcos, 2014)。与传统的变异性分析方法(如标准差和变异系数)相反,非线性方法可以提供关于随时间演变的变异结构的额外信息(Couceiro, Clemente, Martins, & Machado, 2014)。

在众多变异性分析方法中,样本熵可能是计算最简单的方法之一,并仍然是最无偏倚的与熵相关的测量方法之一(Richman & Moorman, 2000)。值得注意的是,无论采用何种方法,熵相关的指标都可以应用于任何时空域,不仅限于运动学分析,还可以用于生理测量(Lake, Richman, Griffin, & Moorman, 2002)。而轨迹熵是指将样本熵(SampEn)这一指标应用于运动员的轨迹及其固有的不确定性或变异性。

估计样本熵的技术可以视为一个由时间序列和相关统计量(Richman & Moorman, 2000)表示的过程。由于样本熵只适用于一维时间序列,因此要将先前识别的球员 i 在场上的位置,即 $x_t[i]$,分解为其各个维度——这里足球场简化为 xy 平面,即 $x_t[i] = (x_t[i], y_t[i])$。为了避免两个维度的方程相同,设立一个代表 $x_t[i]$ 或 $y_t[i]$ 的通用时间序列 $u_t[i]$。这产生了一系列向量 $u_i[1], u_i[2], \cdots, u_i[M-m+1] \in \mathbf{R}^{1\times m}$,每个向量由数组 $u_{mi}[k] = [u_i[k],$

$u_i[k+1],\cdots,u_i[k+m-1]]$定义,$1\leqslant k\leqslant M-m+1$。$M$、$m$ 和 ε 是常数,其中 M 是时间序列的长度,m 是要比较的序列的长度,ε 是作为正在处理的数据的标准偏差的百分比计算的容差。

向量序列 $\boldsymbol{u}_{mi}[k]$ 之间的距离可以定义如下:

$$d_{u_i}=\max_{0\leqslant k\leqslant m-1}\{|\boldsymbol{u}_i[k_1+k]-\boldsymbol{u}_i[k_2+k]|\} \tag{4.4}$$

设 B_{k_1i} 和 A_{k_1i} 分别为向量 $\boldsymbol{u}_{mi}[k_2]$ 位于 $\boldsymbol{u}_{mi}[k_1]$ 的 ε 范围内的数量,以及 $\boldsymbol{u}_{m+1i}[k_2]$ 位于 $\boldsymbol{u}_{m+1i}[k_1]$ 的 ε 范围内的数量,其中 $1\leqslant k\leqslant M-m$,且 $k_1\neq k_2$。据此,我们可以定义:

$$\begin{cases} B_{k_1i}^m(\varepsilon)=\dfrac{B_{k_1i}}{M-m+1} \\ A_{k_1i}^m(\varepsilon)=\dfrac{A_{k_1i}}{M-m+1} \end{cases} \tag{4.5}$$

及其平均值为

$$\begin{cases} B_i^m(\varepsilon)=(M-m+1)^{-1}\sum_{k=1}^{M-m}B_{ki}^m(\varepsilon) \\ A_i^m(\varepsilon)=(M-m+1)^{-1}\sum_{k=1}^{M-m}A_{ki}^m(\varepsilon) \end{cases} \tag{4.6}$$

考虑到时间序列 M 的有限长度,球员 i 的样本熵可以计算如下:

$$\mathrm{SampEn}_i(m,\varepsilon)=-\ln\left[\frac{A_i^m(\varepsilon)}{B_i^m(\varepsilon)}\right] \tag{4.7}$$

一些计算时间序列的样本熵的库和脚本向公众开放,例如 Martínez-Cagigal 的 SampEn[1](Martínez-Cagigal,2018)。

分数动力学

在讨论运动学的章节中提及动力学相关指标似乎是一种误解,但实际并非如此。本节介绍了一组围绕球员运动学的计算指标,这些指标基于球员或其身体部分的运动计算得出,而不考虑运动中所用力的情况。本节的讨论也遵循同样的原则,因为分数动力学的概念运用分数阶微积分来描述足球球员的轨迹,因此忽略了与之相关的任何内在力。

当前运动科学文献中仅有少数基于分数阶微积分的应用实例。其中之一是为高尔夫推杆开发的一个校正指标,以防止高尔夫球员在遇到高尔夫球"绕洞而出"现象时有不准确的表现(Couceiro,Dias,Martins,& Luz,2012)。作者使用 Grünwald-Letnikov 近似离散方程扩展了一个性能指标,以整合球的轨迹记忆。这些作者进一步将分数阶微积分概念应用于足球,旨在通过估算球员的当前位置,提高跟踪方法的准确性(Couceiro, Clemente, & Martins, 2013),并且在正式足球比赛中表征球员的可预测性和稳定性水平(Couceiro, Clemente, Martins, & Machado, 2014)。

前几节支持了这样一个观点,即足球是一个复杂的动态系统,其中每名球员的运动通常是混沌且难以预测的(Grehaigne, Bouthier, & David, 1997)。在这些假设下,考虑到分数阶导数可以被视为整数(即经典)导数的自然扩展或概括,它本身就是一个描述生态记忆和过程的遗传特性(即路径依赖性)的绝佳工具。

首先,考虑离散情况,其中球员 i 的运动可以定义如下:

$$\boldsymbol{x}_i[t+1]=\boldsymbol{x}_i[t]+\boldsymbol{v}_i[t+1] \tag{4.8}$$

即球员 i 在时间 $t+1$ 和时间 t 的位置之间的差异,对于 1 秒的时间间隔,等于其当前速度向量 $\boldsymbol{v}_i[t+1]$。因此,$\boldsymbol{x}_i[t+1]-\boldsymbol{x}_i[t]$ 对应于一阶整数差分。通过采用近似离散时间 Grünwald-Letnikov 分数阶差分,其阶数为 $\alpha_i[t]$,并且将其推广为实数 $0<\alpha_i[t]<1$,对于 1 秒的采样周期和截断阶数 r,球员 i 在时间 $t+1$ 的位置可以表示为(Couceiro, Clemente, & Martins, 2013):

$$\boldsymbol{x}_i'[t+1]$$
$$=\boldsymbol{x}_i[0]+\boldsymbol{x}_i[t]-\boldsymbol{x}_i[t-1]-\sum_{k=1}^{r}\frac{(-1)^k\Gamma[\alpha_i[t]+1]}{\Gamma[k+1]\Gamma[\alpha_i[t]-k+1]}\boldsymbol{x}_i[t+1-k] \tag{4.9}$$

其中 Γ 是伽马函数,$\boldsymbol{x}_i'[t+1]$ 是球员 i 在 $t+1$ 时刻的近似位置。需要注意的是,这种策略增加了记忆复杂性,因为它需要记住每名球员的最后 r 个位置,即 $\boldsymbol{O}(rN_\partial)$。此外,截断阶数 r 不需要太大,并且总是小于当前时刻 t,即 $r \leqslant t$。

如方程(4.12)[1]所示,在计算分数阶系数 $\alpha_i[t]$ 时会出现一个问题。因为只有沿时间调整分数阶系数 $\alpha_i[t]$ 才能正确定义球员轨迹。换句话说,$\alpha_i[t]$ 将根据球员和时间的不同而变化。因此,应基于球员 i 目前已知的最后位置来找出最适合的 $\alpha_i[t]$。$\alpha_i[t]$ 的值将是使得近似位置 $\boldsymbol{x}_i'[t+1]$ 与真实位置 $\boldsymbol{x}_i[t+1]$ 之间的误差最小的值,记为 $d_i^{\min}$。这个推理可以通过以下最小化问题来表述:

$$s.t\alpha_i[t+1]\in[0,1] \tag{4.10}$$

方程(4.13)[2]的解可以通过任何优化方法求得,例如黄金分割法和抛物线

---

① 原文中提到的方程(4.12)应为方程(4.9)。——译注
② 原文中提到的方程(4.13)应为方程(4.10)。——译注

插值法（Brent，1973；Forsythe，Malcolm，& Moler，1977）。通过分析方程
(4.2)[①]中 $\alpha_i[t]$ 的作用，我们可以得出，$\alpha_i[t]$ 的值越接近 1，球员 i 的可预测性
就越高。换句话说，当 $\alpha_i[t]=1$ 时，表明方程(4.12)[②]可以准确预测基于之前
位置的下一个位置，即 $x_i'[t+1]=x_i[t+1] \therefore d_i^{\min}(\alpha_i[t])=0$。因此，对于恒定
和线性轨迹，即静止不动或以恒定速度移动时，分数阶系数 $\alpha_i[t]$ 接近于一个恒
定值 1——表示其高度可预测。对于混沌轨迹，分数阶系数的变异性显著减
小，在某些情况下其值接近于 $\alpha_i[t]=0.4$。这种变异性仅被随机轨迹超过，在
某些情况下分数阶系数甚至可能接近于 $\alpha_i[t]=0$（Couceiro，Clemente，
Martins，& Machado，2014）。

- **生理指标**

许多生理指标可以帮助生理学家解释和预测球员对特定负荷的反应。这
些指标主要分为两大类：侵入性方法和非侵入性方法。侵入性方法只能通过血
液参数进行评估，但在目前的技术条件下，这在动态环境中是不现实的。由于
本书围绕运动训练和比赛中的模式识别展开，因此重点将放在非侵入性方法
上。在非侵入性生理方法中，研究者无须借助血液参数即可评估多项变量，有
助于更好地分析球员对负荷的反应，同时保持获取数据时不干扰运动员表现的
生态环境。本节包括基本生理特征的描述，如心率和肌肉活动（通过肌电图测
量）。这些人体生成的生理数据，可以用来评估一个人的压力，而这些压力有时无
法仅凭非生理数据或主观感知意识到（Jerritta，Murugappan，Nagarajan，&
Wan，2011）。所有这些都是通过信号处理技术实现的，从这些信号中可以提
取出更具代表性的特征，如平均心率变异性、肌肉负荷和通过信号处理获得的
其他相关指标，如肌电图均方根和肌电图傅里叶变换。

心率

心率(HR)反映了每分钟心脏收缩的次数，这是由副交感神经系统和交感
神经系统在窦房结中的活动引起的。这两个系统在寻求平衡的过程中发挥作
用，交感神经系统负责身体对某些刺激的反应，使心率满足相应的需求。而副

---

① 原文如此。——译注
② 原文中提到的方程(4.12)应为方程(4.9)。——译注

交感系统负责在休息时控制心率(心率在 60 至 100 次/分钟之间),并且在身体活动增加时通过减慢心率来实现放松功能。

静息心率(HR_{rest})代表基础心率,因此应在清晨醒来后测量,并且最好在一个尽量减少干扰的独立空间内进行。对运动员来说,随着有氧训练的进行,静息心率通常会下降。因此了解每名运动员的心率指标对于评估其表现或进行任何健康问题的筛查都非常重要。最大心率(HR_{max})是在运动员承受高强度体力负荷时达到的,此时身体迫使心脏尽可能多地获取氧气,导致收缩次数达到最大值。通过这两个概念,可以如下计算运动员 i 的心率储备(HR_R):

$$HR_{Ri} = HR_{maxi} - HR_{resti} \tag{4.11}$$

考虑到运动员 i 当前的心率值 $HR_i[t]$,可以通过最先进的心率监测器(见第三章)提取,并且假设 HR_{maxi} 和 HR_{resti} 是已知的常数值,可以通过以下方程对每个时间步长 t 的心率值进行归一化:

$$HR_{normi}[t] = \frac{HR_i[t] - HR_{resti}}{HR_{maxi} - HR_{resti}} \tag{4.12}$$

除心率外,心率变异性(HRV)通常用于监测训练负荷。HRV 的分析可以通过计算 RR 间隔(即连续心跳或 R 波之间的间隔)的时间序列来进行。如果对于每名球员 i,在每个时间点 t 上更新,这个时间序列 RR 可以表示为一个时间变化变量 $RR_i[t]$。这可以通过可穿戴技术,如心率监测胸带来追踪。有了 $RR_i[t]$ 这一可用特征,就可以计算多个其他的生理指标。然而,由于这些指标依赖于平均测量值,它们通常只在整数时间步长 t(如每秒)更新。平均心率变异性($mHRV_i[t]$)是最常见的指标,计算方式为 $RR_i[t]$ 的简单移动平均值:

$$mHRV_i[t] = \frac{1}{t} \sum_{k=1, k \in \mathbf{N}}^{t} RR_i[k] \tag{4.13}$$

所有 NN 间隔(正常 RR 间隔)的标准偏差,称为 $SDNN_i[t]$,表示全局 HRV,可以通过以下公式计算:

$$SDNN_i[t] = \sqrt{\frac{\sum_{k=1, k \in \mathbf{N}}^{t} (RR_i[k] - mHRV_i[k])^2}{t-1}} \tag{4.14}$$

连续 RR 间隔差值的均方根($RMSSD_i[t]$)可以用于估计短期 RR 记录中的心率变化,可以通过以下公式计算:

$$RMSSD_i[t] = \sqrt{\frac{1}{t} \sum_{k=1}^{t-1} (RR_i[k+1] - RR_i[k])^2} \tag{4.15}$$

• 肌电图

人体的任何动作,无论大小,都会涉及一定的肌肉发力。肌肉无论是向心、离心还是等长收缩,都会产生电位,这些电位可以通过肌电图(EMG)进行研究(Konrad,2005)。在皮肤表面测量的被称为表面肌电图(sEMG),其在康复、运动和人体工程学领域具有重要研究意义(Vigotsky, Halperin, Lehman, Trajano, & Vieira, 2018)。可以通过将导电电极或导电织物等贴附于待测量的肌肉群上来获取 EMG 信号。在足球项目中,需要考虑球员的舒适性,选择最适合的技术,并且重点关注在训练比赛中可能更为活跃的肌肉群:下肢肌肉。目前市场上已有一些对应的解决方案,例如,Myontec MBody 3 可以采集腿部多通道的肌肉活动,通过信号的幅度值 $A_i^{ch}[t]$ 来量化给定球员 i 的肌肉活动,其中 ch 是从总通道数 ch_{tot} 中选取的一个通道。

即使有多个通道可用,但通常仍需通过预处理程序从 EMG 数据中计算附加特征,包括滤波、整流和平滑处理(Merletti & Di Torino, 1999)。滤波旨在去除原始信号中不必要的噪声,在某些情况下,如果采集设备返回的信号足够干净,这一过程也可以忽略。在有过滤需求时,通常使用带通滤波器去除低频和高频信号。去除低频信号可以消除基线偏移,这通常与微小的运动甚至呼吸有关,典型频率值为 5—20 Hz。高频信号切除则可以预防信号混叠,典型值在 200 Hz 至 1 kHz 之间。通过整流,可以对信号进行重新组织,以计算标准幅度参数,如平均值、峰值和面积。基本上,所有负振幅都会被转换为正振幅。需要注意的是,与滤波不同,这一过程不影响信号中的噪声,因此可能需要进一步的平滑处理,从而创建信号的线性包络,只保留其中的中心部分。通常使用的 Butterworth 滤波器是一种低通滤波器,被认为是减少信号与噪声关系的最佳数字滤波器之一(Mello, Oliveira, & Nadal, 2007)。

肌肉负荷

通过获取 EMG 信号可以直接计算出球员 i 在时间 t 的肌肉负荷($ML_i[t]$)。这一特征反映了每个时刻来自不同监测肌肉群的所有数据之和:

$$ML_i[t] = \sum_{ch=1}^{ch_{tot}} A_i^{ch}[t] \qquad (4.16)$$

肌肉平衡用于量化身体左侧 $B_i^L[t]$ 和右侧 $B_i^R[t]$ 之间的肌肉活动分布。假设前一半的 EMG 通道代表左腿,另一半代表右腿,那么与平衡相关的指标可以计算如下：

$$B_i^L[t] = \frac{\sum_{ch=1}^{ch_{\text{tot}}/2} A_i^{ch}[t]}{\sum_{ch=1}^{ch_{\text{tot}}} A_i^{ch}[t]}$$

$$B_i^R[t] = \frac{\sum_{\frac{ch_{\text{tot}}}{2}+1}^{ch_{\text{tot}}} A_i^{ch}[t]}{\sum_{ch=1}^{ch_{\text{tot}}} A_i^{ch}[t]} \qquad (4.17)$$

在相同的领域中，还可以比较某个通道 ch 追踪的特定肌肉与整体肌肉做功之间的关系，以了解肌肉分布情况：

$$D_i^{ch}[t] = \frac{A_i^{ch}[t]}{\sum_{ch=1}^{ch_{\text{tot}}} A_i^{ch}[t]} \qquad (4.18)$$

肌电图均方根

从特定通道 ch 获取的 EMG 信号的均方根 $EMG_{RMSi}^{ch}[t]$，经常被用来量化电信号，因为它反映了收缩期间运动单元的生理活动（Fukuda 等，2010）。换句话说，$EMG_{RMSi}^{ch}[t]$ 显示了球员 i 随时间 t 的力量变化（Chai & Draxler，2014），其公式表达如下：

$$EMG_{RMSi}^{ch}[t] = \sqrt{\frac{1}{t} \sum_{k=1}^{t} A_i^{ch}[k]^2} \qquad (4.19)$$

尽管 EMG 信号的均方根与球员所用力量之间存在关系，但这种关系对小肌肉来说往往更具线性（Basmajian，1962）。对于需要招募更大运动单元的大肌肉，其力量与 EMG 信号之间则呈非线性关系，因为肌肉电信号的幅度变化不一定对应力量的变化。因此，除了对 EMG 信号进行时间域分析外，还需进入频率域分析，在该域内将信号能量分布在一系列频率范围内，从而在评估肌肉疲劳方面提供额外价值。

肌电图傅里叶变换

将信号从时间域转换到频率域的最流行方法是傅里叶变换。傅里叶变换将一个函数分解为可能无限多的正弦波频率分量的总和。因此，在对一个信号进行傅里叶变换时，会产生两个输出值：幅值和功率谱（Proakis & Manolakis，1996）。当傅里叶变换应用于 EMG 信号 A_i^{ch} 时，该信号从实数集转换为复数集

R→C,因此信号由其实数部分 a 和虚数部分 jb 之和表示。设 n_t 为球员 i 在通道 ch 的 EMG 信号 $A_i^{ch}[t]$ 的样本数,其 FFT 是一个长度为 n_t 的向量 $\boldsymbol{EMG}_{FFTi}^{ch}[f]$,对于给定的频率 f,方程如下:

$$\boldsymbol{EMG}_{FFTi}^{ch}[f] = \sum_{t=0}^{n_t-1} A_i^{ch}[t] \mathrm{e}^{-\mathrm{j}2\pi f \frac{t}{n_t}} \tag{4.20}$$

根据文献,EMG 信号的采样频率通常为 1 kHz,这样可以捕获信号的整个频率范围。信号能量的"可用"部分频率在 0 Hz 到 500 Hz 之间,而能量主导部分的频率在 50 Hz 到 150 Hz 之间(De Luca,2002)。这意味着需要计算每个时间 t 的 $\boldsymbol{EMG}_{FFTi}^{ch}[f]$,因为它取决于 $A_i^{ch}[t]$,同时还需要针对特定的频率或频率范围 f 进行计算。这可能导致每个时间 t 生成多个数据序列,进而产生多个序列数据特征。

团 体 指 标

如前所述,足球运动是一个包含球员间互动的集体动态系统。这些互动在一定程度上可以通过球员位置数据的应用和分析来测量(Clemente,Sequeiros,Correia,Silva,& Martins,2018),但要理解球队如何自我组织以实现进球目标,还需要更多的信息(Grehaigne 等,1997)。测量个体位置数据可以计算其他变量,从而为球队行为提供有价值的信息(Duarte,Araújo,Correia,& Davids,2012),也可以帮助教练在比赛前或比赛中作出更有效的战略决策(Clemente 等,2018)。对团队表现的认知,特别是识别优势和劣势,对教练来说至关重要。如何组织所有球员确实是一个不小的挑战(Couceiro,Clemente,Dias 等,2014)。通过分析球员间的模式,类似于分析个体行为,可以给教练和运动分析师提供所有球员在比赛中表现的指标。然而,无论是集体运动、群体智能、多机器人系统,还是其他任何领域的群体测量系统,本质上都具有较高的分析复杂性,且通常随着竞争主体数量的增加而增长(Navarro & Matía,2009;Tsai,2002)。例如,在一场足球比赛中,我们面对的是由两组各 11 名协作球员组成的群体系统在相互竞争。如何协调这些运动员的配合是团队运动表现分析中的一个基本问题(Araújo & Davids,2016)。同一队的个体必须作为一个团队一起比赛,这可能需要他们与对方球员保持一定的相对位置。依赖于球场上球员位置的指标属于战术分析的范畴(Clemente,Couceiro,Martins,Mendes,& Figueiredo,2013)。然而,群体系统,包括团队运动,不仅仅依赖于个体的空间位置,往往还具有能够影响比赛结果的丰富动态交互。在团队运动中,队友之间的互动旨在破坏对方球队的目标,同时实现自己的目标(Cliff 等,2013)。这导致了复杂的时空交互,这些交互可能难以理解和量化。尽管场上球员的位置在这种交互中起着重要作用,但更重要的是要考虑更直接的交互特征,即团队的整体动态受到每个个体动态的影响。鉴于球员(包括队友和对手)的互动行为的性质,足球比其他团队运动展现出更高的动作变异性和不可预测性,这引发了对球员之间互动网络的研究(Gama 等,2014;Vilar 等,2014)。接下来的部分将进一步探索从时空(位置)和网络指标获得的战术变量。

- **时空指标**

在线时空指标可以提供有关球队作为一个集体系统,在整个比赛过程中随时间变化的行为信息(Clemente 等,2013)。实际上,这些指标可以作为重要工具,帮助教练在比赛中调整球队策略,及时发现并应对球队的弱点。为此,本节将描述加权质心、加权伸展指数和有效表面积等指标。

加权质心

在足球和所有其他团队运动中,质心通常通过一支球队所有球员的几何平均位置计算得出。如前所述,球员 i 在场上的位置被分解为两个维度,即 $\boldsymbol{x}_i[t]=(x_i[t],y_i[t])$。然后,根据所有 N 名球员的几何位置$(x_i[t],y_i[t])$,为每个团队计算质心$(x'[t],y'[t])$。根据 Frencken 和 Lemmink(2008)的说法,质心提供了三个相关测量值:① x 距离,代表前后位移(即场地长度方向的位移);② y 距离,代表侧向位移(即场地宽度方向的位移);③ 径向距离,同时包括前后和侧向位移。这些测量值是基于质心相对于场地中心原点 $O(0,0)$ 的位置计算得出的,公式如下:

$$\begin{bmatrix} x'[t] \\ y'[t] \end{bmatrix} = \frac{1}{\sum_{i=1}^{N} w_i[t]} \begin{bmatrix} \sum_{i=1}^{N} w_i[t]x_i[t] \\ \sum_{i=1}^{N} w_i[t]y_i[t] \end{bmatrix} \tag{4.21}$$

其中,第 i 名球员的位置定义为$(x_i[t],y_i[t])$,$w_i[t]$ 是该球员的权重因子。许多研究并未考虑守门员和球的位置(Bourbousson, Sève, & McGarry, 2010; Frencken, Lemmink, Delleman, & Visscher, 2011)。然而,出于不同的原因,两者都应被考虑:守门员因其在防守阶段的重要性;球则因为球员的影响力会随与球的距离增加而减弱。换句话说,第 i 名球员对团队质心的相关

性,即 $w_i[t]$,是基于第 i 名球员到球的欧几里得距离计算的:

$$w_i[t]=1-\frac{\sqrt{(x_i[t]-x_b[t])^2+(\gamma_i[t]-\gamma_b[t])^2}}{d_{\max}[t]} \tag{4.22}$$

其中 $(x_b[t],y_b[t])$ 对应于球的位置,$d_{\max}[t]$ 是每个时间 t 最远球员到球的欧几里得距离(图4.1)。

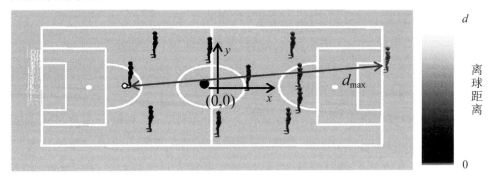

图 4.1 足球场的空间参考(Clemente 等,2013)

加权伸展指数

伸展指数测量团队在纵向和横向方向上的空间扩张或收缩(Bourbousson,Sève 等,2010)。

类似于团队的质心,球队的加权伸展指数可以计算如下:

$$s_{ind}[t]=\frac{\sum_{i=1}^{N}w_i[t]d_i[t]}{\sum_{i=1}^{N}w_i[t]} \tag{4.23}$$

其中 $d_i[t]$ 是球员 i 与团队质心之间的欧几里得距离,表示如下:

$$d_i[t]=\sqrt{(x_i[t]-x'[t])^2+(\gamma_i[t]-\gamma'[t])^2} \tag{4.24}$$

换句话说,伸展指数可以通过计算每名球员与团队质心之间的距离的平均值来获得。因此,这个指标代表了团队中每名球员与其质心的平均偏差。

有效表面积

计算有效表面积(也称为球队覆盖区域)相比文献中的大多数研究(如 Moura,Martins,Anido,De Barros,& Cunha,2012)采用的指标更为复杂,其复杂度远超先前的战术指标。要在平面维度上创建一个多边形(如三角形)至少需要三个点。因此,为了构建三角形,需要考虑 3 名球员,并从 N 名球员中进行组合(N 是球队中的球员总数)。在足球比赛中,每支球队最多可以同时有 11 名球员在场。因此,从 11 名球员中选择 3 名球员的组合总共可以形成 165 个三角形(算法 4.1)。

算法 4.1. 计算球队的表面积

$l=0$ //计算从 N 名球员中每次选取 3 名球员的组合数

For $i=1:N-2$

$\quad$ For $j=i+1:N-1$

$\quad\quad$ For $k=j+1:N$

$\quad\quad\quad$ $l=l+1$

$\quad\quad\quad$ $\Delta l=\begin{bmatrix} x_i & x_j & x_k \\ y_i & y_j & y_k \end{bmatrix}^T$ //每个三角形由 3 名不同球员的位置定义

$P=\Delta_1$ //将多边形初始化为由球员 1、2 和 3 定义的第一个三角形

For $i=2:l$

$\quad$ $P=P \bigcup \Delta_i$, where $P=(p_1,\cdots,p_a) \wedge a \leqslant N$ //通过将自身与剩余的三角形逐次联合来构建多边形

$A_{\text{Pol}}=\dfrac{1}{2} \sum_{i=1}^{a-1} (p_{1,i}p_{2,i+1} - p_{1,i+1}p_{2,i})$, with $a \leqslant N$ // 计算多边形的面积

Gréhaigne(1993)首次提出了"有效活动区域"的概念,定义为球员的即时外围位置。这意味着表面积应当包含团队可以覆盖的有效可用空间。因此,团队的有效表面积应该模拟为球队在不干扰对方球队覆盖区域的情况下所覆盖的实际区域,不与对手球队的有效区域相交。这需要对足球战术进行更彻底的几何分析,以进一步了解球队随时间的行为变化。

球员之间形成的三角形是场上最有助于成功进攻的几何图形(Lucchesi,2001)。球队在场上"绘制"这样的三角形的能力有助于发动良好的进攻(Clemente 等,2013)。此外,防守三角形总是在尝试创建一个"防守阴影",即由于球员呈三角形排列,对手无法通过或带球突破的空间(Dooley & Titz,2010)。鉴于此,算法 4.2 首先计算由同一团队的球员形成的所有不重叠且周

长较小的三角形。

算法 4.2. 计算球队 δ 的非重叠三角形表面积

$l^{\delta} = 0$ //计算从球队 δ 的 N 名球员中每次取 3 人的组合数

For $i = 1: N^{\delta} - 2$

    For $j = i + 1: N^{\delta} - 1$

        For $k = j + 1: N^{\delta}$

            $l^{\delta} = l^{\delta} + 1$

            $\Delta_l^{\delta} = \begin{bmatrix} x_i & x_j & x_k \\ y_i & y_j & y_k \end{bmatrix}^T$ //每个三角形由 3 个不同球员的位置定义

            $\rho_l = \sum_{i=1}^{3} (x_i - x_j, y_i - y_j) \|, \text{with } i \neq j \wedge i < j$

$\vec{s} = sort_{\text{ascending}}(\vec{\rho}) \in \mathbf{R}^{1 \times \beta}, \text{where } \vec{\rho} = (\rho_1, \cdots, \rho_a) \wedge \beta = \binom{N^{\delta}}{3}$

$P^{\delta} = \Delta_{s1}^{\delta}$ //将多边形初始化为周长最小的三角形

$\Delta_1^{\delta} = \Delta_{s1}^{\delta}$ //初始化球队 δ 中的非重叠三角形

$\tau^{\delta} = 1$ //计算球队 δ 中的非重叠三角形个数

For $i = 2: l^{\delta}$

    $\Gamma = P^{\delta} \bigcap \Delta_i^{\delta}, \text{where } \Gamma = (\gamma_1, \cdots, \gamma_a) \wedge \alpha \leqslant N^{\delta}$ //分析三角形之间的重叠交集

    $A_{\text{Pol}} = \frac{1}{2} \sum_{i=1}^{a-1} (\gamma_{1,i} \gamma_{2,i+1} - \gamma_{1,i+1} \gamma_{2,i}) \text{ with } \alpha \leqslant N^{\delta}$ //计算三角形之间交集的面积

    If $A_{\text{Pol}} = 0$ //当三角形之间无交集时,验证条件成立

        $\tau^{\delta} = \tau^{\delta} + 1$

        $P^{\delta} = P^{\delta} \bigcup \Delta_i^{\delta}$ //通过逐次累积非重叠三角形构建多边形

        $\Delta_{\tau^{\delta}}^{\delta} = \Delta_i^{\delta}$ //记录球队 δ 的非重叠三角形

　　Trapattoni(2000)提到,当球员受到压制且不能转身带球时,球必须沿着三角形移动,直到成功突围,即进攻三角形会被防守三角形所阻挡。换句话说,一个球队内形成的三角形数量越多,留给对方团队的有效空间就越少。因此,算法4.3在生成每个团队的所有三角形后,会计算每个不受对方球队干扰的三角形面积,从而计算出每个球队在不被对方拦截的情况下的有效表面积。

　　在算法4.3中,同时考虑了两支球队,其中δ和ζ是球队的标识,使得$\delta=\{1,2\}$和$\zeta=\{1,2\}$,且$\delta\neq\zeta$。然而,在对抗三角形之间存在交叉的情况下,基于假设有效的防守三角形可以覆盖进攻三角形(Trapattoni,2000),应考虑的有效区域是其中一个防守三角形(图4.2a),从而减少进攻团队的有效区域。

算法4.3. 有效区域——不与球队ζ的表面积相交的球队δ的三角形

$\varepsilon^\delta=0$//统计球队δ中的有效三角形数量

$A^\delta=0$//球队δ的有效面积

$E^\delta=[\ ]$//球队δ的有效区域的多边形初始化为空数组

For $i=1:\tau^\delta$

 $\Gamma=\Delta_i^\delta\cap P^\zeta$,where $\Gamma=(\gamma_1,\cdots,\gamma_a)\wedge\alpha\leqslant6$//分析球队$\delta$的三角形与球队$\zeta$的表面积之间的交集

 $A_{Pol}=\dfrac{1}{2}\sum_{i=1}^{\alpha-1}(\gamma_{1,i}\gamma_{2,i+1}-\gamma_{1,i+1}\gamma_{2,i})$ with $\alpha\leqslant6$//计算交集区域的面积

 If $A_{Pol}=0$//当球队δ的三角形与球队ζ的表面积没有交集时,验证条件成立

  $A_{Pol}=\dfrac{1}{2}\sum_{i=1}^{3}(x_iy_{i+1}-x_{i+1}y_i)$//计算该三角形的面积

  $A^\delta=A^\delta+A_{Pol}$//累积球队$\delta$的有效面积

  $\varepsilon^\delta=\varepsilon^\delta+1$//统计球队$\delta$有效三角形的数量

  $E^\delta=E^\delta\cup\Delta_i^\delta$//通过将有效三角形逐次联合来构建球队$\delta$的有效区域的多边形

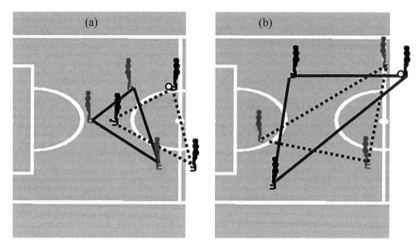

图 4.2 三角形交集示例(Clemente 等, 2013)

根据 Dooley 和 Titz(2010)的研究,只有当防守球员之间保持最大 12 米的距离时,足球中的有效防守三角形才能建立。从这个理论来看,如果防守三角形的周长超过 36 米,进攻三角形将与其重叠,因为在这种情况下,防守球员无法确保成功拦截球(图 4.2b)。值得注意的是,这一理论考虑了具体的足球动态,而其他团队运动中的有效防守阵型必然会导致算法的变化。然而,为了尽可能保持算法包的通用性,三角形的最大周长由 ρ_ε 定义,对于这种特定情况,设定 $\rho_\varepsilon=36$。鉴于此,考虑了所有周长小于 36 米的防守三角形都将与拦截性进攻三角形重叠(算法 4.4)。

算法 4.4. 有效区域——与球队 ζ 的表面积相交的球队 δ 的防守三角形

If $ball_{\text{possession}}(\zeta)=1$//条件成立时,表示球队 ζ 拥有球权

For $i=1_{:}\tau^\delta$

$\Gamma=\Delta_i^\delta \bigcap P^\zeta$, where $\Gamma=(\gamma_1,\cdots,\gamma_a)\wedge\alpha\leqslant6$//分析球队 δ 的三角形与球队 ζ 的表面积之间的交集

$A_{\text{Pol}}=\dfrac{1}{2}\sum_{i=1}^{\alpha-1}(\gamma_{1,i}\gamma_{2,i+1}-\gamma_{1,i+1}\gamma_{2,i})$ with $\alpha\leqslant6$//计算交集区域的面积

$\rho_{\text{Pol}}=\dfrac{1}{2}\sum_{i=1}^{3}(x_i-x_j,y_i-y_j)$, with $i\neq j\wedge i<j$

If $A_{\text{Pol}} > 0 \wedge \rho_{\text{Pol}} \leqslant \rho_\varepsilon$//当球队 δ 的防守三角形与球队 ζ 的表面积相交且防守三角形的周长小于 ρ_ε 时,条件成立

$A_{\text{Pol}} = \dfrac{1}{2} \sum_{i=1}^{3} (x_i y_{i+1} - x_{i+1} y_i)$//计算该三角形的面积

$A^\delta = A^\delta + A_{\text{Pol}}$//累积计算球队 δ 的有效面积

$\varepsilon^\delta = \varepsilon^\delta + 1$//统计球队 δ 中有效三角形的个数

$P^\delta = P^\delta \bigcup \Delta_i^\delta$//通过将有效三角形逐次累积来构建球队 δ 的有效区域的多边形

最后,算法 4.5 考虑了所有未被周长小于 $\rho_\varepsilon = 36$ 米的防守三角形拦截的进攻三角形,从而计算每时每刻两支球队的有效区域。

算法 4.5 有效区域——未被球队 ζ 的防守三角形拦截的球队 δ 的进攻三角形

If $ball_{\text{possession}}(\delta) = 1$//条件成立时,表示球队 δ 拥有球权

For $i = 1 : \tau^\delta$

$\Gamma = \Delta_i^\delta \bigcap (P^\delta \bigcup P^\zeta)$, where $\Gamma = (\gamma_1, \cdots, \gamma_\alpha) \wedge \alpha \leqslant 6$//分析进攻三角形与两支球队有效区域之间的交集

$A_{\text{Pol}} = \dfrac{1}{2} \sum_{i=1}^{\alpha-1} (\gamma_{1,i} \gamma_{2,i+1} - \gamma_{1,i+1} \gamma_{2,i})$ with $\alpha \leqslant 6$//计算交集区域的面积

If $A_{\text{Pol}} = 0$//当球队 δ 的进攻三角形未与球队 ζ 的防守三角形相交,且防守三角形的周长小于 ρ_ε 时,条件成立

$A_{\text{Pol}} = \dfrac{1}{2} \sum_{i=1}^{3} (x_i y_{i+1} - x_{i+1} y_i)$//计算该三角形的面积

$A^\delta = A^\delta + A_{\text{Pol}}$//累积计算球队 δ 的有效面积

$\varepsilon^\delta = \varepsilon^\delta + 1$//统计球队 δ 中有效三角形的个数

$P^\delta = P^\delta \bigcup \Delta_i^\delta$//通过将有效三角形逐次累积来构建球队 δ 的有效区域的多边形

在每个时间点 t 下,会计算由队伍 δ 形成的多边形 $P^{\delta}[t]$ 的有效表面积,记为 $A^{\delta}[t]$,球队 ζ 也会进行相同的计算。如图 4.3 所示,其中 δ 队的进攻阵型被一组高效的防守三角形截断。这使得我们可以分析一支球队在防守阶段是否像一个防守"块"那样行动,即防守三角形的并集($\cup$)形成一个防守多边形,迫使对手失去控球权。它还可以分析中场球员的三角形是否足够大,以便进攻三角形在没有有效对抗的情况下向前移动。此外,对于球队的有效区域,每个队的有效三角形数量也可以用来衡量球队战术组织的效率。

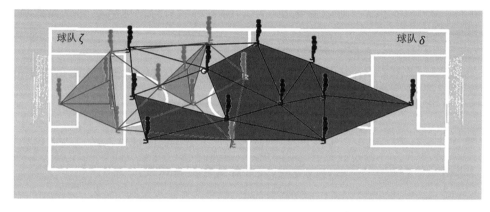

图 4.3　防守与进攻有效三角形的有效区域示例

综上所述,有效区域和三角形数量可以提供不同且互补的信息,因为在不同情况下,拥有相同数量有效三角形的球队可能具有不同的有效区域。

在本章呈现的所有计算指标中,有效区域的计算需要实时进行(即在足球比赛进行时)。考虑到其复杂性,这需要高性能的计算机和高效的子程序选择。在计算球队的有效区域之前,需要先计算不重叠三角形的表面积(算法 4.2)。为了在 δ 队球员之间形成一个三角形,可以考虑 N^{δ} 球员中的三个不同球员的子集。计算球队表面积的时间复杂性进一步增加,因为还需要对所有三角形的周长进行排序(参见算法 4.2)。关于计算效率高的排序算法列表,请参阅 Bhalchandra,Deshmukh,Lokhande 和 Phulari(2009)。

球队的有效区域计算涉及三个算法。其中,算法 4.3 和 4.4 线性依赖于队伍 δ 的非重叠三角形的数量,即 τ^{δ}。而算法 4.5 依赖于对手队伍的非重叠三角形的数量,即 τ^{ζ}。此外,两支队伍的有效区域的计算相互依赖。最后,综合所有指标,对两支队伍的计算要求可以用以下公式描述:

$$O\left(3\binom{N^{\delta}}{3}+3\binom{N^{\zeta}}{3}+3(\tau^{\delta}+\tau^{\zeta})+2(N^{\delta}+N^{\zeta})\right) \tag{4.25}$$

● 网络指标

运动学文献中提供了许多使用图论来探索网络的研究方法（Bourbousson，Poizat，Saury，& Seve，2010；Clemente，Couceiro，Martins，& Mendes，2015；Duch，Waitzman，& Amaral，2010；Gama，Couceiro，Dias，& Vaz，2015；Passos 等，2011）。Bourbousson，Poizat 等人（2010）使用图论分析了篮球运动员在每个进攻单元中的连通性，并将这种定量分析与定性分析相结合，以解释团队互动。他们的结果表明每支球队内会形成一个特定网络。这些结果表明球队的协调基于局部互动，不需要所有球员参与就能实现团队的目标。Passos 等人（2011）的研究表明，在水球项目中成功的集体系统行为需要每名球员与团队中其他球员有较高的互动概率。在足球项目中，研究人员分析射门成功的进攻过程，并确定在进攻中起关键作用的球员（Duch 等，2010）。通过中心性分析，他们找到了各球队中影响力最大的球员。这一结果与专家的观察分析高度一致。Clemente 等人（2015）提出了一组基于进攻足球动作网络计算的指标，这些指标从更宏观的角度研究了密度、异质性和集中度等网络指标，旨在了解球员在进攻时如何相互联系。同样，Gama 等人（2015）也研究了由传球、禁区传中和接球等进攻行为形成的网络，但他们的重点在于小世界网络的概念，关注球员之间的缩放连通性、聚类系数和全局排名，这表明球员在足球比赛中的互动行为支持了无标度网络的存在。Ramos 和同事们采取了一种动态和多层次的方法，称为超网络（Ramos，Lopes，& Araújo，2020；Ramos，Lopes，Marques，& Araújo，2017；Ribeiro 等，2019），超网络同时评估比赛中队友与对手在时间和空间上的合作与竞争互动，且不局限于二元关系，而是研究球员群体之间的互动。

无论是生物学、社会学还是其他任何网络，都具有特定的拓扑属性。上述许多研究中已经采用了图论中的多种有用网络概念识别和描述这些属性。与网络相关的计算指标首先基于创建加权邻接矩阵的基本原则，表示为 $A[t]=[a_{ij}[t]] \in \mathbf{R}^{N \times N}$，其中 N 是给定团队的球员数量，a_{ij} 表示从球员 i 到球员 j 在时间 t 建立的互动程度。如何定义这种互动是成功运用网络分析于团队运动的关键。在现有的网络分析运动文献中，绝大多数研究都将互动与球员之间的传球相关联（Brandt & Brefeld，2015）。在这种情境下，互动 $a_{ij}[t]$ 可以定义如下：

$$a_{ij}[t] = \sum_{k=0}^{t} p_{ij}[k] \qquad (4.26)$$

其中,每当球员 i 向球员 j 成功传球时,p_{ij} 定义为 1,否则为 0。对角元素(即 i=j)设置为 1,以识别传球的球员 i,这样累计下来也能提供该球员传给所有队友的总传球次数。采用这种方向性方法,其中球员 i 与球员 j 之间建立的联系(由球员 i 对球员 j 执行的传球)和球员 j 与球员 i 之间建立的联系(由球员 j 对球员 i 执行的传球)是相互独立的,因此会形成预有向图或有向网络(van Den Brink & Borm,2002)。然而,鉴于有向图的分析更为复杂,许多运动科学家通常分别分析两个无向图:一个用于表示传出传球的方向,另一个用于表示接收传球的方向。换句话说,如果传球是建立球员之间互动的方式,那么将建立两个网络:一个用于传球发起者,另一个用于传球接收者(Gama 等,2015),即建立两组邻接矩阵和相关变量。为了简化问题且不失普遍性,我们来考虑单个图(或邻接矩阵)的示例。

同样,其他研究赋予网络中的互动更宏观的含义,其中 $a_{ij}[t]$ 代表在时间 t 之前累计参与的进攻次数(即根据球连续传递的次数直到丢球为止来构建网络)(Clemente,Couceiro,Martins,& Mendes,2014)。对于这种特定情况,$a_{ij}[t]$ 设置等于 $a_{ij}[t]$,形成更传统的无向图,着重于参与特定进攻动作的球员。在这种情况下,对角元素(即 i=j)设置为 1,以标识球员 i 为参与进攻的球员之一,如此累积也可提供球员对球队贡献的总览。

从这一点出发,无论如何量化球员之间的互动,都可以考虑几种优化。例如,可以对 $a_{ij}[t]$ 互动进行归一化,得到一个相对加权的邻接矩阵,定义如下:

$$a_{ij}[t]=\begin{cases}\dfrac{\sum_{k=0}^{t}p_{ij}[k]}{\max\limits_{k,l,k\neq l}p_{kl}[t]},i\neq j\\[2ex]\sum_{k=0}^{t}p_{ii}[k],i=j\end{cases} \tag{4.27}$$

其中 $0 \leqslant a_{ij}[t] \leqslant 1, i \neq j$,且 $i,j=1,\cdots,N$。例如,对于定义为传球的互动,分母 $\max\limits_{k,l,k\neq l}p_{kl}[t]$ 将对应于一个给定球员执行的最大传球数,而对于进攻动作,它将对应于一名球员参与的最大进攻次数。

图 4.4 展示了基于某球队进攻动作的网络示例(Clemente 等,2015)。值得注意的是,此例考虑了 14 名球员(N=14),包括 11 名在场球员和 3 名替补。过去十年,已经有许多用于绘制这些网络的库和脚本提供给科学界。图 4.4 中展示的网络是使用由 Wu(2020)开发的 wpPlot MATLAB 脚本生成的。对于这种情况,wpPlot 进一步扩展了以下功能:①顶点 i(即球员)的大小与球员 i

参与的进攻动作成比例;②边 $a_{ij}[t]=a_{ji}[t]$ 的厚度和颜色直接与球员 i 和 j 共同参与的进攻的次数有关。

从图 4.4 可以直观看出,球员 3(中后卫)似乎是球队完成进攻的关键人物,与球员 4(中后卫)和 12(右后卫)的合作最为紧密(边缘最厚)。正如预期的那样,仅凭观察很难量化该球员相对于其他球员的突出程度或其他相关信息。这需要采用一套计算指标。网络理论,或更广泛的图论,是离散数学中的主要研究对象之一。这些指标不仅是一种视觉表现,还可以阐明每名球员在给定情况下的个人贡献。同样,通过使用网络方法,可识别出与邻近队友互动最多的球员以及对成功和不成功的集体动作贡献最多的球员(Clemente 等,2014;Gama 等,2014)。

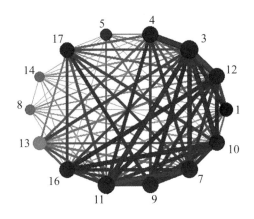

图 4.4　单场比赛中 14 名足球队员之间传球的网络表示图①

值得注意的是,接下来的指标在语境中是基于传球作为网络交互的考量进行情境化的。如前所述,网络互动是连接顶点(球员)的抽象链接或边缘,可以代表他们之间的任何其他可量化的关系。

缩放连通性

在文献中,最广泛使用的用于区分网络中顶点的方法是连通性,这也被称为度(Horvath,2011)。在足球项目中,时间 t 时球员 i 的连通性 $c_i[t]$ 等于该球员与其他球员之间的连接权重之和,如下所示:

---

① 原文中图 4.4 编号 1,3—5,7—14,16—17 应依次为 1—14。——译注

$$c_i[t] = \sum_{j=1c, j \neq i}^{N} a_{ij}[t] \tag{4.28}$$

通过计算最大连通性的指数可以找到最具合作精神的球员：

$$c_{max}[t] = \max_i c_i[t] \tag{4.29}$$

接着可以定义球员 i 的相对连通性，称为缩放连通性：

$$sc_i[t] = \frac{c_i[t]}{c_{max}[t]} \tag{4.30}$$

使得 $sc = [sc_i] \in \mathbf{R}^{1 \times N}$ 是球员们相对连通性的向量。缩放连通性表示了一个给定球员的合作水平，其中高的 sc_i 值（即当 sc_i 趋近于 1 时）表明该球员与大部分队友有合作(Clemente 等,2014)。

聚类系数

球员 i 的聚类系数提供了一个度量,用于衡量球员 i 邻域内的互连程度,其定义如下：

$$cc_i[t] = \frac{\sum_{j \neq i} \sum_{l \neq i,j} a_{ij}[t] a_{jl}[t] a_{ki}[t]}{(\sum_{j \neq i} a_{ij}[t])^2 - \sum_{j \neq i} (a_{ij}[t])^2} \tag{4.31}$$

使得 $cc[t] = [cc_i[t]] \in \mathbf{R}^{1 \times N}$ 是球员的聚类系数向量。球员的聚类系数越高,其队友之间的合作程度越高,如果趋于 0,说明队友之间几乎不合作。聚类系数与连通性之间的关系已被用来描述网络的结构（层次）属性(Ravasz & Barabási, 2003)。通过结合这两个指标,可以识别出哪些球员在教练策略所建立的定位领域中具有更高的配合协作能力。例如,相较于守门员等其他位置,中场和前锋预计将具有更高的合作度。

全局排名

如前所述,聚类系数和连通性之间的关系可以用来描述网络的结构属性。然而,为此需要对两者之间进行加权分布,从而得到全局排名,定义如下：

$$g_i[t] = \rho_s s_i[t] + \rho_c c_i[t] \tag{4.32}$$

其中 $\rho_s + \rho_c = 1$,使得 $g[t] = [g_i[t]] \in \mathbf{R}^{1 \times N}$ 是球员的全局排名向量,且 $0 \leqslant g_i \leqslant 1$。考虑到球员的主要目标是优先考虑集体表现（即球员之间的总体互动）,可以考虑 $\rho_s = \rho_c = 0.5$ 的平衡。排名最高的球员,即呈现更高 $g_i[t]$ 的球员,将被称为"核心球员"(Horvath, 2011),其计算公式如下：

$$i_c[t]=\underset{i}{\operatorname{argmax}}g_i[t] \tag{4.33}$$

在足球中，$i_c[t]$ 的核心球员可以被视为战术地位较高的成员（如关键球员）。注意 $i_c[t]$ 取决于 t，这意味着核心球员在比赛中可能会改变。此外，如果考虑两个独立的网络，一个用于传球，另一个用于接球，则传球的核心球员可能与接球的核心球员不同。

质心一致性

网络中心，是方程 (4.35)[①] 中 $g_i[t]$ 的结果，定义了最中心位置的球员（质心球员），即网络中连接性最强的节点。其他球员与质心球员之间的连通性强度可以计算如下：

$$cc_{ii_c}[t]=\begin{cases} a_{i,i_c}[t],i\neq i_c \\ 1,i=i_c \end{cases} \tag{4.34}$$

这种球员间的分析被称为质心一致性，对应于质心球员 $i_c[t]$ 与第 i 个球员之间的邻接性，使得 $cc[t]=[cc_i[t]]\in \mathbf{R}^{1\times N}$ 是球员质心一致性的向量。换句话说，$cc_{ii_c}[t]$ 表示第 i 个球员与排名最高的球员的合作水平。

拓扑（相互）依赖性

球员之间的网络分析基于 Ravasz 等人 (2003) 和 Horvath 等人 (2011) 在多项研究中提出的拓扑重叠的概念。该指标代表了与相同球员合作的两名球员之间的关联程度，无论这两名球员之间有没有直接合作。即第 i 名球员和第 j 名球员之间的拓扑重叠取决于他们与相同球员共享的互动次数，但不考虑他们之间的互动次数。

拓扑重叠由对称矩阵表示，因此显示了球员之间的重叠次数，但忽略了配对中最独立的球员。因此，借助聚类系数（方程 4.34）[②] 固有的概念，不仅应考虑"共享"的互动，还应考虑球员 i 和 j 之间的共同互动的影响。换句话说，如果两名球员与相同的其他球员互动，则他们之间的合作就能构建这些球员之间的三角形关系。然而，如果第 i 名球员只与跟第 j 名球员互动的相同球员互动，而第 j 名球员还能与其他球员互动，则第 i 名球员可能更依赖

---

① 原文中的方程 (4.35) 应为方程 (4.32)。——译注
② 原文中的方程 (4.34) 应为方程 (4.31)。——译注

第 j 名球员。

因此,根据 Ravasz 等人(2003)和 Horvath(2011)的研究,可以定义拓扑依赖性 $T_d[t] = [td_{ij}[t]] \in \mathbf{R}^{n \times n}$：

$$td_{ij}[t] = \begin{cases} \dfrac{\sum_{l \neq i,j} a_{il}[t] a_{lj}[t] a_{ij}[t]}{\sum_{l \neq i} a_{il}[t]}, i < j \\[6pt] \dfrac{\sum_{l \neq i,j} a_{il}[t] a_{lj}[t] a_{ij}[t]}{\sum_{l \neq j} a_{lj}[t]}, i > j \\[6pt] 1, i = j \end{cases} \tag{4.35}$$

其中 $i,j,l = 1,2,\cdots,N$。因此,如果两名球员与相同的球员互动,即 $td_{ij}[t] = 1$,则他们有高拓扑依赖性。即他们"共享"的球员越多,他们的合作就越强,更有可能代表一个小集群。

由于 T_d 对应于一个大小等于球员数的方阵,并且由于它不是对称的,即 $td_{ij}[t] \neq td_{ji}[t]$,这使得比较 $td_{ij}[t]$ 和 $td_{ji}[t]$ 变得困难(Clemente 等,2014)。因此,为了补充前面的分析,引入了拓扑相互依赖性 $T_{id}[t] = [ti_{ij}[t]] \in \mathbf{R}^{N \times N}$,定义如下:

$$T_{id}[t] = T_d[t] - T_d[t]^T \tag{4.36}$$

其中 $T_d[t]^T$ 是矩阵 $T_d[t]$ 的转置, $T_{id}[t]$ 对应于一个反对称方阵,即 $ti_{ij}[t] = -ti_{ji}[t]$。在足球和其他团队运动中,可以容易地观察到球员之间的依赖性,如若 $ti_{ij}[t] > 0$,则第 i 名球员通过依赖第 j 名球员与剩余队友合作。此外,当与其他网络分析(如中心球员)结合时,相对拓扑依赖性可以帮助识别球员之间的可能依赖关系,甚至是层级关系(Clemente 等,2014)。

密度

方程(4.24)[①]中计算的球员连通性可用于检索网络密度等其他团队网络分析,网络密度定义如下:

$$D(t) = 2 \frac{\sum_{i \neq j}^{N} a_{ij}[t]}{N(N-1)} \tag{4.37}$$

在球员网络中,密度度量了球员之间的整体合作情况,密度值越接近 1,表示所

———————————

① 原文中的方程(4.24)应为方程(4.28)。——译注

有球员之间的互动越频繁。

异质性

另一种基于球员连通性的网络分析是网络异质性，它与球员间连通性的变化密切相关（Albert，Jeong，& Barabási，2000；Watts，2002）。网络异质性定义为连通性分布的变异系数：

$$H(t)=\sqrt{\frac{N\sum c_i[t]^2-(\sum c_i[t])^2}{(\sum c_i[t])^2}}\tag{4.38}$$

由于异质性在通过标量乘以连通性时是不变的，因此可以使用缩放连通性来代替。许多复杂网络被发现呈现近似无尺度拓扑结构，这意味着这些网络具有很高的异质性。换句话说，足球网络的高异质性意味着球员展现出高水平的表现，但从整体上看，球员之间的合作水平较低（Clemente 等，2014）。

集中度

网络中心性，或如 Freeman（1978）所述的集中度，可以定义如下：

$$C=\frac{N}{N-2}\left(\frac{\max_{i\neq j}a_{ij}[t]}{N-1}-D\right)\tag{4.39}$$

当这个集中度接近 1 时，表示某名球员与其他所有球员之间有很强的合作关系，而其他球员之间的合作很少甚至不存在。相反，当集中度为 0 时，表示所有球员之间的合作程度是均等的。

结　语

本章总结并从数学层面描述了近年来用于运动员和团队运动表现建模的一系列计算指标，从特征工程的视角对这些指标进行了描述，其被视为运动表现的可测量属性，并为模式识别中的 AI 算法提供数据支持（Nargesian 等，2017）。本章所呈现的特征选择是由运动学专家、工程师和数学专家之间的密切合作实现的，其中一些参与者也是本书的作者。

预计在不久的将来，特征工程将以更自动化的方式完成，从而在运动表现分析的人工智能领域实现重大突破。这将使从业者能够自动提取最相关和最具代表性的特征，而无须直接人工输入，从而有效地应对"维度灾难"问题，减少特征数量,正如在其他领域已经实现的那样(Tang,Kay,& He,2016)。深度学习算法正在为自动提取高阶抽象的复杂数据表示铺平道路。它们提供了分层的、层次化的学习和数据表示架构,其中更高阶(更抽象)的特征是基于低阶(较低抽象)的特征而确定的。

第五章 人工智能在运动模式识别中的应用:分类动作和表现特征

引 言

许多人预计人工智能将协助人类解决一些复杂问题,包括人类无法处理的或用机器处理更高效的问题(Russell & Norvig,2002)。然而,人工智能在帮助人类解决大多数问题时仍需要人类的经验和监督,后者用于补充、提供信息,并为理解这些复杂问题扩展规模和深度(Nilsson,2014)。全球范围内,人工智能已在多个领域得到应用,包括市场营销、农业、医疗保健、游戏和机器人技术等。预计到2026年,人工智能市场将达到2000亿欧元(Khillari,2020)。一些学者认为,这可能会导致前所未有的失业和经济危机(Ford,2013),而另一些学者则认为它可能解决当前在医疗卫生部门(Meskó,Hetényi,& Györy,2018)、法律系统(Berman & Hafner,1989)以及许多其他关键行业(Cortès,Sànchez-Marrè,Ceccaroni,R-Roda,& Poch,2000)中已发生的危机。尽管人工智能技术已在一些领域得到充分应用,但其在运动领域中的应用仍处于起步阶段。在20多年前,已经有运动科学家探讨过人工智能的应用(如 Lapham & Bartlett,1995;McCarthy,1997;Zelic,Kononenko,Lavrac,& Vuga,1997),但直到几年前,随着新硬件(即图形处理单元,GPUs)和算法(包括深度学习算法)的出现,其潜力才得以真正释放(Liu,Yan,Liu,& Ma,2017;Mora & Knottenbelt,2017)。

人工智能涵盖一系列基于数学基础所开发的工具,用于解决各种不同的问题。首先,基于逻辑方法的人工智能已用于解决实际问题。模糊集理论(fuzzy set theory)或许是采用最为广泛的方法,特别是对于控制理论问题。它通过为模糊陈述分配一个介于0和1之间的真实度,以模拟人类推理语言的不精确性。模糊逻辑也被用于控制理论问题之外的领域,例如在决策架构中(Zimmermann,2012)可应用于疾病爆发预警系统(Couceiro,Figueiredo,Luz,& Delorme,2014)。在过去几十年中,除了使用基于逻辑的方法外,人类推理模拟、概率理论和经济学理论也提供了强大的工具,如贝叶斯网络(Barber,2012)。然而,贝叶斯网络和其他概率方法也可用于数据挖掘,包括筛选、预测、滤波(Heckerman,1997)以及机器人技术等方面(Ferreira & Dias,2014)。

尽管基于逻辑和概率的方法可以解决许多问题,但应用这些方法时常常会出现"组合爆炸"的情况,具体表现为计算速度的指数级下降(Russell & Norvig,2003)。解决上述问题需要对已有方法进行优化,这也是人工智能能够解决的最常见问题。例如,这些方法以最小的能量消耗和最大的收益为原则,用于寻找一个起点和目标之间的最优路径。由于穷举搜索(即非人工智能搜索)的搜索空间维度过高,这一方法很难解决大多数实际问题,被称为"维度的诅咒"(Bellman,1966)。优化的数学理论或许是解决这些复杂问题的最有效的人工智能方法之一,从某种形式的猜测开始搜索,然后逐步完善,直到无法进行更多改进。作为人工智能的一个特例,群体智能是一种能够处理基于仿生学的大多数高维问题的优化方法(Kennedy,2006)。

人工智能的终极目标是模仿学习,而解决优化问题为达到这一目标铺平了道路。许多人工智能方法都内置了从分类到分割的学习功能,这些功能存在多种形式,可被应用于不同领域。通常,这些人工智能方法使用某种模式匹配方式来确定最接近的匹配。要识别的模式可能符合基于人类知识预定义的类别(监督学习),也可能不符合预定的类别(非监督学习)。非监督型学习遵循自组织的原则,常用于发现数据中未知的模式或找到可能对后续分类有用的特征。本书阐述了人工智能如何帮助人们增加对已知行为的理解。人们对这些行为的表现模式和计算指标已有了深入的理解(参见第四章)。因此,下文主要讨论的是监督学习法。

在监督学习中,每个模式均属于某个预定义的类别或标签,在运动领域中这可以代表不同的运动员、执行的动作或几乎任何其他支持教练和技术团队决策所需的特征。如第四章所述,通常从运动表现中获取运动学和生理数据是为了提取相关的代表性特征。这些特征由人类专家标记,存储为数据,并基于这些数据训练监督学习算法,以寻找对应的类别匹配(训练阶段)。匹配过程的具体实施方式高度依赖于所采用的监督方法。然而,无论采用何种方法,当接收到新的未知原始数据时,一系列特征会被从中提取,并输入训练过的方法,该方法能够基于其先前的经验将其匹配到一个现有的类别中(测试阶段)。

图5.1展示了这种分类方法的流程。以踢足球为例,这类方法可提取球员大腿和小腿动作的角速度运动学数据(Nunome, Ikegami, Kozakai, Apriantono, & Sano, 2006a; Nunome, Lake, Georgakis, & Stergioulas, 2006b)。可使用数据清理、数据转换和数据降维等方法对原始数据进行预处理(García, Luengo, & Herrera, 2016)。随后,通过使用第四章中介绍的计算指标进行特征提取。对于大多数分类问题来讲,由于这些特征不取决于时间,特征集的大小是预先已知的。也就是说,在运动领域,一个已知维度的特征集可以从时间序列(如运动学和生理

数据或依赖于时间的计算指标)中计算得出,而与获取的样本量无关。与传统方法能处理的问题不同,这是一种典型的非序列分类问题。在图 5.1 中,这组"静态"特征由 $\mathbb{K}=\{T_i,A_i\}$ 表示,其中 $i=1,2,3$,代表角速度的持续时间和幅度(如大腿和小腿最小角速度),是从时间序列(大腿和小腿角速度)中提取而来。然而,当考虑时间依赖的特征时,如第四章中介绍的计算指标中提取的特征,需要考虑序列分类。在图 5.1 中,这组动态特征由大腿的角速度 $w_{\text{thigh}}(t)$ 和小腿的角速度 $w_{\text{lower}}(t)$ 表示,作为二维数据输入 $\mathbb{K}(t)=\{w_{\text{thigh}}(t),w_{\text{lower}}(t)\}$,具有可变的序列长度。无论采用哪种方法,通常都会使用大型标记数据集进行训练,训练完成后,分类器即能够自主预测新数据的标签或类别。

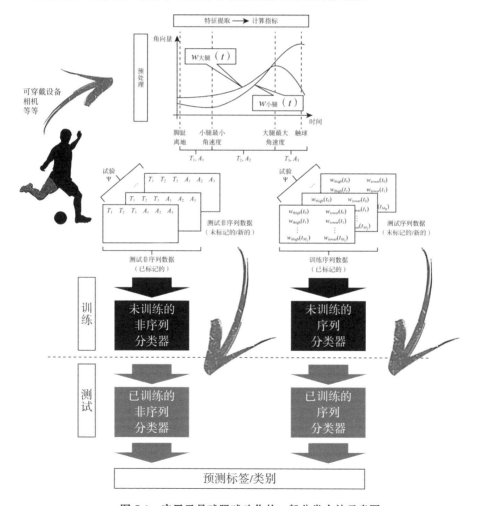

图 5.1　应用于足球踢球动作的一般分类方法示意图

下文将介绍非序列分类和序列分类、它们在运动领域中能够解决的问题，以及文献中使用最广泛的一些方法。

非 序 列 分 类

非序列分类器，通常称为传统分类器，旨在运用机器学习算法对已知数量的特征集进行分类。例如，在面部识别软件中，这组特征可能包括典型的面部特征，如眼睛、鼻子、颧骨和下巴的相对位置、大小和/或形状（Brunelli & Poggio，1993）。在语音情绪识别中，通常采用诸如音调、节奏、音质和发音等特征。与其他人体运动分析领域一样，运动领域的特征通常基于特定的时间序列（如运动学数据）来计算。例如，在步态分析中，特征集可基于非时间依赖的变量，如个体的身高，但也可使用基于时间依赖的运动学数据来计算，如迈步时身体的起伏程度、躯干的侧向摆动幅度、摆动阶段顶点处前后腿之间的最大距离以及手臂和腿部的摆动量等（Lee & Grimson，2002）。换句话说，将一个已知大小的特征集作为输入值时，其包含一个未知大小的时间序列，后者取决于给定动作的持续时间。图 5.1 展示了从给定的任务执行（足球踢球）中提取一组"静态"特征（持续时间和幅度 $\Bbbk=\{T_i, A_i\}$，其中 $i=1,2,3$）。

相比于序列分类，非序列分类的主要优势在于需要较少的输入数据。每个特征由单个值表示，通常是一个实数，即属于 $\mathbb{R}^1$，尽管可以在同一集合中使用多个特征，非序列分类需要的数据量显著小于序列分类。例如，在图 5.1 展示的例子中，每个一维时间序列 $w_{thigh}(t)$ 和 $w_{lower}(t)$ 包含许多实数——每个实数对应一个时间点 t。这意味着，如果踢球动作持续 40 毫秒，数据采集设备（如摄像机）的采样率为 200 Hz（Nunome 等，2006a，2006b），分类器将只包含六个特征 T_i, A_i（其中 $i=1,2,3$），而不是 16 个[每个 $w_{thigh}(t)$ 和 $w_{lower}(t)$ 8 个]。这意味着，无论动作持续多久，非序列分类器的特征数量始终相同。换句话说，非序列分类器的计算复杂性对于特定数量的特征和类别始终保持不变。同时，这些特征和类别在同一数据集中保持不变。

与序列分类相比，非序列分类内在的简单性和计算复杂性使得这种传统方法在许多领域被广泛采用。然而，它们的表现在很大程度上取决于数据的特征，如数据集大小、不同类别样本的分布、维度和噪声。决策树可能是最广泛使用的机器学习算法之一（Safavian & Landgrebe，1991）。其他广泛使用的分类器包括高斯混合模型(Reynolds,2009)、k-最近邻算法(Cunningham & Delany,2020)和朴素贝叶斯分类器(Rish,2001)。所有这些方法都已广泛应用于与运动相关的研究中,但基于内核的支持向量机(SVM)和人工神经网络(ANN)等方法在运动研究中最为流行(参见第二章)。考虑到这两种方法已被广泛使用,下文将对 SVM 和 ANN 的精度、速度以及可扩展性进行详细介绍。

• 支持向量机

支持向量机(SVM)是一种经典的机器学习技术,用于解决线性或非线性分类与回归问题。SVM 由 Vladimir Vapnik 运用基于统计学习理论的原则开发而来(Hearst,Dumais,Osuna,Platt,& Scholkopf,1998)。这种方法的主要目标是在 D 维空间中找到最佳超平面,能够最大化支持向量之间的间隔,即靠近超平面的不同数据类型之间的距离。支持向量之间的距离称为间隔,可分为软间隔和硬间隔,线性可分的为软间隔(soft margin),非线性可分的为硬间隔(hard margin)(Byvatov,Fechner,Sadowski,& Schneider,2003)。

假定一个数据集包含两名运动员在执行特定任务时的心率数据,我们的目标是区分这些数据属于哪名运动员,即心率数据来自运动员一还是运动员二。图 5.2 描述了这个一维问题(单个特征/变量)。其中两个类别,即运动员一(深色)和运动员二(浅色),是线性可分的。在这种容易找到一个点来分隔两组数据的情况下,SVM 模型能够轻松地对数据进行分类。

然而,现实世界的大多数问题是非线性的,即不是线性可分的。遇到这些情况时,应首先通过使用非线性函数将数据映射到更高维度来进行线性分离。换句话说,一个简单的问题可以被重新映射到一个可被线性分离的复杂问题。尽管这听起来像是一个悖论,但这种方法很有效。例如,可采用一个多项式函数来重新映射图 5.3a 中表示的新心率数据,从而获得图 5.3b。由于运动员二(浅色)的心率数据位于运动员一(深色)的心率数据之间,原始数据无法被线性分离。然而,通过将其映射到多项式域,可以使用由线性方程建模的直线对数据进行聚类。这意味着,通过将数据映射到更高维度的超平面,可轻松分离两个不同的类别,而它们在原始平面上是不可分的。

通过将支持向量作为训练数据的一部分,将输入数据或特征进行映射,根据新数据点之间的相似性来影响决策。使用核函数是为了应对问题和映射的复杂性,其中包含了先验知识(Ben-Hur & Weston,2010)。也就是说,对于非线性 SVM 问题,需要将训练数据(此处表示为 X_{data})从输入空间 Φ 映射到高维特征空间 χ。

$$\Phi:X_{\text{data}}\longrightarrow\chi \tag{5.1}$$

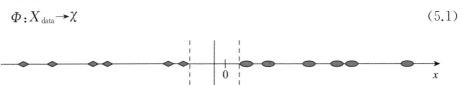

图 5.2　线性可分数据(引自 Manning, Raghavan, & Schütze, 2008)

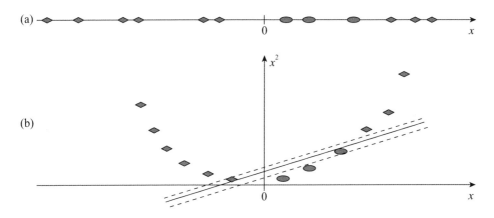

图 5.3　线性不可分数据(引自 Manning 等,2008)

接着,核函数 K 计算出属于特征空间的向量(x_p,y_p)的内积,如下方程所示:

$$K(x_p,y_p)=\Phi(x_p)\bullet\Phi(y_p) \tag{5.2}$$

Schölkopf (2001)观察到,核函数可以在输入空间上定义一个距离,d_{kernel},如下:

$$d_{\text{kernel}}^{2(x_p,y_p)}=(\Phi(x_p)\bullet\Phi(y_p))^2=K(x_p,y_p)-2K(x_p,y_p)+K(y_p,y_p)^① \tag{5.3}$$

这表明,核函数 $K(x_p,y_p)$可以被描述为样本 x_p 和 y_p 之间的相似度。在实践中,有许多核函数可供采用,其中多项式、高斯和 sigmoidal 函数是最常见的

---

　　① 原文中的式(5.3)应为 $d_{\text{kernel}}^2(x_p,y_p)=(\Phi(x_p)\bullet\Phi(y_p))^2=K(x_p,x_p)-2K(x_p,y_p)+K(y_p,y_p)$。——译注

(Lorena & de Carvalho,2007)。在图 5.3 的示例中,采用的核函数是多项式函数,其数学描述如下:

$$K(x_p,y_p)=(x_p \cdot y_p+c_p)^q \tag{5.4}$$

其中 q 是核的阶数,c_p 是一个自由参数,影响着多项式方程中高阶与低阶项的比例。

• 神经网络

人工神经网络(ANN),通常简称神经网络,是基于人类中枢神经系统设计的数学或计算模型。ANN 模仿人类大脑突触传递过程,由多个核心组成,这些核心相互连接,形成多个人工神经元的网络关系(Brumatti,2005)。人工神经元是具有与生物神经元相似行为和功能的逻辑和数学结构(Graupe,2007)。由于 ANN 中神经元的相互连接发生在不同层次,因此可与集体运动项目类比。在足球比赛中,球从一名球员传到另一名球员,直到达成目标。简单地说,在进攻阶段,进球则意味着目标达成。随着球接近球门,球会逐层推进。有时,球需要回退至前面的层级或在某一层停留较长时间,这可以更好地了解对方队伍的弱点并制订更有效的进攻策略。在 ANN 中,第一层包括输入神经元或特征,通过突触,它们将数据发送到第二层,依此类推,直到达到输出结果的最后一层神经元(Yadav,Yadav,& Jain,2014)。突触存储每一层之间的传递参数,称为"权重"。需要注意的是,系统越复杂,层级就越多(Priddy,2005)。

人工神经网络通过三个层面界定(Kumar & Sharma,2014):

(1) 不同层次神经元之间的互连模型。

(2) 用于更迭互连权重的学习过程。

(3) 用于将输入转换为输出的激活函数。

ANN 的学习过程可以是监督式的也可以是非监督式的(Li,1994)。如前所述,本书仅涉及监督式学习。对于 ANN 来说,它依赖于一个外部代理的存在,该代理可检查结果与现实(来自训练的数据)的接近程度,并改变神经元之间的权重,以使分类更有效。这表明,权重主要决定了一个神经网络的记忆模式和决策过程。在非监督式学习中,无法提前得知网络输出的信息,因此不使用外部代理。因此,网络通过基于邻域和分组概念的学习算法区分不同模式的类别。在这种情况下,网络根据输入数据的统计规律进行调整。

为了更好地阐明这些概念,让我们考虑一个旨在确定进攻成功($y_{out}=1$)或失败($y_{out}=-1$)的神经网络。输入数据为三名球员之间传球序列的二值数据(x_{inp1},x_{inp2},x_{inp3}),其中 1 代表球员在序列中的参与情况。这种线性(二值)单层 ANN 被称为感知机,如图 5.4 所示。

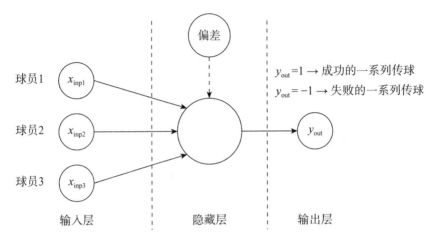

图 5.4 单层神经网络示意图

学习开始于模型输入。设 Ж$=\{x_{inp1}$,x_{inp2},$x_{inp3}\}$为输入数据。假定以下序列事先已知,因此用于训练模型(作为参考):

1 (x_{inp1},x_{inp2},x_{inp3})$=(0,0,1)$,$y_{out}=-1$

2 (x_{inp1},x_{inp2},x_{inp3})$=(1,1,0)$,$y_{out}=1$

初始权重随机定义为 $w_1=0.4$,$w_2=-0.6$,$w_3=0.6$,偏置为 $w_0=0.5$,学习率为 $\eta=0.4$。在算法的每一步中,需要计算一个新的 y_{out},为简单起见,将其重命名为 γ_{out}^{calc}。在训练过程中,权重随后被系统性地更新,直到这个新的 γ_{out}^{calc} 与设计者(如评估给定传球序列成功或失败的教练)标记/定义的真实基准 y_{out} 匹配。为了计算 y_{out},按照以下方式将权重与各自的输入相乘:

$$\gamma_{out}^{calc}=\begin{cases} \sum x_{inpk}w_k w_0 \\ \sum x_{inpk}w_k w_0 \end{cases} \tag{5.5}$$

例如,输入 $(0,0,1)$表示只有第三名球员参与进攻,其预期输出为 $y_{out}=-1$,计算出的输出为 $\gamma_{out}^{calc}=1$,因为 $0\times0.4+0\times(-0.6)+1\times0.6-1\times0.5=0.1>0$。这表明计算出的输出 γ_{out}^{calc} 与设计者为该已知序列提供的输出 y_{out} 不匹配,因此意味着超平面无法适当区分两个类别,如图 5.5a 所示。

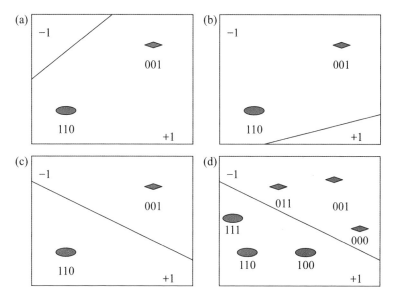

图 5.5　网络输出:(a)第一次训练后;(b)第二次训练后;(c)第三次训练后;(d)使用新序列进行测试后

因此,由于 $y_{\text{out}}^{\text{calc}} \neq y_{\text{out}}$,需要更新权重直到满足此条件。通过误差校正来更改权重的通用形式定义为以下公式:

$$w_k = w_k + \eta e x_{\text{inpk}} \tag{5.6}$$

其中 η 是学习率,x_{inpk} 表示在特定时刻 k 神经元的输入。下一次迭代的权重总是基于当前权重值 w_k 计算。e 项表示误差,通过以下公式(Cintra, Velho, & Todling, 2011; Jain, Mao, & Mohiuddin, 1996)计算:

$$e = y_{\text{out}} - y_{\text{out}}^{\text{calc}} \tag{5.7}$$

通过这些方程,得到 $w_1 = 0.4 + 0.4 \times [-1-(+1)] \times 0 = 0.4$,$w_2 = -0.6 + 0.4 \times [-1-(+1)] \times 0 = -0.6$,$w_3 = 0.6 + 0.4 \times [-1-(+1)] \times 1 = -0.2$,以及 $w_0 = 0.5 + 0.4 \times [-1-(+1)] \times -1 = 1.3$。接下来,用这些新的权重测试下一个输入值 $(1,1,0)$,代表球员 1 和 2 参与的序列。虽然预期输出是 $y_{\text{out}} = 1$,但计算出的输出是 $y_{\text{out}}^{\text{calc}} = -1$,因为 $1 \times 0.4 + 1 \times (-0.6) + 0 \times (-0.2) - 1 \times 1.3 = -1.5 \leqslant 0$。由于 $y_{\text{out}}^{\text{calc}} \neq y_{\text{out}}$,权重需要再次更新,得到 $w_1 = 1.2$,$w_2 = 0.2$,$w_3 = -0.2$,$w_0 = 0.5$(图 5.5b)。

由于用于训练的两个序列已经被评估,第二轮训练从输入 $(0,0,1)$ 开始。这次,有了新发现的权重,$y_{\text{out}}^{\text{calc}} = y_{\text{out}} = -1$,因为 $0 \times 1.2 + 0 \times 0.2 + 1 \times (-0.2) - 1 \times 0.5 = -0.7 \leqslant 0$。由于这个条件现在得到验证,且预期的响应与人工神经网络提供的响应相匹配,因此无须更新权重。同样,对于第二个输入序列(1,1,

0)，$y_{out}^{calc}=y_{out}=1$，因为 $1\times1.2+1\times0.2+0\times(-0.2)-1\times0.5=0.9>0$，表明这些权重可使得模型将两个传球序列正确地区分为成功和不成功(图5.5c)。

同样以上述情境为例，假设已经获得了新的序列，即：

1 $(x_{inp1},x_{inp2},x_{inp3})=(0,0,0)$，$y_{out}=?$

2 $(x_{inp1},x_{inp2},x_{inp3})=(1,1,1)$，$y_{out}=?$

3 $(x_{inp1},x_{inp2},x_{inp3})=(1,0,0)$，$y_{out}=?$

4 $(x_{inp1},x_{inp2},x_{inp3})=(0,1,1)$，$y_{out}=?$

对于涉及球员1、2和3的不同互动的每个序列，预期的输出结果将是什么？显而易见的是，在第一种情况下，球员们没有合作(所以序列不存在)，导致序列的失败。涉及所有球员的第二个序列应被视为成功，因为球员1和2之前已经能够建立一个成功的序列。然而，第三和第四个序列的输出结果较难直接判断。

为了评估之前介绍过的仅用两个序列训练的基础人工神经网络的性能，需要输入新的未测试过的数据。对于输入$(0,0,0)$，$y_{out}^{calc}=-1$，因为 $0\times1.2+0\times0.2+0\times(-0.2)-1\times0.5=-0.5\leqslant0$，这意味着没有球员参与的序列(该序列本身为非进攻序列)，因此被归类为不成功。对于输入$(1,1,1)$，$y_{out}^{calc}=1$，因为 $1\times1.2+1\times0.2+1\times(-0.2)-1\times0.5=0.7>0$，这意味着所有球员都参与的序列被分类为成功，符合之前建立的逻辑。至于输入$(1,0,0)$，$y_{out}^{calc}=1$，因为 $1\times1.2+0\times0.2+0\times(-0.2)-1\times0.5=0.7>0$，这意味着只有球员1参与的序列被归类为成功。然而，对于输入$(0,1,1)$，$y_{out}^{calc}=-1$，因为 $0\times1.2+1\times0.2+1\times(-0.2)-1\times0.5=-0.5\leqslant0$，这意味着，球员2和3的合作序列，因缺少球员1的参与，被归类为不成功。

上述例子主要是解释线性(二值)单层人工神经网络是如何工作的，因此较为简单。该例子表明人工神经网络作出决策(分类)的方式在某种程度上与人类的做法是一致的。值得注意的是，该人工神经网络只用了两个序列进行训练，这与真实情况相差甚远。然而，该网络仍然能够帮助我们得出球员1是球队进攻核心的结论。

序 列 分 类

序列分类是对动态输入数据的建模，这类数据随时间或空间而变化。与非序列分类相似，序列分类旨在对数据进行归类。序列数据可被描述为一系列项目集，比如特定时期或任务中的球员行为。与对已知大小的特征进行分类的非序列分类器不同，序列分类处理的是未知且变化的序列数据。例如，货币的每日汇率、语音中连续时间点的声学特征，或通过分析医疗环境中的心电图时间序列数据来判断病人是否健康（Bishop，2006；Xing，Pei，& Keogh，2010）。

如前所述，运动领域有许多与时间相关的特征。在图 5.1 中，可从足球踢球动作中提取出"静态"和"时变"特征，数据包括大腿的角速度 w_{thigh} 和小腿的角速度 w_{lower}，$\varkappa(t) = \{w_{\text{thigh}}(t), w_{\text{lower}}(t)\}$。如预期的那样，即使使用相同的设置也会出现序列长度的变化，因为每个点球的持续时间不同。因此，$\varkappa$ 在试验 1 中（$\Psi = 1$）和在试验 2 中（$\Psi = 2$）可能具有不同的维度。

在序列分类模型中，当前输出结果取决于整个数据集中的先前输入。由于模型对过去观察值的依赖，并且复杂性不断增加，所以它无法处理所有信息。为解决这些问题，可使用机器学习方法，如集成学习和深度学习。

• 集成学习

大多数分类方法基于其输出结果发生的概率实现其功能。为了提高整体分类性能（偏差）并降低方差，学术界广泛探索了不同分类器的概率组合，引入了"集成学习"这一概念。由于低偏差的分类器往往具有高方差，被整合入集成学习的分类器必须满足一些条件。不过，对结果进行平均可以减少方差，从而增加正确分类的概率。由于适应性强，能解决不同类型的现实问题，集成学习系统已受到一些关注。为了更好地理解这个概念，我们可以把一个集成系统作出的决定当作是一个人作出的决定，也就是说，每当我们需要作出重要决策时，我们倾向于寻求他人的意见，以形成自己的意见并作出更有信心的决策（Polikar，2012）。

集成分类方法分为序列的和并行的。在序列分类中，基础学习器是按顺序生成的，目的是使模型间的依赖性最大化。在并行集成方法中，模型是并行生成的，即鼓励基础学习器之间的独立性，并通过平均多个模型的输出结果来降低错误。集成分类方法可以是同质的，即使用相同类型的基础学习器，或者是异质的，即使用不同的基础学习器（Zhou，2012）。

本部分描述动态贝叶斯混合模型（DBMM）集成分类器。该分类器通过结合不同分类器产生的条件概率以获得最佳结果。DBMM 通过训练过程中获得的先验知识为每个分类器分配一个权重，表示对相应分类器的信任程度，这一信任水平在分类过程中会被更新。在每个时刻 t，将贝叶斯概率作为评估每个分类器对结果的贡献的手段。集成模型的结果为所有分类器结果分布的加权总和。

假设 Ж 代表基础学习器的输入数据，并且所有基础学习器的输出包含分类预测，这些结果随后被合并，并以 $y_{out}^{comb}(t)$ 的形式储存。对于每个时间步骤 t，形成用于同一时间 t 的 DBMM 输入数据 Ж。因此，DBMM 对应于由 $Ж(t) = \{y_{out}^{comb}(1), y_{out}^{comb}(2), \dots, y_{out}^{comb}(t)\}$ 表示的分类模型集。

DBMM 的结果概率由以下方程给出：

$$P(C(t)|Ж) = \beta \times M_{trans} \times \sum_{cl=1}^{CL} w_{cl}(t) \times P_{cl}(Ж|C(t)) \tag{5.8}$$

其中

$$\beta = \frac{1}{\sum_j P(C_j(t)|C_j(t-1)) \times \sum_{i=1}^{N} w_i(t) \times P_{cl}(Ж|C_j(t))}$$

是归一化因子。由于每个基础学习器的信任水平被不断更新，加入这一因素是必要的。j 是某个基础学习器 cl 的系列后验指数。M_{trans} 是类别变量或状态之间随时间变化的状态转移概率模型。这个模型可以在 DBMM 中代表先验，作为一个动态概率循环，使后验成为新的先验。每个时间框 t 的权重 $w_{cl}(t)$ 通过基于熵的信任水平来估计。$P_{cl}(Ж|C(t))$ 是时间 t 中基础分类器 cl 的后验结果，是混合模型的概率，其中 $cl = 1, \dots, CL$，CL 是模型中的分类器的总数。需要指出的是，当进行归一化时，位于时间 t 的类别 C 受限于时间 $t-1$ 的类别。这描述了一个非稳定行为，其中每个类别的前一个时间点的后验成为时间 t 的先验。

如前所述，通过基于每个基础分类器的熵 $En_{cl}(L)$ 计算的权重为每个分类器分配信任水平，通过分析之前观察到的后验概率：

$$En_{cl}(L) = -\sum L_j \times \log(L_j) \tag{5.9}$$

其中，L_j 代表由基础分类器 $cl = \{1, \dots, CL\}$ 给出的条件概率 $P_d(C(t)|Ж)$ 的集合，j 是特定基础分类器 cl 的后验指数。理解了 $En_{cl}(L)$ 后，可通过以下两个步骤计算每个基础分类器的权重 $w_{cl}(t)$。首先，需要计算权重的全局值：

$$\forall w_{cl}, w_{cl}(t) = \left[1 - \left(\frac{En_{cl}}{\sum_{cl=1}^{CL} En_{cl}}\right)\right] \tag{5.10}$$

其中，$En_{cl} \equiv En_{cl}(L)$ 是当前的熵值。第二步是归一化权重：

$$w_{cl}(t) = \frac{w_{cl}(t)}{\sum_{cl=1}^{CL} w_{cl}(t)} \tag{5.11}$$

　　为了进行权重的局部更新并提高其准确性,假定系统于在线分类期间具有马尔可夫记忆(Markov-base memory),从每个基础分类器的后验集合获取时间信息 $L_{\langle cl\cdots CL\rangle}=\{P(C_{cl}(t)\mid C_{cl}(t-1));\cdots P(C_{cl}(t-CL)\mid C_{cl}(t-(CL-1))))\}$。

　　这与时间 $t-1$ 的权重 $w_{cl}(t-1)$ 结合,以更新每个基础分类器 cl 在每个时间框分类中的权重,如下:

$$w_{cl}(t)=\frac{w_{cl}(t-1)\times P(w_{cl_{new}}\mid En_{cl}(L))}{\sum_{cl=1}^{CL}w_{cl}(t-1)\times P(w_{cl_{new}}\mid En_{cl}(L))} \tag{5.12}$$

其中,$w_{cl}(t)$ 是每个基础分类器在每个时间点更新的估计权重,$w_{cl}(t-1)$ 是在 $t-1$ 时刻计算的先前权重。图5.6使用本章此前介绍的传球序列为例解释上述概念。

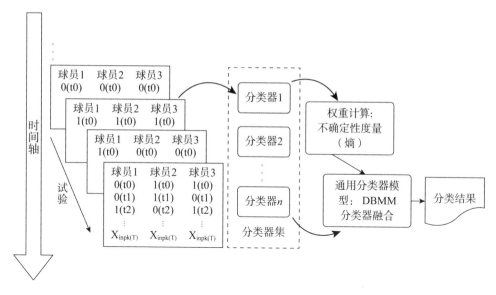

图 5.6　动态贝叶斯混合模型(DBMM)的示意图(引自 Faria, Premebida, & Nunes, 2014)

　　此前"神经网络"部分的示例的目标是确定进攻战术成功($y_{out}=1$)或不成功($y_{out}=-1$)。现在,假设有一个采用1 Hz频率收集的输入数据集,包含三名球员之间的传球序列,其中1代表球员在序列中的参与,0代表缺席。在使用DBMM基础学习器解决这一问题时,如果选择了不止一个基础学习器,通常DBMM将提供更稳健的解决方案,因为基础学习器将使用所有可用的信息来评估给定的序列是否成功。假设选择 SVM 和 ANN(已在前一节中阐述)作为DBMM 的基础学习器,并考虑以下序列作为每个时间 t 的两个基础学习器的输入数据，以及相应的 y_{out}：

$$1\quad (x_{\text{inp1}}(t), x_{\text{inp2}}(t), x_{\text{inp3}}(t)) = \begin{bmatrix} 0 & 0 & 0 \\ 0 & 1 & 0 \\ 0 & 0 & 1 \end{bmatrix}, y_{\text{out}} = -1$$

$$2\quad (x_{\text{inp1}}(t), x_{\text{inp2}}(t), x_{\text{inp3}}(t)) = \begin{bmatrix} 1 & 1 & 0 \\ 1 & 0 & 0 \\ 1 & 0 & 1 \end{bmatrix}, y_{\text{out}} = 1$$

在训练过程中，基础学习器输出一组特征属于某个类别的概率，在本例中，类别是给定的传球序列是否成功。DBMM 接收来自 ANN($cl=1$) 和 SVM($cl=2$) 的结果：

$$\Bbbk(t) = \begin{cases} y_{\text{out}}^{\text{ANN}} \\ y_{\text{out}}^{\text{SVM}} \end{cases}$$

基于每个基础学习器的熵，每个方法的相应权重在每次迭代后计算。对于上述示例而言，这将导致 $w_{cl=1}(t) = 0.900$ 和 $w_{cl=2}(t) = 0.100$。在权重值归一化之前，预先定义的权重[初始设为 $w_1(t-1) = 0.3500$ 和 $w_2(t-1) = 0.6500$]通过乘以基于熵的权重在每个基础学习器中被更新，得到 $w_1(t) = 0.900 \times 0.35 = 0.3150$ 和 $w_2(t) = 0.100 \times 0.65 = 0.0650$。为了确保权重之和等于 1，接下来需要归一化。将两个权重相加得到总权重 0.3800，通过公式 5.11，得到归一化后的权重值 $w_1(t) = 0.8289$ 和 $w_2(t) = 0.1711$。

这些归一化的权重允许 DBMM 动态推断每一步中分类器的相关性。例如，在时间 $t=1$，$y_{\text{out}}^{\text{DBMM}}$ 的结果可能如下：

$$y_{\text{out}}^{\text{DBMM}}(1) = \begin{cases} y_{\text{out}}^{\text{ANN}}(1) \times 0.8289 = [1.6175e^{-51}, 0.8289] \\ y_{\text{out}}^{\text{SVM}}(1) \times 0.1711 = [0.0757, 0.0954] \end{cases}$$

将对应于同一类别的值相加得到：

$$y_{\text{out}}^{\text{DBMM}}(1) = \begin{cases} 1.6175e^{-51} + 0.0757 = 0.0757 \\ 0.8289 + 0.0954 = 0.9243 \end{cases}$$

将其乘以先验值，考虑到第一个输入的先验为 $\dfrac{1}{CL}$，得到：

$$y_{\text{out}}^{\text{DBMM}}(1) = \begin{cases} 0.0757 \times \dfrac{1}{2} = 0.0378 \\ 0.9243 \times \dfrac{1}{2} = 0.4622 \end{cases}$$

分别将它们除以它们的总和，可计算每个类别的概率：

$$y_{out}^{DBMM}(1)=\begin{cases}\dfrac{0.0378}{0.5}=0.0757\\[2mm]\dfrac{0.4622}{0.5}=0.9243\end{cases}$$

在这里我们可以看到，对于第一个测试输入值$(0,0,0)$，DBMM 毫不意外地将其归为类别 2，即不成功（$y_{out}=-1$）。对于下一个输入$(0,1,0)$，模型通过相似的过程生成数据。与第一个输入不同的是，模型的每个决策都依赖于上一个时间点所作的决策。换句话说，在时间$t=2$时，首先需要将每个基础学习器的结果乘以当前的归一化权重值（之前计算过的），以便计算每个类别的加权和。之后，使用先验概率计算类别之间的状态转移概率，即将当前的输出值乘以当前权重值。最后一步是对这些值进行归一化处理。此过程在整个数据集中重复进行。随着推断过程从当前时间(t)向下一个时间$(t+1)$推进，先前的时间$(t-1)$会从网络中删除。

这个模型与传统 ANN 的区别可能不够明显。然而，传统 ANN 通常适用于静态数据。当使用序列数据时，问题的复杂性增加，单个神经网络解决这些问题非常困难。集成学习法可通过整合多个模型，使结果不依赖于单个模型的输出，比如当三个基础学习器中的一个在分类时出错，其他两个学习器仍然可以修正这个错误。此外，其他类型的神经网络如循环神经网络能够更好地处理序列数据分类问题。

• 循环神经网络

循环神经网络（RNN）属于神经网络的一种，其特点是前一个单元的输出是下一个单元的输入。这种功能的实现得益于其内在的循环结构，使信息能够持续存在（Agatonovic-Kustrin & Beresford，2000）。具体来说，RNN 可被看作是同一网络的多个副本，其中第一个结构的输出传递给下一个，直至到达最后一个网络结构。RNN 由输入层、具有循环连接的隐藏层（负责信号传播）和输出层$y_{out}(t)$组成。输入向量 $\mathbb{X}(t)$ 表示输入到模型的数据与同时刻t的输出。在$t-1$时刻由 RNN 作出的决策存储在隐藏层中，随后会影响t时刻的决策。这个过程允许序列信息在多个时间点传播。对于监督式学习而言，向量将首先被逐个输入网络。然后，通过计算每个时间点所有连接单元加权和的非线性函数获得输出结果。

训练 RNN 的基本步骤与其他 ANN 类似。首先,输入的特征传递到网络并输出结果。然后,将该结果与真实标签进行比较,通过损失函数评估网络的性能。最后,与传统 ANN 的不同之处在于,RNN 会基于误差值计算每个结构的梯度,这些梯度随后通过反向传播过程(即从输出到输入)更新权重。梯度值用于调整权重,其中较大的梯度值意味着较大的权重调整,反之亦然。在反向传播过程中,所有的梯度都是相对于前一层的梯度计算,这可能导致一些问题,比如当前一层的梯度值较小时,当前层的梯度会更小,导致对权重的调整减少,从而无法有效学习(Agatonovic-Kustrin & Beresford,2000;Lipton,Berkowitz,& Elkan,2015)。

记忆向前传递的过程通过以下公式建模:

$$h(t)=\sigma(W\star\Bbbk(t)+U\star h(t-1)) \tag{5.13}$$

其中,$h(t)$ 是时间点 t 的隐藏状态,$\Bbbk(t)$ 是同时刻 t 的输入特征集。W 是权重矩阵,而 U 代表隐藏状态到隐藏状态的矩阵,也称为转移矩阵。总之,RNN 基于两个输入进行决策,即临近的过去输入和当前输入,这使模型具有记忆功能,能够回忆传递至内部结构的信息。通过这种方式,模型可以保留前一个网络状态的信息,进而可进行时序处理。在这里,输出不再只是输入信号的结果,而是与前一个状态值的结合。然而,精确的预测需要前后背景信息。例如,在缺少背景信息的情况下,相关信息与需要这些信息的点之间会产生鸿沟。鸿沟越大,RNN 就越难以充分关联信息,导致无法处理长期依赖关系。

在实际应用中,假定需训练一个 RNN 模型来区分球员是处于进攻、防守还是反击状态。模型输入数据 $\Bbbk(t)$ 将包含三个随时间变化的特征,即 x 和 y 的笛卡儿(Cartesian)位置,以及球员所在场地的一侧(如果球员在防守半场则为 1,如果在进攻半场则为 -1)。模型将学习这些任务的模式,当数据输入时,模型应能够将其区分为进攻、防守和反击。例如,当一名球员向对方球门移动时,通过 x 和 y 位置的变化以及所在半场(前场或后场),模型将学习到球员的进攻状态。然而,反击是一种需要更多时间的战术,因此需要更长的时间序列。这是因为,在反击过程中,模型首先需要考虑防守阶段,然后是进攻阶段。在这种情况下,由于 RNN 的梯度消失问题(图 5 - 7),保留的信息可能只考虑序列中最近的信息,即进攻阶段的信息。

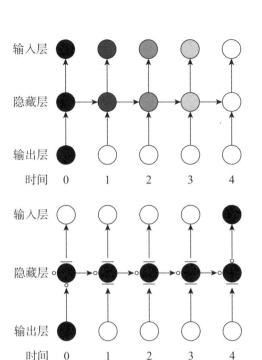

图 5.7　(上)RNN 的梯度消失问题(引自 Nayel & Shashrekha, 2019),
(下)LSTM 对信息的保留(引自 Graves, 2012)

在图 5.7 中,圆形颜色越深表示敏感度越高。对于 RNN 而言,随着新输入覆盖隐藏单元,敏感度随着时间衰减,因此网络会忘记最初的输入(上部)。换句话说,输入规模越大(即序列越长),RNN 需要处理的步骤就越多,因此无法记住过去的所有信息。RNN 只能在有限的时间内记住信息,如果向网络输入大量信息,这些信息会在某处丢失。这就是所谓的梯度消失问题或 RNN 的短期记忆问题(Graves & Schmidhuber, 2005; Schuster & Paliwal, 1997)。然而,有一种特殊类型的 RNN 具备更好的长期记忆能力,被称为长短期记忆(LSTM)网络。

LSTM 通过整合长时间信息解决了长期依赖的问题,这在传统 RNN 的基础上是一个重大进步(Sak, Senior, & Beaufays, 2014)。图 5.7 的下半部分展示了这一原理。在图的上半部分,深色节点表示节点对输入信息的敏感度。LSTM 包含额外的门控。小圆圈表示开启的门,水平线表示关闭的门。输入门位于节点下方,遗忘门在左侧,输出门位于隐藏层上方。图 5.7 的下半部分展示了一个案例,其中记忆单元记住了第一个输入,遗忘门开启,输入门关闭。如图 5.8 所示,每个 LSTM 单元有三个主要的交互门层:遗忘门、记忆门和输出门。这些"特殊"门负责不同的张量运算,可以学习从隐藏状态中添加或移除特定信息,从而解决短期记忆问题。也就是说,信息从当前神经元传递到下一个神经元,如此贯穿所有隐藏层。第一步始于被称为遗忘门层的 sigmoid 层 $fg(t)$,在这里决定是否考虑以前的信息。遗忘门层查看先前时间窗的输出 $h(t-1)$ 和新输入 $Ж(t)$,并为单元状态 $Cs(t-1)$ 上的每个数输出一个介于 0 到 1 之间的数值。

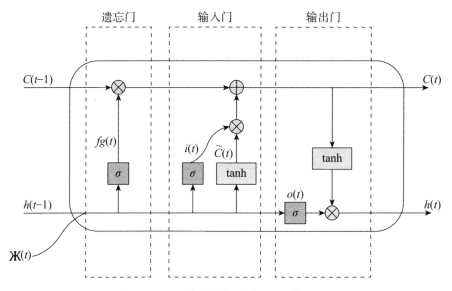

图 5.8　LSTM 单元结构(引自 Jiang 等,2019)

让我们考虑某一时刻 t,神经元输入 $Ж(t)$ 和输出 $h(t)$。时刻 t 的遗忘门层可描述为:

$$fg(t)=\sigma(W_{fg} \cdot [h(t-1),Ж(t)]+b_{fg}) \tag{5.14}$$

其中,σ 是 sigmoid 激活函数,W_{fg} 和 b_{fg} 分别表示遗忘门层的权重和偏差。第二步决定了将哪些新信息存储在单元状态中。在这里,一个称为输入门层的 sigmoid 层 $i(t)$ 决定哪些信息将被更新。tanh 函数生成一个向量 $\tilde{C}(t)$,包含要添加到状态中的新候选值:

$$i(t)=\sigma(W_i \cdot [h(t-1),Ж(t)]+b_i) \tag{5.15}$$

$$\tilde{C}(t)=tanh(W_c \cdot [h(t-1),Ж(t)]+b_c) \tag{5.16}$$

其中,W_i、b_i、W_c 和 b_c 分别表示 sigmoid 和 tanh 函数的权重和偏差。记忆门生成当前记忆 $C(t)$,通过将旧的记忆状态 $Cs(t-1)$ 乘以 $fg(t)$ 来忘记在第一步中决定要忘记的内容。然后,跟 $i(t)$ 乘新的候选值 $\tilde{C}(t)$ 的积相加。这可以用以下方程表示:

$$C(t)=fg(t) \cdot C(t-1)+i(t) \cdot \tilde{C}(t) \tag{5.17}$$

最后一步在输出门 $o(t)$。与前面的步骤类似，sigmoid 层决定哪些部分的单元状态将作为输出。然后，tanh 层将单元状态中的值压缩到 -1 和 1 之间，并将其与 sigmoid 门的输出相乘。计算方法如下：

$$o(t) = \sigma(W_o \cdot [h(t-1), \mathrm{X}(t)] + b_o) \tag{5.18}$$

$$h(t) = o(t) \star \tanh(C(t)) \tag{5.19}$$

其中，$o(t)$ 是输出门激活，$h(t)$ 是某一时刻 t 的神经元输出。W_o 和 b_o 分别表示输出门内的权重和偏差。

如前所述，LSTM 和 RNN 一样具有链式结构。然而，与简单的单层结构不同，LSTM 的每个模块中有三个包含 sigmoid 激活函数的门控层，这些函数构成了在 0 和 1 之间的平滑曲线，使得模块保持区分能力。除这些门控层外，还有 $\tilde{C}(t)$ 用来调整单元状态。LSTM 使用具有零中心尺度的 tanh 函数来计算候选值，并结合一些操作更好地分布梯度，使网络能够记忆更长时间，即在不发生梯度消失的情况下保留更久的信息。回到之前的例子，我们的目标是区分球员是处于进攻、防守还是反击状态。由于 LSTM 可以决定是否保留从单元到单元传递的信息，直到信息到达网络末端，因此，与传统的 RNN 相比，LSTM 更有可能正确区分球员状态。总而言之，RNN 难以学习长期依赖关系，而 LSTM 具备的遗忘、记忆与更新信息的能力很好地解决了该问题。

非序列与序列分类：以高尔夫推杆为例

鉴于体育运动的动态性和复杂性，需要从与时间相关的变量中计算出一组"静态"特征以简化对表现的分析。在运动科学中，许多人将与任务执行相关的变量称为过程变量（如踢球时腿部肌肉的做功和力量），将与任务结果相关的变量称为结果变量（如射门时球的准确性和精度）。由于不可避免地会丢失与时间相关的对应变量的信息，选择最合适的具有代表性的过程变量与结果变量是理解运动表现的关键。例如，图 5.1 展示了一个选取过程变量的实例。其中 T_i 和 $A_i (i=1,2,3)$，表示点球过程中腿部角速度的持续时间和幅度。这些变量是从大腿角速度 $w_{thigh}(t)$ 和小腿角速度 $w_{lower}(t)$ 的时间序列中计算得出的。尽管 T_i 和 $A_i (i=1,2,3)$ 是与点球相关的过程变量，足以用于许多关于足球的研究，但它们的信息量不如从中提取出来的时间相关变量 $w_{thigh}(t)$ 和 $w_{lower}(t)$ 那样丰富。两次点球的每个动作阶段可能会表现出相同的持续时间和幅度，但大腿和小腿的角速度仍可能存在差异。时间相关变量和从中计算出的"静态"变量之间是否具有相关性，取决于具体情况。这一完全不同的问题可通过更易理解的一个运动示例——高尔夫推杆来解释。

高尔夫推杆指在果岭上进行的轻击球,目的是将球打入洞中(Pelz,2000),约占高尔夫比赛中击球次数的 43%(Alexander & Kern,2005)。本书选取高尔夫推杆为例来比较非序列和序列分类方法,原因如下:

(1)这是一个被广泛研究的动作。不仅可以轻松地情境化分类器获得的结果,还有多个可供使用的开放数据集。

(2)与其他动作相比,推杆相对容易建模。Pelz(2000)指出高尔夫推杆是一种摆动运动,可通过一个简单但有效的数学模型进行描述。

基于这两个原因,加上本书作者已经对高尔夫推杆开展了多项深入研究(Couceiro,Dias 等,2013;Dias & Couceiro,2015),推杆成为展示这两种模式识别类型差异的最佳选择。后续章节将讨论足球等其他运动。

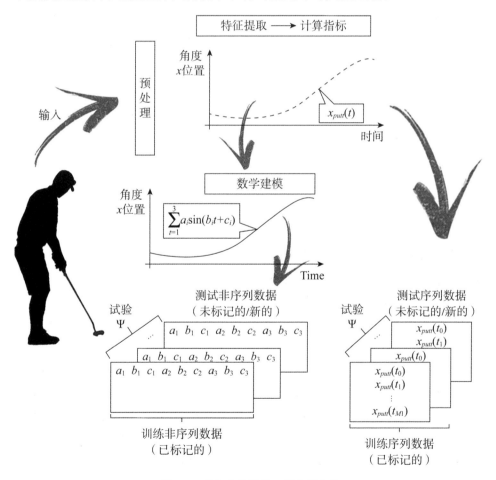

图 5.9 高尔夫推杆的一般分类方法

　　与图 5.1 类似，图 5.9 对比了用非序列分类和序列分类方法区分高尔夫推杆。为简化起见，本示例仅考虑推杆的角度 x 位置（即推杆沿水平线的轨迹），因为这是该动作最具代表性的过程变量（Couceiro，Dias 等，2013）。虽然这个变量被直接输入序列数据分类器，即 $\mathbb{K}(t)=\{x_{putt}$，但仍然采用了特征提取程序来提取可能不依赖时间的有意义变量。正如 Couceiro，Dias 等人（2013）所展示的那样，该方法基于数学建模，通过正弦波之和对推杆角度 x 位置进行曲线拟合。为避免问题变得过于复杂，采用了由三个正弦波之和组成的函数 $\sum_{i=1}^{3} a_i \sin(b_i t + c_i)$，从而得出"静态"特征集 $\mathbb{K}=\{a_i, b_i, c_i\}$，其中 $i=\{1,2,3\}$。

　　将数学函数确定为三个正弦波之和时，需要估算每个波的三个参数，最终成为一个九维估算问题，其目的是通过最小化每次实验的均方误差来获得准确的数学函数，从而描绘高尔夫推杆时球杆的水平位置（Couceiro，Dias 等，2013）。这一方法通常被称为曲线拟合，或更一般地被称为优化。简而言之，优化就是根据某些标准从一组可用方案中选择最优方案。用给定的数学模型拟合一个真实系统时，优化过程是寻找该模型的最优参数，使其契合于一系列数据点，但这一过程可能需要满足一定的约束条件（Couceiro，Dias 等，2013）。这超出了本书的讨论范围，更多内容可以参考 Dias 和 Couceiro（2015）的研究。在这里，我们假设这是一个自动化过程，每次推杆执行都会生成一组参数 $\mathbb{K}=\{a_i, b_i, c_i\}$，其中 $i=\{1,2,3\}$。尽管这听起有难度，但市场上已有一些仪器能够高效地提供这些信息，例如 InPutter（Couceiro，Araújo，& Pereira，2015）。

　　综上所述，本示例的目标很简单：针对一组由不同高尔夫球手执行的推杆测试，是否可以提取出有意义且独特的击球特征，以便在新的试验中自动识别球手？

　　为了比较在相同研究问题上应用的非序列分类和序列分类方法，本示例选择两种最著名的算法，即 SVM 和 LSTM，分别用于非序列和序列分类。实验选取了五名成年男性高尔夫球手，他们都为右利手且具有专业水平。每名球手使用 InPutter 在距离球洞 4 米处进行了 20 次推杆任务。换句话说，本例考虑选取五个类别——每名球手对应一个类别。训练数据集由从整个数据集中随机挑选 75% 的试验数据组成（共 75 次试验），其余 25% 用作后续测试的数据集

（共 25 次试验）。

混淆矩阵（SVM，左）

输出类别	目标类别 1	2	3	4	5	
1	1 / 4.0%	0 / 0.0%	1 / 4.0%	0 / 0.0%	0 / 0.0%	50.0% / 50.0%
2	0 / 0.0%	5 / 20.0%	0 / 0.0%	0 / 0.0%	0 / 0.0%	100% / 0.0%
3	0 / 0.0%	0 / 0.0%	5 / 20.0%	0 / 0.0%	0 / 0.0%	100.0% / 0.0%
4	0 / 0.0%	0 / 0.0%	0 / 0.0%	7 / 28.0%	0 / 0.0%	100% / 0.0%
5	0 / 0.0%	0 / 0.0%	0 / 0.0%	2 / 8.0%	4 / 16.0%	66.7% / 33.%
	100% / 0.0%	100% / 0.0%	83.3% / 16.7%	77.8% / 22.2%	100% / 0.0%	88.0% / 12.0%

混淆矩阵（LSTM，右）

输出类别	目标类别 1	2	3	4	5	
1	3 / 12.0%	0 / 0.0%	0 / 0.0%	0 / 0.0%	0 / 0.0%	100% / 0.0%
2	0 / 0.0%	6 / 24.0%	0 / 0.0%	0 / 0.0%	0 / 0.0%	100% / 0.0%
3	0 / 0.0%	0 / 0.0%	6 / 24.0%	0 / 0.0%	0 / 0.0%	100.0% / 0.0%
4	1 / 4.0%	0 / 0.0%	0 / 0.0%	6 / 24.0%	0 / 0.0%	85.7% / 14.3%
5	0 / 0.0%	0 / 0.0%	0 / 0.0%	0 / 0.0%	3 / 12.0%	100% / 0.0%
	75.0% / 25.0%	100% / 0.0%	100% / 0.0%	100% / 0.0%	100% / 0.0%	96.0% / 4.0%

图 5.10　混淆矩阵：SVM(左)，LSTM(右)

图 5.10 比较了 SVM 和 LSTM 的混淆矩阵。通过混淆矩阵能直观地观察到两种方法的表现。其中，矩阵的行代表方法预测的实例，列表示目标实例，后者作为真实值用于评估方法的效果（Sokolova，Japkowicz，& Szpakowicz，2006）。对角线上的单元格对应于正确分类的观察结果，即该方法能够"猜测"哪名球员执行了以前未见过的推杆动作。非对角线单元格表示错误分类的观察结果，即该方法未能"猜测"出哪名球员执行了以前未见过的推杆动作。如图 5.10 所示，LSTM 整体表现优于 SVM，但 SVM 仍然能够提供 88％的总体准确率（25 次推杆试验中正确分类了 22 次），而 LSTM 的准确率为 96％（25 次推杆试验中正确分类了 24 次）。需要注意的是，SVM 只使用了九个一维变量，而 LSTM 使用了可能超过 200 个样本的时间相关变量（基于 InPutter 设备的 100 Hz 采样频率推算）。因此，与 LSTM 相比，计算负荷明显更小的 SVM 仍然能够考虑到运动的动态特性，并提供令人满意的结果。不过，需要注意的是，对于时间相关数据，SVM 高度依赖用于提取有意义信息的计算指标。

我们还为此开发了一个 MatLab 框架，用于运行这些以及其他实验，评估非序列和序列分类器（Couceiro，2020）。

足球中的动作识别

与上一节叙述的高尔夫推杆不同,足球运动员的动作包括直线奔跑、侧向奔跑,以及频繁的变速和变向(Dicharry,2010)。仅在一个行动中就有如此多样的动作,对足球动作识别造成了一定的挑战。这一领域的研究能够帮助教练、理疗师以及团队工作人员了解球员比赛中的行为,并作出更快速有效的决策,因而受到关注。如第四章所述,无论何种运动,由于某些运动特征比其他特征的信息量更大,因此选择适当的特征是理解运动员行为的关键。

本部分内容将探讨以下问题:

(1) 探讨整合不同可穿戴设备数据,特别是 Myontec 的 Mbody3 和 Ingeniarius 的 TraXports,以识别动作的可行性。

(2) 评估识别以下动作的最佳特征:①跑;②带球跑;③步行;④带球步行;⑤传球;⑥射门;⑦跳跃。

(3) 对比本章介绍的两个序列分类算法:LSTM 和 DBMM。

本部分内容在 Rodrigues 等人(2020)的研究中有详细描述,研究内容包含录制为期两天的锦标赛的四场五人制足球比赛。每场比赛分为上、下半场,各10 分钟。22 名无伤病的男性运动员(22.2±4.5 岁,最大 39 岁,最小 19 岁)参加了这项研究,其中一人配备了上述可穿戴设备,以跟踪其位置并采集生理学数据。研究还使用了摄像机进行后期的真实值分析,录制的视频与可穿戴设备的数据进行了同步,从而可根据运动员执行的动作进行手动标记。

表5.1 各种动作的尝试次数

动作	尝试次数
跑	183
带球跑	57
步行	690
带球步行	27
传球	80
射门	15
跳跃	24

该研究采用并比较了 LSTM 和 DBMM 的结果,以探讨两者的可行性。作

为监督式方法,两者都需要标注训练和测试数据集来比较模型的结果与预期结果(真实标签)。表 5.1 列出了每个动作的尝试次数,这使我们能够了解每种动作的代表性,从而在一定程度上解释各方法在动作识别中的表现。

作为序列分类方法的输入数据,共有九个时间相关的个体计算指标或特征被采用,包括从 TraXports 提取的运动学数据计算得出的运动员的(绝对)速度、距离和相对于对方球门的方向,以及从 Mbody3 采集的运动员下肢肌肉激活状态的归一化数据(参见第四章)。在训练和测试模型之前需进行特征选择。之后,在整个数据集进行特征提取,将原始数据处理成相关的时间序列以用作输入数据。

在第一阶段,通过对 LSTM 分类器输入 $Ж(t)$ 进行五次以下组合的测试,评估每个特征对分类结果的影响:

测试 1——EMG(肌电图)特征:

$$Ж(t) = \left\{ \begin{array}{l} EMG_i^1[t], EMG_i^2[t], EMG_i^3[t], \\ EMG_i^4[t], EMG_i^5[t], EMG_i^6[t] \end{array} \right\}$$

测试 2——EMG 与速度:

$$Ж(t) = \left\{ \begin{array}{l} EMG_i^1[t], EMG_i^2[t], EMG_i^3[t], \\ EMG_i^4[t], EMG_i^5[t], EMG_i^6[t], |v(t)| \end{array} \right\}$$

测试 3——EMG 与离球门的距离:

$$Ж(t) = \left\{ \begin{array}{l} EMG_i^1[t], EMG_i^2[t], EMG_i^3[t], \\ EMG_i^4[t], EMG_i^5[t], EMG_i^6[t], d_g(t) \end{array} \right\}$$

测试 4——EMG 与朝向球门的方向:

$$Ж(t) = \left\{ \begin{array}{l} EMG_i^1[t], EMG_i^2[t], EMG_i^3[t], EMG_i^4[t], \\ EMG_i^5[t], EMG_i^6[t], \theta_g(t) \end{array} \right\}$$

测试 5——所有特征:

$$Ж(t) = \left\{ \begin{array}{l} EMG_i^1[t], EMG_i^2[t], EMG_i^3[t], EMG_i^4[t], \\ EMG_i^5[t], EMG_i^6[t], |v(t)|, d_g(t), \theta_g(t) \end{array} \right\}$$

从所得结果来看,通过将球员的速度与 EMG 特征结合,LSTM 的准确率从 59.6% 提高到了 60.13%。同样地,EMG 特征结合球员与对方球门的距离和朝向球门的方向后,模型的准确率分别提高了 1.07% 和 0.21%。当使用所有特征时,LSTM 的准确率提高了 1.32%(图 5.11)。请参阅 Sokolova 等人(2006)的研究,以了解更多分类性能指标。参阅 Rodrigues 等人(2020)的研究,可以了解对这些结果的进一步讨论。

随后,该研究采用包含所有特征的输入数据集来比较 LSTM 和 DBMM。为了更多样化地训练和测试模型,将数据集随机多次划分为训练集(70%)和测试集(30%),共重复了 30 次,确保没有任何训练数据用于测试,从而避免过度拟合。图 5.12 展示了 DBMM 与 LSTM 的性能比较结果。为了简化比较,选择了其中一次训练与测试的结果。DBMM 的表现优于 LSTM,达到了 88.5% 的总体准确率,而 LSTM 的准确率为 66.1%。

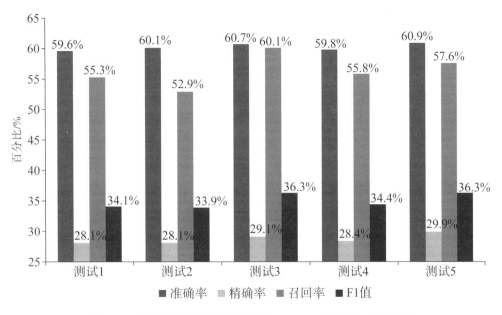

图 5.11　每次测试的评估指标〔根据 Rodrigues 等人(2020)修改〕

这是一个有趣的例子。通常,人们会期待深度学习算法优于集成学习法。然而,如果数据集中的每个类别均有足够大的数据量,深度学习算法可能不会有明显的优势。尽管在上述示例中,类别间的数据量并不平衡。例如,整个数据集中只有 15 次射门动作,但有 690 次带球跑。众所周知,LSTM 作为一种深度学习算法,需要一个具有代表性的大数据集。然而,虽然数据集中一些动作的数据量较大,但其他动作的数据量不足。这解释了在 LSTM 模型的混淆矩阵中观察到的情形(图 5.12),不同动作的准确率差异显著,算法的学习过程及其后续的决策受到包含更多数据的类别(动作)的影响,这也是 LSTM 表现不如 DBMM 的主要原因。

混淆矩阵

	跑	带球跑	传球	步行	带球步行	射门	跳跃	
跑	45 14.0%	1 0.3%	2 0.6%	7 2.2%	0 0.0%	0 0.0%	0 0.0%	81.1% 18.9%
带球跑	1 0.3%	13 4.0%	1 0.3%	2 0.6%	0 0.0%	0 0.0%	0 0.0%	75.7% 24.3%
传球	1 0.3%	0 0.0%	16 5.0%	2 0.6%	0 0.0%	0 0.0%	0 0.0%	84.1% 15.9%
步行	8 2.5%	3 0.9%	5 1.6%	195 60.6%	1 0.3%	1 0.3%	1 0.3%	91.1% 8.9%
带球步行	0 0.0%	0 0.0%	0 0.0%	1 0.3%	7 2.2%	0 0.0%	0 0.0%	81.5% 18.5%
射门	0 0.0%	0 0.0%	0 0.0%	0 0.0%	0 0.0%	3 0.9%	0 0.0%	81.7% 13.8%
跳跃	0 0.0%	0 0.0%	0 0.0%	0 0.0%	0 0.0%	0 0.0%	6 1.9%	87.6% 12.4%
	81.2% 18.8%	76.5% 23.5%	66.6% 33.4%	94.0% 6.0%	85.8% 14.2%	68.0% 32.0%	79.9% 20.1%	88.5% 11.5%

输出类别 / 目标类别

混淆矩阵

	跑	带球跑	传球	步行	带球步行	射门	跳跃	
跑	7 2.2%	4 1.2%	2 0.6%	13 4.0%	0 0.0%	0 0.0%	0 0.0%	26.9% 73.1%
带球跑	2 0.6%	2 0.6%	3 0.9%	2 0.6%	1 0.3%	1 0.3%	0 0.0%	18.2% 81.8%
传球	1 0.3%	0 0.0%	14 4.3%	3 0.9%	2 0.6%	1 0.3%	2 0.6%	60.9% 39.1%
步行	43 13.4%	10 3.1%	0 0%	187 58.1%	5 1.6%	1 0.3%	2 0.6%	75.4% 24.6%
带球步行	0 0.0%	0 0.0%	0 0.0%	1 0.3%	0 0.0%	0 0.0%	0 0.0%	0.0% 100%
射门	2 0.6%	1 0.3%	3 0.9%	1 0.3%	0 0.0%	0 0.0%	0 0.0%	0.0% 100%
跳跃	0 0.0%	0 0.0%	2 0.6%	0 0.0%	0 0.0%	1 0.3%	3 0.9%	50.0% 50.0%
	12.7% 87.3%	11.8% 88.2%	58.3% 41.7%	90.3% 9.7%	0.0% 100%	0.0% 100%	42.9% 57.1%	66.1% 33.9%

输出类别 / 目标类别

图 5.12 混淆矩阵:(上)DBMM,(下)LSTM

结　　语

本章介绍了两种用于运动模式识别的人工智能方法，即非序列分类和序列分类。非序列分类可处理"静态"数据，其样本由一组固定维度的特征构成。序列分类方法的特点是变量值会发生变化，每个样本由一个或多个随时间变化的特征表示。大多数情况下，非序列分类问题具有独立于情境的特点，就运动而言，可能是某个动作执行的次数。但它也能对某些动态动作建模，或从中提取过程变量并将其输入非序列分类器。序列分类方法的特点是情境的动态变化，即在某一时间段内执行的动作。

正如预期的那样，机器学习算法越强大，就越能够处理复杂的问题；深度学习算法因其出色的表现而闻名。然而，这种优势的代价是需要更多的训练数据，因此需要有更多的算力资源。深度学习算法对 GPU 的要求很高，是整个模式识别过程中最耗资源的。此外，如果数据质量不佳，深度学习算法的表现甚至可能不如其他方法，因为高度不平衡的数据集会增加分析难度，导致算法偏向数据量更大的类别，在极端情况下，甚至会完全忽略数据量较少的类别。

第六章 从分类到预测

引 言

如第五章所述,"分类"旨在通过基于大量信息的样本所训练出的分类模型来预测对象的类别,即基于某个数据集构建模型,随后用于分类未测试的数据。与分类模型不同,预测模型更侧重于估计未观察到的变量值,通常使用与时间相关的数据,即数据是一系列随时间变化的值。预测模型是通过时间序列中观察到的已知值预测未来可能出现的值。

分析时间相关事件为公司或运动队提供了诸多可能性,因为它有助于预测事件的发生,例如对比赛胜负或客户行为的预测。在足球比赛中,由于比赛结果受多重因素影响,对其进行预测非常具有挑战性(Owramipur, Eskandarian, & Mozneb, 2013)。从统计分析视角来看,预测模型的一个重要功能是预测一支球队是否会进球以及进多少球,这对博彩业尤其重要(Spann & Skiera, 2009)。对博彩投注者而言,比赛的结果不仅由球队在联赛中的排位决定,还受其他潜在表现指标或特征的影响,这些指标可能更能够反映球队和球员的情况。因此,根据文献资料,预测前需要整合过往信息与其他因素,如主场优势、团队合作、天气、伤病人数以及个人或集体表现等(Razali, Mustapha, Yatim, & Ab Aziz, 2017)。这需要收集大量实时数据,利用非线性方法组合,预测接下来可能发生的情况。然而,数据量过大时会导致"大数据"问题(见第一章),即数据量过大导致人类难以处理。因此,选择正确的计算指标和人工智能方法来帮助预测至关重要(Sillanpää & Heino, 2013)。另一个关键的方面是,这些方法需要来自许多不同情境下的数据,尤其对足球比赛而言。例如,预测两支球队的比赛结果需要大量来自双方球队的数据,最好是两支球队对阵比赛的数据。由于球队球员、教练员和战术策略在不同赛季间不断变化,获取这类数据非常困难。此外,即使是在英超联赛这种级别的比赛中,每支球队在一个赛季也仅踢38场比赛,样本量非常小,导致很难将足球比赛中的随机性从模型中排除。

根据 Gama, Dias, Passos, Couceiro 和 Davids(2020)的研究,人工智能方法有助于揭示足球比赛的内在表现动态(inherent performance dynamics),从而提高其实用性和可预测性。尽管足球比赛的不可预测性较强(Couceiro 等, 2016; Gama 等, 2020),预测比赛结果和比赛中可能出现的伤病仍是这类人工智能模型的主要目标之一。伤病可由接触性和非接触性事件引起。接触性伤病与外部因素有关

(如身体碰撞和铲球);非接触性事件引起的伤病(如跑步时发生的伤病)比接触性伤病更容易预测。除预测伤病外,预测球员从伤病中恢复所需的时间也是医疗团队和教练员感兴趣的话题,因为教练员可以据此更好地组织球队(Kampakis,2013)。为研究预测损伤的概率,人们已开发了许多计算方法,包括机器学习技术、基于主体的模型、系统动力学方法以及神经网络技术(Fonseca 等,2020;Gama 等,2020)。

使用正确的统计方法将生理学、生物力学、社会、心理和环境变量相结合,可以预测足球比赛中的各种情况(Fonseca 等,2020)。例如,主场优势(home advantage)是近年来备受研究的一个因素(Courneya & Carron,1992)。Leite(2017)指出,主场优势包含了许多因素,这些因素能极大地影响球队在场上的表现,如观众、对场地的熟悉程度以及客队的转场旅程。此外,仅是主队认为在主场比赛更有优势的这一心理因素就能够增强其自信心,促使他们发挥出最佳水平。自信心是影响团队表现的一个重要因素。Goddard 和 Asimakopoulos(2004)的研究表明,参加外部杯赛、锦标赛和晋级赛是影响足球比赛结果的重要因素。尽管不像自信心那样重要,其他心理因素,如高度焦虑、紧张、疲劳和动机不足,也会对球员的表现产生负面影响(Campo 等,2019)。例如,疲劳被认为是影响足球运动员技战术表现的一个重要因素(Stone & Oliver,2009)。从心理学角度来说,倦怠可能导致情感和身体疲惫,成就感降低,以及对参与运动的冷漠和怀疑态度(Raedeke & Smith,2001)。

如前所述,预测可借助序列或非序列方法来实现。不过,分类中是通过标签来分类的,而预测的目标是基于之前发生的事件来预测接下来可能发生的事件。接下来,我们将讨论前一章中提到的序列分类方法 DBMM 和 LSTM 的收敛性分析,以分析快速预测是否可被视为短期预测。之后,我们将探讨看似无关的变量关系,利用传球的分布来预测射门次数和进球数(Gama 等,2020)。

收敛性分析

收敛性分析是理解人工智能模型性能的关键因素之一,因为它反映了算法适应动态变化系统的能力(Yi,2013)。收敛性分析可以告知我们模型收敛到目标解决方案的速度,甚至是否能够收敛,从而展示其可靠性。研究一个系统的收敛性是评估其可用性的重要部分,从而确保它是处理实时数据的合适模型。除了解模型的收敛性外,了解它预测结果的速度也至关重要。在体育领域,尤其是足球领域,DBMM 和 LSTM 算法的收敛时间已在上一章进行了介绍("足球中的动作识别"一节;Rodrigues 等,2020),在此提及是为了说明其重要性,并探讨这些方法是否可用于短期预测。

在分类分析中,收敛性指算法从接收到某一类别的数据到正确分类该数据所需的时间间隔,用于回答以下问题:模型正确识别输入的真实类别需要多长时间? 如前所述,DBMM 和 LSTM 模型都是通过几场比赛中观察到的动作数据进行训练的。然而,在模型训练完成后,让模型每次只接收一个时间点的数据,就可以研究其收敛性并评估它们识别运动员动作所需的时间。图 6.1 的上半部分和图 6.2 的上半部分分别展示了在 DBMM 和 LSTM 模型中,目标类别(执行的动作)与预测类别(模型预测的动作)的叠加情况。同样,图 6.1 的下半部分和图 6.2 的下半部分分别展示了在 DBMM 和 LSTM 模型中,目标类别(执行的动作)与预测属于某一类别的概率(模型预测某一动作的概率)的叠加。

图 6.2 表明 LSTM 模型无法正确收敛至某一类别,即无法可靠地预测正确的动作。从一开始,LSTM 就假定所有输入序列均为步行动作(类别 4)。如第五章所述,导致这一问题的原因与深度学习方法需要每个类别的大量训练数据有关,而本例并未满足这一条件。除数据代表性不足外,各类别之间的样本数量也极不平衡,步行动作的样本量远多于其他类别,从而产生当前的结果。DBMM 的收敛性显著优于 LSTM。在图 6.1 中,类别之间的概率转换使我们能够轻松评估分类所需的时间(见表 6.1),即 DBMM 从接收数据到正确分类所需的时间(见表 6.1)。

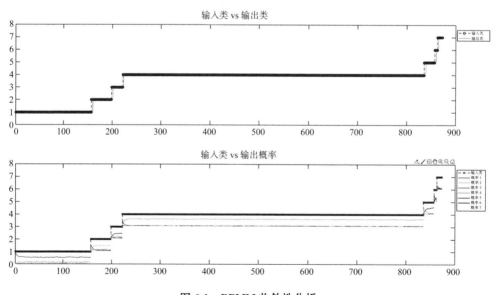

图 6.1 DBMM 收敛性分析

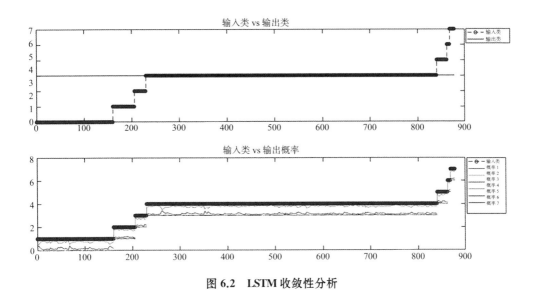

图 6.2　LSTM 收敛性分析

表 6.1　每个不同动作/类别的分类所需时间

类别	1	2	3	4	5	6	7
时间(秒)	0	2.960	2.760	1.320	3.360	3.240	1.920

正如观察到的那样,DBMM 的收敛性因其所尝试预测的动作不同而有所不同。模型对类别 1 的跑步动作预测最快,用时不到 1 秒。但 DBMM 花费了超过 3 秒的时间来判断球员是否在传球或射门,这也是 DBMM 最容易错误识别的动作(见上一章)。

上述数据信息表明,对于预测问题而言,分析模型收敛时间非常重要。分析收敛时间可帮助我们了解模型需要多长时间才能以较高的准确性预测一个事件。换句话说,模型检测事件、事故或故障的速度越快,响应时间就越短,技术团队和教练员作决策的空间就越大。然而,上述案例也说明,这些方法在使用从运动学和心理学数据中直接计算出的单个指标来识别正在进行的事件时有局限性。下文将阐述如何使用群体指标的预测方法来克服这些局限。

预测射门次数和进球数

如前所述,无论是预测足球比赛的结果还是可能的伤病,体育预测都能够提供运动员个人和团队表现的重要信息。然而,找到能够帮助预测的恰当指标或特征是最关键的任务。这些特征需要能够代表运动比赛的动态,能够区分团队和运动员个人行为之间的差异,并能预测接下来可能发生的情况。

Gama 等人(2020)最近研究了同一支球队的球员之间传球同质性(homogeneity of passes)与射门次数和进球数之间的关系。传球同质性被用来评估比赛表现,指比赛中完成传球和接到传球的均衡分布。然而,这一表现指标受球队结构和许多其他因素如球队球员的位置的影响。Gama 等人(2020)的研究构建了传球次数与球队在场上移动能力间的非线性关系。这一研究说明球员的移动越频繁,制造出传球线路的可能性就越大,从而降低对方球队的防守效果,增加得分的可能性。

简单地讲,Gama 等人(2020)使用了 2010 至 2011 赛季葡萄牙超级联赛中 10 支职业足球队的 10 场正式比赛的数据,对 2578 次团队进攻、6100 次进攻队员成功传球、165 次射门和 15 个进球进行了分析。通过将香农熵(Shannon's entropy)应用于 14×14(11 名首发球员和 3 名替补球员)的传球邻接矩阵(adjacency matrix of passes),量化了队友之间的传球互动。熵是衡量变量中信息量的指标,体现了一对球员传球次数的差异,即传球分布的变化程度(variability of the distribution of passes)。熵值越高,传球次数的变化程度越高,反之则越低。

在进行时间序列分析时,邻接矩阵及其相关的熵值通过 5 分钟的滑动窗口计算,随后熵值被输入一个延时神经网络(time-delay neural network)。该神经网络根据两个不同的目标输出进行训练,即射门次数和进球数。选择 1 分钟的延迟时间意味着该方法需要在事件发生前 1 分钟预测射门次数和进球数。最后一场比赛(第 10 场比赛)没有用于训练阶段,而用于验证神经网络的预测能力。使用皮尔逊线性相关系数评估这一方法的准确性,即评估预测是否符合真实情况。

图 6.3 展示了预测模型使用传球分布的平均熵值(mean entropy values of passing distribution)作为输入数据预测射门次数的表现。

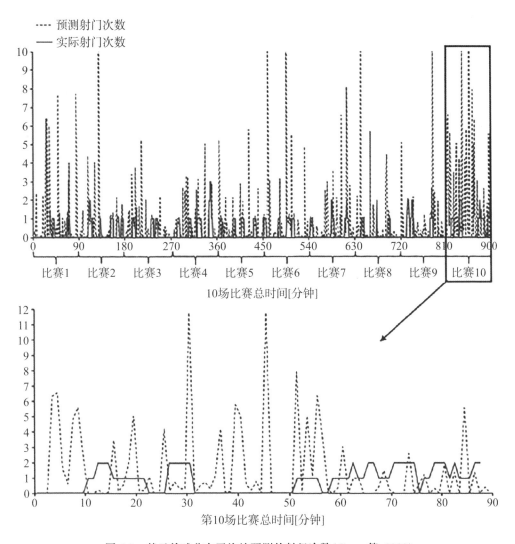

图 6.3　基于传球分布平均熵预测的射门次数（Gama 等，2020）

　　图 6.3 的下半部分展示了第 10 场比赛中射门次数的滑动窗口数据，该比赛数据未用于神经网络训练。其中，黑色虚线表示预测的射门次数，灰色实线表示实际射门次数。从图中可观察到，模型能够在变量、射门次数和传球分布的熵值之间识别出一种模式，从而预测 1 分钟时间窗内可能发生的射门。仔细观察图中的放大部分可发现，预测发生在真实事件之前，这表明模型具有预测事件发生的能力。每场比赛的皮尔逊线性相关系数表明，基于熵预测的射门次数与实际射门次数呈正相关。

　　这一模型同样被应用于预测进球。但由于进球数量较少，结果变量缺乏代表性。因此,该方法在预测进球方面的表现不如预测射门。但是,该研究的结果展示了传球分布的均衡性与射门次数之间的关系(图 6.4)。

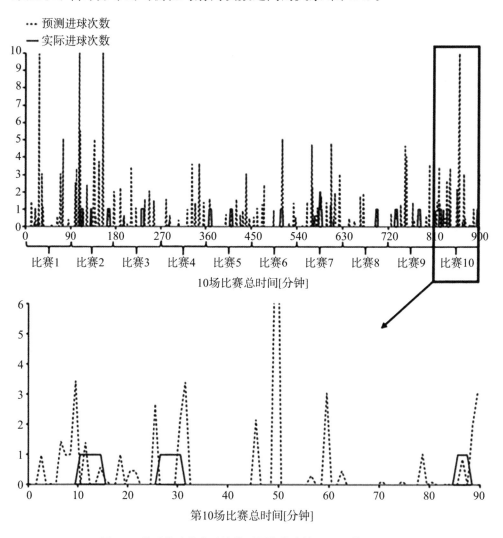

图 6.4　基于传球分布平均熵预测的进球数(Gama 等,2020)

结　　语

本章介绍了体育运动中"预测"的概念,将分类问题扩展到了实时运动表现分析。构建运动表现预测模型的意义在于在特定结果出现之前对其进行预测;预测结果可用于运动表现的评估和伤病预防,从而帮助教练员提高决策的科学性。

　　本章介绍了两种不同的预测方法：①基于个体指标预测球员在比赛中的表现；②基于团队指标预测比赛中的射门次数和进球数。研究表明，分类与预测之间存在差距，因为体育运动中存在多种不确定因素。然而，与分类相似的是，预测同样依赖于合适的人工智能模型和比赛中的典型特征。

第七章　科技、人工智能与运动和体育活动的未来展望

引　言

本章总结了本书的核心内容。

近年来,人们对运动表现的理解以及对体育活动和锻炼数据的追踪研究快速发展(Couceiro 等,2016)。在撰写本书过程中,我们尝试从竞技体育和休闲运动的角度,探讨如何利用人工智能技术提升运动表现,并丰富体育活动参与形式。本书的各章节探讨了人工智能在不同领域的应用,例如教育、训练、教学以及运动和体育活动中的学习和表现等方面,这些领域需要借助数字技术,以应对那些对人类具有挑战性的任务。本书阐述了当前人工智能研究如何构建和开发能够记录、分类、分析和解释大量数据的软硬件系统。在运动领域,人们已开发了多种不断优化的技术方案,用于提取训练和比赛期间的关键运动数据,包括运动机能学数据、集体系统行为数据以及不同子系统输出的生理数据等。

本书的一个重要观点是,人工智能系统在部署和使用阶段需要跨学科的专家团队协作,基于数据作出决策,并通过人工智能系统提供的增强信息,持续改进运动员的技能学习、发展和运动表现准备(Rothwell,Davids,Stone,Araújo, & Shuttleworth,2020)。使用新的数字工具记录、分析和跟踪个人表现、进展和健康状况,使人工智能在选拔、训练和实践中的应用更加个性化。Couceiro 等人(2016)在总结运动技术工程领域进展时指出,这些智能系统能够通过以下几方面提供数据和反馈,从而调节运动员的行为。

(1) 开发创新技术解决方案:在运动表现环境中,通过多边测量技术和无线传播测量方法,结合可穿戴移动设备的位置变化,实现个体追踪。

(2) 多传感器融合算法设计:提供个体组织状态(如位置和方向)的实时、容错信息,整合无线传播测量与附加惯性测量单元(IMU)数据。

(3) 生理传感器整合:在锻炼和训练过程中,使用可穿戴设备(如心率监测设备)进行非侵入式远程生物信号监测,评估个体的表现状态,并设计数据挖掘程序以提高传感单元的可靠性。

(4) 与运动表现相关的数学建模:开发软件系统,基于运动员动作、位置和生理数据进行在线表现分析和预测,并随着时间推移进行调整。

本章将总结本书的关键"要点信息"。在分析层面传递的一个重要信息是

警惕"技术决定论"。该论点将新技术进步视为一种不可改变的压倒性力量,对个人、组织、社区和社会的功能都会产生不可抗拒和难以避免的影响。尽管大量资金被投入预测竞技赛事结果的技术解决方案,但体育运动仍然存在很大的不确定性。巴西国家队助理教练 Sylvinho 指出,胜负之间的差距可能微乎其微。他提到足球界多位杰出教练,包括 Pep Guardiola、巴西国家队教练 Tite 和 Roberto Mancini,也无法确保比赛的胜利:

> Guardiola 总是说:伙伴们,我们会尽一切努力,尽一切努力,尽一切努力,尽一切努力。但是,我不知道我们是否会赢,我不能保证这一点。Tite 也提到,他整天闭门研究。Mancini 也总是根据比赛变化作决策。即使是像 Diego Simeone 这样的顶级教练,也曾在两次欧洲杯决赛中失利。有时候,胜负之间的差距是非常细微的。我们在 Stamford Bridge 球场凭借最后一个脚球赢得了三冠王,真是太不可思议了! 这又该怎么解释呢?

此外,我们必须认识到,数字技术在体育教育、运动和体育活动领域快速普及的同时也存在着过度依赖的风险。为了更有效地运用这些技术,我们需要将其融入一种方法论,以提高运动表现,并促进运动员和团队的持续发展(Stone,Strafford,North,Toner,& Davids,2018)。

人工智能在运动和体育活动中的表现、学习和发展的概念化需求

竞技体育的不确定性在于有太多可能影响表现的变量,这使得人工智能需要支持才能更好地应用于指导运动表现准备和运动员发展。简言之,技术能产生大量数据以支持运动员和团队表现。然而,技术的实施需要一个全面的理论框架来解读这些数据的意义,并从中提取有用的模式和结构(Stone 等,2018)。

• 生态动力学如何助力解读人工智能系统产生的大数据

本书各章节均表明,近年来技术变革带来一个新问题,它体现在"大数据"这份术语中。一种普遍假设是,研发新的数据收集方法能够显著提高运动表现,例如调整训练计划、确定竞争对手的表现模式等。运动学专家和从业者面临的主要挑战是理解哪些数据是重要的,以及如何解释这些数据,进而从大量信息中得出一致的、用以支持训练和表现准备以及选材体系的结论。这是一个需要深入理解的重要问题,因为在训练、锻炼和竞赛中使用人工智能系统和技

术已成为"标准",这使得运动员、运动从业者和教练可获得大量信息。事实上，从各种分析系统中收集、访问如此多的数据是科学家和从业者现在真正面临的机遇，因为他们可以获取新的表现信息，而这些信息在过去无法获得。然而，数据过多可能带来新的问题，这就需要运动学专家利用人工智能技术（如机器学习和深度学习）进行数据降维处理，提取有用的信息。然而，数据降维和数据建模可能会导致丢失重要的情景信息，使得分析结果难以理解和阐释，从而影响数据集到干预设计的有效转化。在运动和体育活动中应用人工智能面临的挑战包括：这些数据集对运动员个人的表现、学习和发展意味着什么？这些信息源如何帮助个体随着时间的推移提高表现？哪种运动员和团队表现与发展的理论和概念可以帮助我们解读这些数据，进而使不同竞技水平的个体受益？

相关从业者的工作应是受数据启发的，而非单纯依赖数据驱动。本书强调，基于数据启发的决策方式能够鼓励学习者、教练和运动员积极参与其中，而并非像基于数据驱动那样，需要一个全面的理论框架来批判性地解读复杂的大型数据集信息，以辅助运动员在训练的各个阶段（前期、中期、后期）的行为表现。尽管传感器能够为科学家和从业者提供数据，但这些数据的采集质量可能较低，无法反映运动行为的核心要素，且可能在非情境化或非代表性的训练环境中采集得到，这加剧了数据驱动方法的缺陷。

一个核心观点是，无论是业余水平还是精英水平的运动员，新的技术可能会提升或降低他们参与运动、体育活动和锻炼的体验。该话题在将先进数字技术应用到制造业时（Jackson & Wall，1991）已有探讨。研究表明，在现有工艺制造环境中应用先进技术时，必须设计一个理论框架，以确保操作员的绩效和福祉得以维持。这也强调了理解人类表现行为（如动机、技能表达和问题解决）理论的重要性，避免使操作员"去技能化"，从而避免支持"技术至上"心态。研究还表明，工程师、技术专家、操作员和技能培训师之间的协作对改善工作环境具有潜力（Davids & Wall，1990）。在运动领域，这一观点对包括教练、训练师、运动学专家、数据科学专家、体育工程师和表现分析师在内的专业支持人员之间的持续协作至关重要。他们需要在一个方法学框架下共同为不同技能水平的个体设计学习和训练环境（Rothwell 等，2020）。我们将在本章后续内容中进一步探讨这一问题。

以上发现表明，在培养活跃的个体和运动员、提高运动表现或参与水平过程中所面临的挑战，与使用这些技术去设计能够不断增加运动员活动参与度的环境密切相关。无论对于世界冠军运动员的备战,还是对于在体育课上学习运动的孩子,这一参与过程的原则都是一致的,关键区别在于个体表现环境中的特定信息和可供性的不同。

人类行为的生态动力学概念化:运动领域人工智能系统的应用

在第一章,我们探讨了运动学专家、教育者和从业者如何运用生态动力学框架解读从运动员行为中收集的大数据,从而帮助教练和训练师设计更有效的训练任务,并为运动员的表现进行循证性解释。本质上,改善参与体验的目标是通过技术支持不断促进个体与运动、锻炼和体育活动环境的互动过程(Reed,1993;Renshaw 等,2019;Stone 等,2018;Woods,McKeown,Shuttleworth,Davids,& Robertson,2019)。从生态现实主义的本体论角度看,生态动力学是理解学习、实践、教育和发展的关键框架。新技术的支持可以提供实时或短期反馈与监控,促进行为调节并提高表现行为的适应性。例如,使用微型惯性测量单元可以在运动表现的生态环境中持续收集数据,使运动从业者能够检测扰动(表现和/或行为失稳),从而培养运动员的灵活性和适应性(具体例子可参见Guignard 等,2017b)。

• 技术的使用应推动运动员对环境的理解

第一章内容对理解人类行为心理学理论的关键概念至关重要,这些概念支撑了人工智能技术在运动、体育活动和锻炼情境中的应用。该章概述了这些技术在利用环境的可供性方面的作用,这些可供性对于人类生态位中(human econiche)优异的运动表现不可或缺。根据 James Gibson 的观点,感知是一种基本的认知形式。同样,Turvey 和 Carello(1981)也认为,从生态现实主义的本体论角度来看,认知可被视为个体与表现环境的可供性之间有意互动的协调过程。Reed(1993)详细解释了心理过程如何支持环境知识的形成,指出感知如何使有机体(运动员)意识到在互动过程中出现的事物(如注意力、感知)、已经发生的事物(记忆)、可能发生的事物(预期)以及应该发生的事物(预测)。Reed(1993)的理论表明,运动员在表现和训练期间的行为、感知和认知是一个"知识生成的过程"。在本书的多个章节中,我们阐述了如何利用人工智能系统提供增强信息,从而支撑运动员在与训练和比赛环境互动时基于"知识"的表现。

• 运动表现与实践的知识：人工智能的作用

从基础层面看，人工智能提供的信息能够帮助人们在特定环境中"知道该做什么"，从而形成他们的意图和目标，这为运动行为奠定了"认知"基础（Araújo，Hristovski等，2019）。生态学方法的创始人James Gibson（1979）认为，认知是生态性的，环境必须被感知、互动和认知，并且这些过程需要在协作完成特定意图的个体之间共享，而这些意图可能会表现为运动目标。生态性认知的概念是主动的、共享的和外向的，构成了与环境持续互动的基础。我们在第一章中指出，感知是一种最基本的认知功能，因为它为运动表现环境中的可供性（即行动的机会）提供知识。

基于这一观点，获得关于表现环境的详细和实质性知识是人工智能在提升运动员表现和发展的基础。在认知的生态动力学理论框架中，环境需要被运动员感知、互动和理解，而运动员试图与其关键任务约束（如规则、空间、其他运动员、设备、场地和条件）进行互动。我们认为，人工智能的作用是支持并丰富运动员对环境的认知，通过提供数据来增进教练和运动员的互动。运动员和团队应该在寻求与关键表现约束进行互动的环境中应用人工智能技术。无论运动员的技能水平如何。人工智能在运动情境中的一个重要作用是支持他们的认知。认知是构建所有心理过程的框架，提供关于环境的知识（Reed，1993），尤其是在与运动表现情境相关的环境互动中。

Reed（1993）的观点表明，可供性和个体的意向性是解释认知如何被用于理解环境的关键。个体的意向对于选择合适的可供性至关重要，这些意向可以在集体中共享或共同感知。意向帮助个体从多个可供性中作出选择，从而支持特定行为。注意力和行为则支持这一选择过程。使用技能的意向性和对环境的认知且任何个体利用其环境可供性的基础。当然，利用可供性达成意向的选择过程并非凭空进行，社会文化的约束也会影响可供性的选择，形成一种生活方式（Rothwell等，2020）。Reed（1993）提出，随着行为环境的变化，个体的发展也伴随着行为系统（action system）的重新组织。这些互动的约束不仅包括生物物理环境，还包括社会文化和历史的约束，并会随着家庭、同伴群体、组织、趋势、技术进步、社会环境、社区以及教育经验的变化而不断调整。Reed（1993）还指出，可供性的感知和使用可能会受文化偏见的影响，而非可供性本身。

相反，James Gibson（1979）认为，关于环境的知识是更加抽象、更具象征性和文化性的，涉及数字、语言和手势交流，这些交流有助于重新组织和巩固通过感知获得的知识,并以更抽象的形式加以运用。人类的理解过程包含多种认知模式的组合。教练、训练师及运动科学支持团队通常通过专业组织来处理来自实践和表现的数据,这些数据基于动作、结果、表现以及对身体子系统的生理影响等方面的知识。而运动员则处于表现环境中,他们更倾向于关注与环境互动中所获得的(信息)。运动员和从业者的知识来源不同,理解如何运用这些知识的视角也不同。因此,人工智能系统提供的信息需要由运动从业者进行解读,确保运动员能够在训练和表现过程中有效使用这些数据。本书的一个关键创新点正是通过探讨将人工智能提供的知识与表现知识相结合。

本书各章节的关键信息是什么?

本书对运动表现分析进行了深入探讨,强调了三个主要视角的重要性:①研究人员;②教练和技术团队;③运动员。这些讨论围绕在比赛、训练、实践、恢复和休息期间记录和测量运动员表现和行为的重要性展开。各章均探讨了运动中"如何处理大数据"这一相关且前沿的问题。本书总结了改进大规模复杂数据解释方法的最新进展,以避免单纯将运动数据"数据化"(datafication)的倾向。随后的章节描述了从传统的运动表现量化方法向模式驱动的量化方法的转变。

第二章详细论述了最新的数据分析视角,特别是如何检测运动表现中的时空模式化数据结构。该章假设个体或集体的复杂行为流(streams of human behavior)具有序列结构。传统的运动表现量化方法在捕捉随时间变化的复杂数据模式时存在局限性,而这一点正是新的分析方法需要突破的地方。该章还强调,人工智能研究行业如何通过分析大规模数据的统计模式来赋能运动竞技的准备和运动员的培养。具体而言,人工智能的核心应用之一是开发专门的机器学习算法和分析程序,用于选材和设计特定训练计划,从而发挥运动员和团队的最大潜力。

本书的后续章节进一步探讨了对运动员和运动团队表现的分析,强调了依赖大数据动态模式分析的重要性。着重阐述了有关数据分析的最新观点,即关注检测运动中的时空数据结构。这基于以下假设:无论是个体还是集体,人类复杂的行为流具有序列结构。这也反映出传统量化运动表现方法在描述运动中随时间变化的复杂模式的局限性。这些章节以运动模式、基于时间的事件、个体间的互动为例,概述了分析运动中时空交互模式的新方法。例如,收集大

规模数据(如通过各种类型的传感器,包括 GPS、IMU、心率传感器获得的训练期间的长期序列数据)的用处有以下两个方面:

(1) 追踪运动表现和/或行为动态。与传统的静态或离散事件分析不同,人工智能技术使得运动从业者能够全面"扫描"运动员或团队的整个"动作库",从而识别和分析动态中的非线性和非比例性现象,如分歧点、关键波动、滞后、多稳定性、复杂性指标和熵(Komar,Seifert,& Thouvarecq,2015;Seifert,Button,& Davids,2013)。人工智能真正的"附加价值"在于其能够检测、量化和分析那些人类无法通过传统方法来观察、感知和评估的现象,尽管这些现象是客观存在的,并且反映了运动员的专业技能、学习过程、适应行为、健康状况以及潜在的损伤风险。

(2) 分析和解读个体内与个体间变异性的来源。运动中的变异性,尤其是协同变异性,通常被视为系统性的"噪声",表现为技术动作或模式偏离"专家"标准。然而,基于人工智能的高级分析,尤其是使用无监督式机器学习技术(即无先验输出以避免人为偏差),强调了变异性在运动表现中的重要作用(Seifert & Davids,2012)。例如,聚类分析方法揭示了运动模式协同的个体内部和个体间变异性如何发挥作用,这种变异性对应于个体与一组约束条件相互作用时的适应过程(Rein,Button,Davids & Summers,2010;关于游泳的示例参见 Seifert,Komar,Barbosa 等,2014)。

在其他章节中,我们强调了运动学和生理数据作为"低阶"表现指标在运动表现分析中的重要性。通过以足球等运动项目为例,这些章节介绍了如何将准确可靠的时间—运动学分析(如球员在场上的位置或身体姿态)与生理指标相结合,以更全面地理解运动表现。

科技的进步为深入研究并提升对运动表现的理解提供了新的机会。本书旨在为运动分析的设计提供参考,重点关注团队运动中的任务定义、流程和相关技术。本书强调了如何利用自动化工具辅助集体项目中的行为分析,从而改善个体和集体表现的结果。结合前一章描述的表现指标,本部分还阐述了如何准备和建立分析运动表现的方法。同时,我们介绍并比较了几种方法和技术替代方案,并提供了多个不同运动项目的研究案例。本书还探讨了多种支持研究和实践的技术,包括传统相机、智能手机、电视广播追踪系统、3D 深度相机、动作捕捉套装(如视动相机和惯性测量单元)、智能手表、GPS 设备和其他运动专用设备。

未来,基于运动学和生理变量的"高阶"表现指标或度量标准将愈发重要,这些指标对于教练、训练师、体育科学家和运动员都具有重大意义。在人工智能的帮助下,运动从业者能够将"低阶"指标(如步频、划频)组合成"高阶"指标,从而增加对运动协同性(coordination)的理解,或通过"高阶"指标(如复杂性、熵、韧性)提供新的见解,进一步挖掘"低阶"指标的意义。例如,周期性运动中的步频或划频(如跑步、划船、游泳中的手臂和腿部动作)属于"低阶"指标,它们能够帮助解释速度的变化,因为速度由频率和动作幅度(步幅或手臂拉力)决定。通过使用动作捕捉系统进行追踪,运动从业者可以获取整个赛事中的周期性数据,进而分析和理解其变异性(如 50 米、100 米和 200 米自由泳比赛速度的分析可参见 Simbaña-Escobar,Hellard,& Seifert,2018b;Simbaña-Escobar,Hellard,Pyne,& Seifert,2018a)。本书介绍了多种度量指标及其算法,包括个体度量指标(如球员轨迹分数阶系数)、集体度量指标(如团队有效比赛区域)以及网络相关度量指标(如微观、中观和宏观网络措施),并通过多个典型例子进行详细阐述和讨论。这些度量指标已被纳入本书提出的模式识别架构中。

本书的另一个重要内容是,介绍了多种分类方法,包括支持向量机和不同类型的神经网络(如快速区域卷积神经网络和长短期记忆网络),并探讨了这些方法在当前体育运动模式识别中的应用。我们讨论了人工智能技术如何自主识别个体和集体层面的动作与表现特征,介绍了这些技术的优缺点、所需的表现指标以及具体应用实例。后续章节分析了研究中面临的挑战,如运动员的个体特征(特别是生理层面)、技术限制,以及需要进一步探索的开放问题。为此,本书通过多个案例,特别是足球项目的个体与集体运动,探讨了这些挑战。

当前,在以评估运动员成功与失败、球队胜负为目标的体育建模中,仍面临一定的困难。行为分析(无论是单项运动还是协同运动)可能无法完全反映出关键表现结果,例如比赛中的得分、跑动或进球,反之亦然。此外,建模的功能存在差异,可能侧重预测或解读,并且在不同时间尺度(单个表现事件、整场比赛或多个赛季)与不同分析层面(微观、中观和宏观)之间进行(Clemente,Martins,& Mendes,2016)。因此,本书在部分章节中从分类转向解释,再转向预测,旨在探讨影响表现环境功能的关键参数,包括运动员的位置、动作和肌肉疲劳等。基于此方法,本书提出了一种新的运动预测模型,采用深度学习策略来实现。此外,我们还指出了多种表现预测方法的局限性,分析了它们在表现预测中的应用,并探讨了这些方法在研究、教育或培训情境中的未来发展趋势。

展　望

随着新技术及相关系统在体育运动领域的可及性和便携性日益提高,越来越多的人开始关注其在提升运动员表现中的应用。尽管许多运动组织已经投资于高级分析系统,仍然需要更多的科学证据来支持并巩固这些系统在解释运动表现及培养潜力运动员方面的有效性。2020—2021 年,新冠病毒肆虐时期的隔离措施凸显了利用运动数字技术进行远程指导和支持运动员的机会和需求。对于北美、南美、澳大利亚、欧盟、俄罗斯、中国和印度等地,教练、训练员、支持人员和运动员之间的地理距离较远,这一需求尤为突出。虽然运动员长期以来已经可以利用数字工具进行反馈和学习,但如何恰当且有针对性地使用这些技术仍然是一个未解决的问题。与此同时,在高水平竞技体育中,机器学习、人工智能以及计算机视觉的应用开始为教练和体育从业者提供复杂的反馈和分析。随着技术和算法的不断发展,数据分析师如今能够进行实时分析,并在竞争期间提供快速反馈,这使得人工智能在竞技项目中的应用变得越来越普遍。因此,人工智能经常被用于竞技项目中。为了最大限度发挥这些数字技术在提升运动表现和促进运动员发展方面的潜力,使这些系统的应用合理化,并确保有效且高效地设计学习环境,建立一个理论框架至关重要。正如 Stone 等人(2018)提出的,生态动力学中的关键概念[即生态心理学(ecological psychology)、动态系统理论(dynamics systems theory)、复杂性科学(complexity sciences)、约束导向实践(constraints-led practice)和代表性学习设计的整合]为数字技术的设计和应用提供了理论支持,从而人们能够有效地使用当前新兴技术,推动运动员表现的准备和发展。

显然,不同运动项目和运动员的表现驱动因素存在差异(Magill & Anderson,2016)。令人意外的是,动作学习和表现分析并未结合结构化方法来理解最适合其需求的数字技术。与此不同,在其他领域(如运动中的数据挖掘),研究人员已经创建了匹配运动需求与合理数据分析框架的方法(Ofoghi,Zeleznikow,MacMahon,& Raab,2013)。但技能获取练习与数字技术之间的联系还较为薄弱。在技术、运动发展和教练方面存在三个主要问题:

(1)教练有哪些可用技术?这些技术是否符合教练提出的核心问题和运动学习原则?

(2)技术的进化如何推动教练在实践中的演变?反过来呢?

（3）运动技术创新的驱动力能否真正反映教练的需求和兴趣？

通过探讨这些问题,本书为那些寻求了解如何利用数字技术提升运动训练和表现的人提供了有价值的信息。毫无疑问,数字技术能有效提升训练和表现。教练不仅可以用前所未有的方式访问和分析数据,而无论是处于成长期还是经验丰富的运动员,都能得到即时的表现反馈。在澳大利亚、中国、美洲和欧盟等地,技术为高水平远程教练提供了新的平台。在前期发展阶段,运动员可以通过多种平台(如手机应用、仪器设备和虚拟现实)接入人工智能技术。对于精英运动员而言,计算机视觉的进步为教练提供了无与伦比的分析深度。然而,技术的合理应用也面临挑战,尤其是"选择悖论"(Schwartz,2004),即面对众多技术选择时,决策过程可能变得复杂,且可能对所作选择感到不满意。因此,本书旨在弥合可用技术与其有效使用之间的差距,强调从业者支持工作应是"受数据启发"的,而非单纯"数据驱动"。我们并不期望通过访问大量运动表现数据来取代人工决策,而是希望通过支持这些决策,帮助不同组织有效地作出选择(Couceiro 等,2016;Rothwell 等,2020)。本书旨在理解不同技术的合理应用,从简单的拍摄和反馈,到虚拟现实、计算机视觉和深度学习,以帮助教练和运动员开发和完善一般和特定的运动技能。

新兴数字技术的快速发展为解决当代社会问题和改变生活方式带来了激动人心的机会。保持和改善身心健康已成为全球关注的焦点,体育活动被广泛认为是确保身体、心理和情感健康的关键因素。随着城市化进程的推进以及全球疫情对户外活动的限制,室内锻炼逐渐成为一种替代方案,尤其是家庭形式的锻炼。研究表明,锻炼环境在影响体育活动质量方面发挥着重要作用(Yeh等,2016)。

传统的体育活动干预方法通常需要高成本的定期计划来改变个体或群体行为,而人工智能辅助的新兴数字技术,如增强现实(AR)和虚拟现实(VR),提供了远程使用的可能,能够连接更多大众或行动受限的群体。然而,关于如何有效设计和实施 VR 技术在运动和体育活动中的实证研究仍然有限(Stone 等,2018)。近期的尝试表明,VR 的沉浸式特性可以创造愉快且有趣的锻炼体验(Jones & Ekkekakis,2019),这对于鼓励人们长期坚持锻炼至关重要。通过与潜在用户的互动,我们可以了解他们面临的障碍,并制订减少这些障碍的策略,从而使 VR 等技术的内容和设计更加有效。因此,采用共同设计的方法来开发内容是非常重要的,这对于有组织的体育活动计划具有重要的指导意义。

总之,新兴数字技术在促进体育活动方面提供了大量机会,不仅可以帮助人们获得新技能,还能搭建锻炼者之间的社区,创造激励环境,并最终改变人们的生活方式。本书的一个核心预期成果是找出这些技术面临的障碍,制订相应的解决策略,从而改善老年人的身体、心理和情感健康。

尽管定期进行体育活动的好处已得到广泛共识,但要让更多人达到每周推荐的活动量仍然是一个挑战。全球的体育活动目标大致相同(如英国和澳大利亚建议每周进行 150 分钟中等强度活动或 75 分钟高强度活动,以及两次力量训练),但体育活动不足的现象仍然普遍存在,英国和澳大利亚的体育活动不足率分别为 33% 和 55%。随着英国和澳大利亚人口的老龄化,老年人体育活动不足的问题对社会的影响也越来越大。因此,英国政府的工业战略(Industrial Strategy)中指出了老龄化人口面临的挑战,并呼吁利用新技术来应对这些问题。

虽然 50 岁至 64 岁的中老年人群体年龄相对一致,但其面临的锻炼阻碍却因人而异。其挑战在于需要深入了解限制人们参与锻炼的核心问题,并利用新兴数字技术共同创建有效的内容和策略来解决这些问题。例如,在澳大利亚,物理距离限制了运动锻炼并且减少了与他人互动的机会;而在英国,障碍往往是前往锻炼地点所需的时间。通过为老年人群体设计适当的数字内容来促进社交互动,可能有助于解决这些问题并增加社交支持,这是激励他们参与锻炼的重要工具。此外,力量训练通常被视为"被遗忘的"体育活动建议,通过数字平台适当地开发相关内容,可以帮助老年人保持力量。游戏在各个年龄段都很重要,对老年人而言,游戏可以帮助他们保持运动能力,从而安全地进行力量训练,减轻虚弱状况。

为了最大限度地发挥数字技术在促进体育活动中的潜力,需要一个理论框架来将这些技术的应用理论化,确保针对特定人群的设计既有效又高效。Davids,Araújo 和 Brymer(2016)提出的生态动力学理论框架为重新设计体育活动和锻炼环境提供了基础,特别是如何通过"可供性"的概念来调节环境交互。通过操控特定环境中的任务约束,我们可以共同创造适宜的可供性,帮助不同群体在调节活动时获得所需的资源。在体育活动环境中设计可供性,可以引导个体朝着特定的结果发展。随着这些行为的出现,它们可以为每个个体在特定环境中的结构需求(身体素质、敏捷性、柔韧性和力量)和功能需求(认知、情绪和减少疲劳)提供支持。例如,普遍认为锻炼的动机来源于锻炼过程中的乐趣,而缺乏乐趣则是锻炼的主要障碍。沉浸式数字技术(如头戴式显示器)已被证明能够增加锻炼过程中的愉悦感(Jones & Ekkekakis,2019),但仍需要进一步研究来为老年人群体开发适合他们的锻炼方案。因此,未来研究的关键目标是与不主动的老年人群体互动,了解他们所面临的锻炼障碍,并探索如何利用新兴数字技术来解决这些问题。

参考文献

Abdel-Aziz, Y., & Karara, H. (1971). Direct linear transformation: From comparator coordinates into object coordinates in close range photogrammetry. In *Proceedings of the Symposium on Close-Range Photogrammetry* (pp. 1 – 18). Church Falls, VA: American Society of Photogrammetry.

Adjerid, I., & Kelley, K. (2018). Big data in psychology: A framework for research advancement. *American Psychologist*, 73, 899 – 917.

Adolph, K. E. (2016). Video as data: From transient behavior to tangible recording. *APS Observer*, 29, 23 – 25.

Agatonovic-Kustrin, S., & Beresford, R. (2000). Basic concepts of artifcial neural network (ann) modeling and its application in pharmaceutical research. *Journal of Pharmaceutical and Biomedical Analysis*, 22(5), 717 – 727.

Aghajanzadeh, S., Jebb, A., Li, Y., Lu, Y-H., & Thiruvathukal, G. (2020). Observing human behavior through worldwide network cameras. In S. Woo, L. Tay, & R. Proctor (Eds.), *Big data in psychological research* (pp. 109 – 124). Washington, DC: American Psychological Association.

Ahmadi, A., Rowlands, D. D., & James, D. A. (2010). Development of inertial and novel marker-based techniques and analysis for upper arm rotational velocity measure-ments in tennis. *Sports Engineering*, 12(4), 179 – 188. doi: 10.1007/s12283 – 010 – 0044 – 1.

Al Alwani, A. S., & Chahir, Y. (2016). Spatiotemporal representation of 3D skeleton joints-based action recognition using modifed spherical harmonics. *Pattern Recognition Letters*, 83, 32 – 41. doi:10.1016/J.PATREC.2016.05.032.

Albert, R., Jeong, H., & Barabási, A. L. (2000). Error and attack tolerance in complex system. *Nature*, 406, 378. doi:10.1038/35019019.

Alexander, D. L., & Kern, W. (2005). Drive for show and putting for dough?: An analysis of the earnings of PGA tour golfers. *Journal of Sports Economics*, 6(1), 46 – 60. doi:10.1177/1527002503260797.

Alpaydin, E. (2009). *Introduction to machine learning*. Cambridge, MA: MIT Press.

Araújo, D., Brymer, E., Brito, H., Withagen, R., & Davids, K. (2019). The empowering variability of afordances of nature: Why do exercisers feel better after performing the same exercise in natural environments than in indoor environments? *Psychology of Sport & Exercise*, 42, 138 – 145.

Araújo, D., Cordovil, R., Ribeiro, J., Davids, K., & Fernandes, O. (2009). How does knowledge constrain sport performance? An ecological perspective. In D. Araújo, H. Ripoll, & M. Raab (Eds.), *Perspectives on cognition and action in sport* (pp. 100 – 120). Hauppauge, NY: Nova Science Publishers.

Araújo, D., & Davids, K. (2015). Towards a theoretically – driven model of corre-spondence between behaviours in one context to another: Implications for studying sport performance. *International Journal of Sport Psychology*, 46, 268 – 280.

Araújo, D., & Davids, K. (2016). Team synergies in sport: Theory and measures. *Frontiers in Psychology*, 7, 1449. doi:10.3389/fpsyg.2016.01449.

Araújo, D., & Davids, K. (2018). The (sport) performer-environment system as the base unit in explanations of expert performance. *Journal of Expertise*, 1(3), 144 – 154.

Araújo, D., Davids, K., & Hristovski, R. (2006). The ecological dynamics of decision making in sport. *Psychology of Sport and Exercise*, 7, 653 – 676.

Araújo, D., Davids, K., & Passos, P. (2007). Ecological validity, representative design, and correspondence between experimental task constraints and behavioral setting: Comment on Rogers, Kadar, and Costall (2005). *Ecological Psychology*, 19(1), 69 – 78.

Araújo, D., Davids, K., & Renshaw, I. (2020). Cognition, emotion and action in sport: An ecological dynamics perspective. In G. Tenenbaum &

R. Eklund（Eds.），*Handbook of sport psychology*（4th ed.，pp. 535 – 555）. New York，NY：John Wiley & Sons，Inc.

Araújo，D.，Davids，K.，& Serpa，S.（2005）. An ecological approach to expertise efects in decision-making in a simulated sailing regatta. *Psychology of Sport and Exercise*，6（6），671 – 692. doi：10. 1016/j. psychsport. 2004. 12.003.

Araújo，D.，Dicks，M.，& Davids，K.（2019）. Selecting among affordances：A basis for channeling expertise in sport. In M. L. Cappuccio（Ed.），*The MIT press handbook of embodied cognition and sport psychology*（pp. 557 – 580）. Cambridge，MA：MIT Press.

Araújo，D.，Diniz，A.，Passos，P.，& Davids，K.（2014）. Decision making in social neurobiological systems modeled as transitions in dynamic pattern formation. *Adaptive Behaviour*，22（1），21 – 30.

Araújo,D.，Fonseca，C.，Davids，K. W.，Garganta，J.，Volossovitch，A.，Brandão，R.，& Krebs，R.（2010）. The role of ecological constraints on expertise development. *Talent Development and Excellence*，2（2），165 – 179.

Araújo,D.，Hristovski，R.，Seifert，L.，Carvalho，J.，& Davids，K.（2019）. Ecological cognition：Expert decision-making behaviour in sport. *International Review of Sport and Exercise Psychology*，12，1 – 25. doi：10.1080/1750984X.2017.1349826.

Arnason，A.，Sigurdsson，S. B.，Gudmundsson，A.，Holme，I.，Engebretsen，L.，& Bahr，R.（2004）. Physical fitness，injuries，and team performance in soccer. *Medicine & Science in Sports & Exercise*，36（2），278 – 285.

Arndt，C.，& Brefeld，U.（2016）. Predicting the future performance of soccer players. *Statistical Analysis and Data Mining*，9（5），373 – 382. doi：10.1002/sam.11321.

Aujouannet，Y. A.，Bonifazi，M.，Hintzy，F.，Vuillerme，N.，& Rouard，A. H.（2006）. Effects of a high-intensity swim test on kinematic parameters in high-level athletes. *Applied Physiology，Nutrition，and Metabolism*，31（2），150 – 158. doi：10.1139/h05 – 012.

Bacic，B.，& Hume，P. A.（2018）. Computational intelligence for

qualitative coaching diagnostics: Automated assessment of tennis swings to improve performance and safety. *Big Data*, 6 (4), 291 – 304. doi: 10.1089/big.2018.0062.

Baker, J., & Farrow, D. (Eds.) (2015). *Routledge handbook of sport expertise*. London, UK: Routledge.

Baranski, P., & Strumillo, P. (2012). Enhancing positioning accuracy in urban terrain by fusing data from a GPS receiver, inertial sensors, stereo-camera and digital maps for pedestrian navigation. *Sensors*, 12 (6), 6764 – 6801. doi:10.3390/s120606764.

Barber, D. (2012). *Bayesian reasoning and machine learning*. Cambridge, UK: Cambridge University Press.

Barris, S., & Button, C. (2008). A review of vision-based motion analysis in sport. *Sports Medicine*, 38(12), 1025 – 1043.

Barron, D., Ball, G., Robins, M., & Sunderland, C. (2018). Artifcial neural networks and player recruitment in professional soccer. *Plos One*, 13(10). doi:10.1371/journal. pone.0205818.

Bartlett, R. (2014). *Introduction to sports biomechanics: Analysing human movement patterns*. New York, NY: Routledge.

Basmajian, J. V. (1962). Muscles alive. Their functions revealed by electromyography. *Academic Medicine*, 37(8), 802.

Beal, R., Norman, T. J., & Ramchurn, S. D. (2019). Artificial intelligence for team sports: A survey. *The Knowledge Engineering Review*, 34, e28.

Bellman, R. (1966). Dynamic programming. *Science*, 153(3731), 34 – 37.

Benezeth, Y., Jodoin, P.-M., Saligrama, V., & Rosenberger, C. (2009). Abnormal events detection based on spatio-temporal co-occurences. *2009 IEEE Conference on Computer Vision and Pattern Recognition* (pp. 2458 – 2465). doi: 10.1109/CVPR.2009.5206686

Ben-Hur, A., & Weston, J. (2010). A user's guide to support vector machines. *In Data mining techniques for the life sciences* (pp. 223 – 239). New York, NY: Humana Press.

Bergeron, M. F., Landset, S., Maugans, T. A., Williams, V. B., Collins, C. L., Wasserman, E. B., & Khoshgoftaar, T. M. (2019). Machine learning in modeling high school sport concussion symptom resolve. *Medicine & Science in Sports & Exercise*, 51(7), 1362 – 1371. doi:10.1249/mss.0000000000001903.

Berman, D. H., & Hafner, C. D. (1989). The potential of artifcial intelligence to help solve the crisis in our legal system. *Communications of the ACM*, 32(8), 928 – 938.

Bernardina, G. R., Cerveri, P., Barros, R. M., Marins, J. C., & Silvatti, A. P. (2016). Action sport cameras as an instrument to perform a 3D underwater motion analysis. *PLoS One*, 11(8), e0160490. doi:10.1371/journal.pone.0160490.

Bernardina, G. R., Cerveri, P., Barros, R. M., Marins, J. C., & Silvatti, A. P. (2017). In-air versus underwater comparison of 3D reconstruction accuracy using action sport cameras. *Journal of Biomechanics*, 51, 77 – 82. doi:10.1016/j.jbiomech.2016.11.068.

Bhalchandra, P., Deshmukh, N., Lokhande, S., & Phulari, S. (2009). A comprehensive note on complexity issues in sorting algorithms. *Advances in Computational Research*, 1(2), 1 – 9.

Bhandari, I., Colet, E., Parker, J., Pines, Z., Pratap, R., & Ramanujam, K. (1997). Advanced scout: Data mining and knowledge discovery in NBA data. *Data Mining and Knowledge Discovery*, 1(1), 121 – 125. doi:10.1023/a:1009782106822.

Bianchi, F., Facchinetti, T., & Zuccolotto, P. (2017). Role revolution: Towards a new meaning of positions in basketball. *Electronic Journal of Applied Statistical Analysis*, 10(3), 712 – 734. doi:10.1285/i20705948v10n3p712.

Bishop, C. M. (2006). *Pattern recognition and machine learning*. Berlin, Germany: Springer.

Blake, A., Lee, D., Rosa, R., & Sherman, R. (2020). Wearable cameras, machine vision, and big data analytics: Insights into people and the places they go. In S. Woo, L. Tay, R. Proctor (Eds.), *Big data in psychological research* (pp. 125 – 144). Washington, DC: American Psychological Association.

Bland, J. M., & Altman, D. G. (1986). Statistical methods for assessing agreement between two methods of clinical measurement. *Lancet*, *1*(8476), 307 – 310. doi:10.1016/S0140 – 6736(86)90837 – 8.

Bock, J. R. (2017). Empirical prediction of turnovers in NFL football. *Sports*, *5*(1). doi:10.3390/sports5010001.

Boon, B. H., & Sierksma, G. (2003). Team formation: Matching quality supply and quality demand. *European Journal of Operational Research*, *148*(2), 277 – 292.

Bostrom, N. (2017/2014). *Superintelligence. Paths, dangers, strategies*. Oxford, UK: Oxford University Press.

Bourbousson, J., Poizat, G., Saury, J., & Seve, C. (2010). Team coordination in basket-ball: Description of the cognitive connections among teammates. *Journal of Applied Sport Psychology*, *22*(2), 150 – 166.

Bourbousson, J., Sève, C., & McGarry, T. (2010). Space – time coordination dynamics in basketball: Part 2. The interaction between the two teams. *Journal of Sports Sciences*, *28*(3), 349 – 358.

Bouziane, A., Chahir, Y., Molina, M., & Jouen, F. (2013). Unifed framework for human behaviour recognition: An approach using 3D Zernike moments. *Neurocom-puting*, *100*, 107 – 116. doi:10.1016/J. NEUCOM. 2011.12.042.

Brandt, M., & Brefeld, U. (2015). Graph-based approaches for analyzing team interaction on the example of soccer. In *Machine Learning and Data Mining for Sports Analytics* (*MLSA15*), *European conference on machine learning and principles and practice of knowledge discovery in databases* (*ECML PKDD*) (pp. 10 – 17), Porto, Portugal.

Brent, R. P. (1973). *Algorithms for minimization without derivatives*. Englewood Clifs, NJ: Prentice-Hall.

Brewin, M. A., & Kerwin, D. G. (2003). Accuracy of scaling and DLT reconstruction techniques for planar motion analyses. *Journal of Applied Biomechanics*, *19*(1), 79 – 88.

Brooks, J., Kerr, M., & Guttag, J. (2016). Using machine learning to draw inferences from pass location data in soccer. *Statistical Analysis and Data Mining*, *9*(5), 338 – 349. doi: 10.1002/sam.11318.

Brumatti, M. (2005). *Redes neurais artificiais*. Espírito Santo: Vitória.

Brunelli, R., & Poggio, T. (1993). Face recognition: Features versus templates. *IEEE Transactions on Pattern Analysis and Machine Intelligence*, *15*(10), 1042 – 1052.

Brunswik, E. (1956). *Perception and the representative design of psychological experiments* (2nd ed.). Berkeley: University of California Press.

Burdet, E., Tee, K. P., Mareels, I., Milner, T. E., Chew, C. M., Franklin, D. W., Osu, R., & Kawato, M. (2006). Stability and motor adaptation in human arm movements. *Biological Cybernetics*, *94*(1), 20 – 32. doi: 10.1007/s00422 – 005 – 0025 – 9.

Burrell, J. (2016). How the machine 'thinks': Understanding opacity in machine learning algorithms. *Big Data & Society*, *3*(1), 1 – 12. doi: 10.1177/2053951715622512.

Button, C., Seifert, L., Chow, J. Y., Araújo, D., & Davids, K. (2020). *Dynamics of skill acquisition: An ecological dynamics approach* (2nd ed.). Champaign, IL: Human Kinetics.

Byvatov, E., Fechner, U., Sadowski, J., & Schneider, G. (2003). Comparison of support vector machine and artifcial neural network systems for drug/nondrug classifcation. *Journal of Chemical Information and Computer Sciences*, *43*(6), 1882 – 1889.

Cai, Y., Wu, S., Zhao, W., Li, Z., Wu, Z., & Ji, S. (2018). Concussion classifcation via deep learning using whole-brain white matter fber strains. *Plos One*, *13*(5), e0197992. doi: 10.1371/journal.pone.0197992.

Campaniço, A. T., Valente, A., Serôdio, R., & Escalera, S. (2018). Data's hidden data: Qualitative revelations of sports efciency analysis brought by neural network performance metrics. *Motricidade*, *14*(4), 94 – 102. doi: 10.6063/motricidade.15984.

Campo, M., Champely, S., Lane, A. M., Rosnet, E., Ferrand, C., &

Louvet, B. (2019). Emotions and performance in rugby. *Journal of Sport and Health Science*, *8*(6), 595 – 600.

Cao, Z., Hidalgo, G., Simon, T., Wei, S. E., & Sheikh, Y. (2018). Openpose: realtime multi-person 2D pose estimation using part afnity felds. arXiv preprint arXiv:1812.08008.

Carling, C., Bloomfeld, J., Nelsen, L., & Reilly, T. (2008). The role of motion analysis in elite soccer. *Sports Medicine*, *38*(10), 839 – 862.

Carling, C., Bradley, P., McCall, A., & Dupont, G. (2016). Match-to-match variability in high-speed running activity in a professional soccer team. *Journal of Sports Sciences*, *34*(24), 2215 – 2223.

Carrilho, D., Couceiro, M. S., Brito, J., Figueiredo, P., Lopes, R. J., & Araújo, D. (2020). Using optical tracking system data to measure team synergic behavior: Synchronization of player-ball-goal angles in a football match. *Sensors*, *20* (17), 4990.

Carse, B., Meadows, B., Bowers, R., & Rowe, P. (2013). Affordable clinical gait analy-sis: An assessment of the marker tracking accuracy of a new low-cost optical 3D motion analysis system. *Physiotherapy*, *99* (4), 347 – 351. doi:10.1016/j.physio.2013.03.001.

Ceccon, S., Ceseracciu, E., Sawacha, Z., Gatta, G., Cortesi, M., Cobelli, C., & Fantozzi, S.(2013). Motion analysis of front crawl swimming applying CAST technique by means of automatic tracking. *Journal of Sports Sciences*, *13*(3), 276 – 287. doi:10.1080/02640414.2012.729134.

Chaffin, D., Heidl, R., Hollenbeck, J. R., Howe, M., Yu, A., Voorhees, C., & Calantone, R. (2017). The promise and perils of wearable sensors in organizational research. *Organizational Research Methods*, *20*, 3 – 31.

Chahir, Y., Djerioui, M., Brik, Y., & Ladjal, M. (2019, December). *Heart disease prediction using neighborhood component analysis and support vector machines*. Paper presented at the VIIIth International Workshop on Representation, analysis and recognition of shape and motion FroM Imaging data (RFMI 2019), Sidi Bou Said, Tunisia.

Chai, T., & Draxler, R. R. (2014). Root mean square error (RMSE) or mean absolute error（MAE）? – Arguments against avoiding RMSE in the literature. *Geoscientific Model Development*，7（3），1247 – 1250.

Chambers，R. M.，Gabbett，T. J.，& Cole，M. H. (2019). Validity of a microsensor-based algorithm for detecting scrum events in rugby union. *International Journal of Sports Physiology and Performance*，14（2），176 – 182. doi：10.1123/ijspp.2018 – 0222.

Chawla，S.，Estephan，J.，Gudmundsson，J.，& Horton，M. (2017). Classifcation of passes in football matches using spatiotemporal data. *ACM Transactions on Spatial Algorithms and Systems*，3（2），6. doi：10.1145/3105576.

Chen，H.-T.，Chou，C.-L.，Tsai，W.-C.，Lee，S.-Y.，& Lin，B.-S. P. (2012). HMM-basedball hitting event exploration system for broadcast baseball video. *Journal of Visual Communication and Image Representation*，23（5），767 – 781. doi：10.1016/j. jvcir.2012.03.006.

Cheng，G.，Zhang，Z.，Kyebambe，M. N.，& Kimbugwe，N. (2016). Predicting the outcome of NBA playofs based on the maximum entropy principle. *Entropy*，18（12）. doi：10.3390/e18120450.

Cho，Y.，Yoon，J.，& Lee，S. (2018). Using social network analysis and gradient boosting to develop a soccer win-lose prediction model. *Engineering Applications of Artifcial Intelligence*，72，228 – 240. doi：10. 1016/j. engappai.2018.04.010.

Chollet，D.，Chalies，S.，& Chatard，J. C. (2000). A new index of coordination for the crawl：description and usefulness. *International Journal of Sports Medicine*，21（1），54 – 59. doi：10.1055/s – 2000 – 8855.

Cintra，R. S.，Velho，H. F.，& Todling，R. (2011). Redes neurais artifciais na melhoria de desempenho de métodos de assimilação de dados：Filtro de Kalman. *Trends in Applied and Computational Mathematics*，11 （1），29 – 39.

Clark，R. A.，Pua，Y. H.，Fortin，K.，Ritchie，C.，Webster，K. E.，Denehy，L.，& Bryant，A. L. (2012). Validity of the Microsoft Kinect for assessment of postural control. *Gait Posture*，36，372 – 377. doi：10. 1016/j.gaitpost.2012.03.033.

Claudino, J. G., Capanema, D. O., de Souza, T. V., Serrao, J. C., Machado Pereira, A. C., & Nassis, G. P. (2019). Current approaches to the use of artifcial intelligence for injury risk assessment and performance prediction in team sports: A systematic review. *Sports Medicine Open*, 5(1), 28. doi:10.1186/s40798-019-0202-3.

Clemente, F. M., Couceiro, M. S., Martins, F. M. L., & Mendes, R. S. (2014). Using network metrics to investigate football team players' connections: A pilot study. *Motriz: Revista de Educação Física*, 20(3), 262-271.

Clemente, F. M., Couceiro, M. S., Martins, F. M. L., & Mendes, R. S. (2015). Using network metrics in soccer: A macro-analysis. *Journal of Human Kinetics*, 45(1), 123-134.

Clemente, F. M., Couceiro, M. S., Martins, F. M., Mendes, R., & Figueiredo, A. J. (2013). Measuring tactical behaviour using technological metrics: Case study of a football game. *International Journal of Sports Science & Coaching*, 8(4), 723-739.

Clemente, F. M., Martins, F. M., & Mendes, R. S. (2016). *Social network analysis applied to team sports analysis*. Heidelberg, Germany: Springer-Verlag.

Clemente, F. M., Sequeiros, J. B., Correia, A., Silva, F. G., & Martins, F. M. L. (Eds.). (2018). Individual metrics to characterize the players. In *Computational metrics for soccer analysis: Connecting the dots* (pp. 15-31). Heidelberg, Germany: Springer.

Clif, O. M., Lizier, J. T., Wang, X. R., Wang, P., Obst, O., & Prokopenko, M. (2013). Towards quantifying interaction networks in a football match. In Behnke, S., Veloso, M. Visser, A., & Xiong, R. (Eds.), *Robot soccer world cup* (pp. 1-12). Berlin, Germany: Springer.

Constantinou, A., & Fenton, N. (2017). Towards smart-data: Improving predictive accuracy in long-term football team performance. *Knowledge-Based Systems*, 124, 93-104. doi:10.1016/j.knosys.2017.03.005.

Corrêa, N. K., Lima, J. C. M. d., Russomano, T., & Santos, M. A. d. (2017). Development of a skateboarding trick classifer using accelerometry and machine learning. *Research on Biomedical Engineering*，33(4)，362 – 369. doi：10.1590/2446 – 4740.04717.

Cortès, U., Sànchez-Marrè, M., Ceccaroni, L., R-Roda, I., & Poch, M. (2000). Artifcial intelligence and environmental decision support systems. *Applied Intelligence*，13(1)，77 – 91.

Couceiro, M. (2020). PatRecog – Pattern Recognition Framework. Retrieved from https://www. mathworks. com/matlabcentral/f ileexchange/69113-patrecog-pattern-recognition-framework, MATLAB Central File Exchange. Accessed September 16，2020.

Couceiro, M., Clemente, F., Dias, G., Mendes, P., Martins, F., & Mendes, R. (2014). On an entropy-based performance analysis in sports. *Proceedings International Electronic Conference on Entropy and Its Applications*，1，1 – 20.

Couceiro, M., Clemente, F., & Martins, F. (2013). Analysis of football player's motion in view of fractional calculus. *Open Physics*，11(6)，714 – 723.

Couceiro, M. S., Araújo, A. G., & Pereira, S. C. (2015). InPutter: An engineered putter for on-the-fy golf putting analysis. *Sports Technology*，8(1 – 2)，12 – 29.

Couceiro, M. S., Clemente, F. M., Martins, F. M., & Machado, J. A. T. (2014). Dynamical stability and predictability of football players: The study of one match. *Entropy*，16(2)，645 – 674.

Couceiro, M. S., Dias, G., Araújo, D., & Davids, K. (2016). The ARCANE project: How an ecological dynamics framework can enhance performance assessment and prediction in football. *Sports Medicine*，46(12)，1781 – 1786.

Couceiro, M. S., Dias, G., Martins, F. M., & Luz, J. M. A. (2012). A fractional calculus approach for the evaluation of the golf lip-out. *Signal, Image and Video Processing*，6(3)，437 – 443.

Couceiro, M. S.,Dias, G., Mendes, R., & Araújo, D. (2013). Accuracy of pattern detection methods in the performance of golf putting. *Journal of Motor Behavior*，45(1)，37 – 53.

Couceiro, M. S., Figueiredo, C. M., Luz, J. M. A., & Delorme, M. J. (2014). Zombie infection warning system based on Fuzzy decision-making. In R. J. Smith (Ed.)., *Mathematical modelling of zombies* (p. 171). Ottawa, Canada: University of Ottawa Press.

Courneya, K. S., & Carron, A. V. (1992). The home advantage in sport competitions: A literature review. *Journal of Sport & Exercise Psychology*, *14*(1), 13–27.

Cuesta-Vargas, A. I., Galán-Mercant, A., & Williams, J. M. (2010). The use of inertial sensors system for human motion analysis. *Physical Therapy Reviews*, *15*(6), 462–473. doi:10.1179/1743288X11Y.0000000006.

Cummins, C., Orr, R., O'Connor, H., & West, C. (2013). Global positioning systems (GPS) and microtechnology sensors in team sports: A systematic review. *Sports Medicine*, *43*(10), 1025–1042. doi:10.1007/s40279-013-0069-2.

Cunningham, P., & Delany, S. J. (2020). k-nearest neighbour classifers. arXiv preprint arXiv:2004.04523.

Cutti, A. G., Giovanardi, A., Rocchi, L., & Davalli, A. (2006). A simple test to assess the static and dynamic accuracy of an inertial sensors system for human movement analysis [Paper presentation]. *2006 International Conference of the IEEE Engineering in Medicine and Biology Society* (pp. 5912–5915). doi:10.1109/IEMBS.2006.260705.

Dadashi, F., Crettenand, F., Millet, G. P., & Aminian, K. (2012). Front-crawl instantaneous velocity estimation using a wearable inertial measurement unit. *Sensors*, *12*, 12927–12939. doi:10.3390/s121012927.

Dadashi, F., Crettenand, F., Millet, G. P., Seifert, L., Komar, J., & Aminian K. (2013). Automatic front-crawl temporal phase detection using adaptive filtering of inertial signals. *Journal of Sports Sciences*, *31*(11), 1251–1260.

Dadashi, F., Millet, G. P., & Aminian, K. (2016). Front-crawl stroke descriptors variability assessment for skill characterisation. *Journal of Sports Sciences*, *14*(15), 1405–1412. doi:10.1080/02640414.2015.1114134.

Davids, K., & Araújo, D. (2010). The concept of "Organismic

asymmetry" in sport science. *Journal of Science and Medicine in Sport*, *13* (6), 633 – 640.

Davids, K., Araújo, D., & Brymer, E. (2016). Designing affordances for health enhancing physical activity and exercise in sedentary individuals. *Sports Medicine*, *46*(7), 933 – 938. doi:10.1007/s40279 – 016 – 0511 – 3.

Davids, K., Araújo, D., Hristovski, R., Passos, P., & Chow, J. Y. (2012). Ecological dynamics and motor learning design in sport. In N. J. Hodges & M. A. Williams (Eds.), *Skill acquisition in sport: Research, theory and practice* (pp. 112 – 130). New York, NY: Routledge.

Davids, K., Handford, C., & Williams, M. (1994). The natural physical alternative to cognitive theories of motor behaviour: An invitation for interdisciplinary research in sports science? *Journal of Sports Sciences*, *12*, 495 – 528.

Davids, K., Hristovski, R., Araújo, D., Balague, N., Button, C., & Passos, P. (Eds.). (2014). *Complex systems in sport*. London, UK: Routledge.

Davids, K., & Wall, T. D. (1990). Advanced manufacturing technology and shopfloor work organisation. *The Irish Journal of Psychology*, *11*(2), 109 – 129. doi:10.1080/03033910. 1990.105577906.

de Jesus, K., de Jesus, K., Figueiredo, P., Vilas-Boas, J.-P., Fernandes, R. J., & Machado, L. J. (2015). Reconstruction accuracy assessment of surface and underwater 3D motion analysis: A new approach. *Computational and Mathematical Methods in Medi-cine*, *2015*, 269264. doi:10.1155/2015/269264.

De Luca, C. J. (2002). Surface electromyography: Detection and recording. *DelSys Incorporated*, *10*(2), 1 – 10.

de Magalhães, F. A., Giovanardi, A., Cortesi, M., Gatta, G., & Fantozzi, S. (2013, August). *Three-dimensional kinematic analysis of shoulder through wearable inertial and magnetic sensors during swimming strokes simulation*. Paper presented at the XXIV Congress of the International Society of Biomechanics, Natal, Brazil.

de Magalhães, F. A., Vannozzi, G., Gatta, G., & Fantozzi, S. (2015). Wearable inertial sensors in swimming motion analysis: A systematic review. *Journal of Sports Sciences*, *33* (7), 732 – 745. doi: 10. 1080/02640414. 2014.962574.

Delen,D., Cogdell, D., & Kasap, N. (2012). A comparative analysis of data mining methods in predicting NCAA bowl outcomes. *International Journal of Forecasting*, *28* (2), 543 – 552. doi: 10. 1016/j. ijforecast. 2011. 05.002.

Dias, G., & Couceiro, M. S. (2015). *The science of golf putting: A complete guide for researchers, players and coaches.* London, UK: Springer.

Dicharry, J. (2010). Kinematics and kinetics of gait: From lab to clinic. *Clinics in Sports Medicine*, *29*(3), 347 – 64.

Dicks, M., Button, C., & Davids, K. (2010). Examination of gaze behaviors under in situ and video simulation task constraints reveals diferences in information pickup for perception and action. *Attention, Perception, & Psychophysics*, *72*, 706 – 720.

Dogramac,S. N., Watsford, M. L., & Murphy, A. J. (2011). The reliability and validity of subjective notational analysis in comparison to GPS tracking to assess athlete movement patterns. *The Journal of Strength and Conditioning Research*, 25(3), 852 – 859.

Dooley, T., & Titz, C. (2010). *Soccer: 4 – 4 – 2 System.* Berlin, Germany: Meyer & Meyer Verlag.

Dreyfus, H. (1992). *What computers still can't do: A critique of artificial reason.* Cambridge, MA: MIT Press.

Dreyfus, H. (2007). Why Heideggerian ai failed and how fixing it would require making it more Heideggerian. *Philosophical Psychology*, *20*, 247 – 268.

Duarte, R., Araújo, D., Correia, V., & Davids, K. (2012). Sports teams as superorgan-isms. *Sports Medicine*, *42*(8), 633 – 642.

Duarte, R., Araújo, D., Correia, V., Davids, K., Marques, P., & Richardson, M. (2013). Competing together: Assessing the dynamics of team-

team and player-team syn-chrony in professional football. *Human Movement Science*, 2, 555 – 566.

Duch, J., Waitzman, J. S., & Amaral, L. A. N. (2010). Quantifying the performance of individual players in a team activity. *PloS One*, 5 (6), e10937. doi:10.1371/journal. pone.0010937.

Düking, P., Hotho, A., Holmberg, H. C., Fuss, F. K., & Sperlich, B. (2016). Comparison of non-invasive individual monitoring of the training and health of athletes with commercially available wearable technologies. *Frontiers in Physiology*, 7, 71.

Duthie, G., Pyne, D., & Hooper, S. (2003). The reliability of video based time motion analysis. *Journal of Human Movement Studies*, 44, 259 – 272.

Edwards, J. R., & Bagozzi, R. P. (2000). On the nature and direction of relationships between constructs and measures. *Psychological Methods*, 5, 155 – 174.

Ekstrand, J. (2013). Keeping your top players on the pitch: The key to football medicine at a professional level. *British Journal of Sports Medicine*, 47(12), 723 – 724. doi:10.1136/bjsports – 2013 – 092771.

Elhoseny, M. (2020). Multi-object Detection and Tracking (MODT) machine learning model for real-time video surveillance systems. *Circuits, Systems, and Signal Processing*, 39(2), 611 – 630. doi:10.1007/s00034 – 019 – 01234 – 7.

Ellis, G., & Dix, A. (2006). An explorative analysis of user evaluation studies in information visualisation. In E. Bertini, C. Plaisant, & G. Santucci (Eds.), *Proceedings of the 2006 AVI workshop on beyond time and errors: Novel evaluation methods for information visualization* (pp. 1 – 7). New York, NY: ACM.

Endel, F., & Piringer, H. (2015). Data wrangling: Making data useful again. *International Federation of Automatic Control*, 48, 111 – 112.

Ericsson, A., Hoffman, R., Kozbelt, A., & Williams, M. (Eds.). (2018). *Cambridge handbook of expertise and expert performance* (2nd ed.). Cambridge, UK: Cambridge University Press.

Ertel，W. （2017）. *Introduction to artifcial intelligence*. Weingarten, Germany：Springer.

Fan，W.，& Bifet，A. （2014）. Mining big data：Current status，and forecast to the future. *ACM SIGKDD Explorations Newsletter*，16，1 - 5.

Fantozzi，S.，Giovanardi，A.，de Magalhães，F. A.，Di Michele，R.，Cortesi，M.，& Gatta，G. （2016）. Assessment of three-dimensional joint kinematics of the upper limb during simulated swimming using wearable inertial-magnetic measurement units. *Journal of Sports Sciences*，34（11），1073 - 1080. doi：10.1080/02640414.2015. 1088659.

Faria，D. R.，Premebida，C.，& Nunes，U. （2014）. A probabilistic approach for human everyday activities recognition using body motion from RGB-D images. In *The 23rd IEEE international symposium on robot and human interactive communication* （pp. 732 - 737）. Edinburgh, Scotland：IEEE.

Ferreira，J. F.，& Dias，J. M. (2014). *Probabilistic approaches to robotic perception*. Berlin, Germany：Springer International Publishing.

Figueiredo，P.，Machado，L.，Vilas-Boas，J. P.，& Fernandes，R. J. （2011）. Reconstruction error of calibration volume's coordinates for 3D swimming kinematics. *Journal of Human Kinetics*，29，35 - 40. doi：10. 2478/v10078 - 011 - 0037 - 6.

Fink，P. W.，Foo, P. S.，& Warren，W. H. (2009). Catching fly balls in virtual reality：A critical test of the outfielder problem. *Journal of Vision*，9，14.

Fok，W. W.，Chan，L. C.，& Chen，C. (2018). Artificial intelligence for sport actions and performance analysis using recurrent neural network (RNN) with long short-term memory （LSTM）. In *Proceedings of the 2018 4th international conference on robotics and artifcial intelligence* (pp. 40 - 44).

Fonseca，S.，Milho，J.，Passos，P.，Araújo，D.，& Davids，K. （2012）. Approximate entropy normalized measures for analyzing social neurobiological systems. *Journal of Motor Behavior*，44（3），179 - 183.

Fonseca，S. T.，Souza，T. R.，Verhagen，E.，Van Emmerik，R.，

Bittencourt, N. F., Mendonça, L. D., Andrade, A. G. P., Resende, R. A., & Ocarino, J. M. (2020). Sports injury forecasting and complexity: A synergetic approach. *Sports Medicine*, *50*(10), 1757 – 1770. doi:10.1007/s40279 – 020 – 01326 – 4.

Ford, M. (2013). Could artifcial intelligence create an unemployment crisis? *Communications of the ACM*, *56*(7), 37 – 39.

Forsythe, G. E., Malcolm, M. A., & Moler, C. B. (1977). *Computer methods for mathematical computations* (Vol. 259). Englewood Clifs, NJ: Prentice-Hall.

Fortes, L. S., Lima-Júnior, D., Nascimento-Júnior, J. R. A., Costa, E. C., Matta, M. O., & Ferreira, M. E. C. (2019). Effect of exposure time to smartphone apps on passing decision-making in male soccer athletes. *Psychology of Sport and Exercise*, *44*, 35 – 41. Freeman, C. L. (1978). Centrality in social networks conceptual clarifcation. *Social Networks*, *1*(3), 215 – 239.

Frencken, W., Lemmink, K., Delleman, N., & Visscher, C. (2011). Oscillations of centroid position and surface area of soccer teams in small-sided games. *European Journal of Sport Science*, *11*(4), 215 – 223.

Frencken, W. G. P., & Lemmink, K. A. P. M. (2008). Team kinematics of small-sided soccer games: A systematic approach. In Reilly, T., & Korkusuz, F. (Eds.), *Science and football VI* (pp. 187 – 192). London, UK: Routledge.

Fukuda, T. Y., Echeimberg, J. O., Pompeu, J. E., Lucareli, P. R. G., Garbelotti, S., Gimenes, R. O., & Apolinário, A. (2010). Root mean square value of the electromyographic signal in the isometric torque of the quadriceps, hamstrings and brachial biceps muscles in female subjects. *The Journal of Applied Research*, *10*(1), 32 – 39.

Furukawa, Y., & Ponce, J. (2010). Accurate dense, and robust multiview stereopsis. *IEEE Transactions on Pattern Analysis and Machine Intelligence*, *32*(8), 1362 – 1376. doi:10.1109/TPAMI.2009.161

Gama, J., Couceiro, M., Dias, G., & Vaz, V. (2015). Small-world networks in professional football: Conceptual model and data. *European Journal of Human Movement*, 35, 85 – 113.

Gama, J., Dias, G., Passos, P., Couceiro, M., & Davids, K. (2020). Homogeneous distribution of passing between players of a team predicts attempts to shoot at goal in association football: A case study with 10 matches. *Nonlinear Dynamics, Psychology, and Life Sciences*, 24(3), 353 – 365.

Gama, J., Passos, P., Davids, K., Relvas, H., Ribeiro, J., Vaz, V., & Dias, G. (2014). Network analysis and intra-team activity in attacking phases of professional football. *International Journal of Performance Analysis in Sport*, 14(3), 692 – 708.

Gandomi, A., & Haider, M. (2015). Beyond the hype: Big data concepts, methods, and analytics. *International Journal of Information Management*, 35, 137 – 144.

Gao, Z., Yu, Y., Zhou, Y., & Du, S. (2015). Leveraging two kinect sensors for accurate full-body motion capture. *Sensors*, 15, 24297 – 24317. doi:10.3390/s150924297.

García, S., Luengo, J., & Herrera, F. (2016). Tutorial on practical tips of the most influential data preprocessing algorithms in data mining. *Knowledge-Based Systems*, 98, 1 – 29.

Geurkink, Y., Vandewiele, G., Lievens, M., de Turck, F., Ongenae, F., Matthys, S. P. J., Boone, J., & Bourgois, J. G. (2019). Modeling the prediction of the session rating of perceived exertion in soccer: Unraveling the puzzle of predictive indicators. *International Journal of Sports Physiology and Performance*, 14(6), 841 – 846. doi:10.1123/ijspp.2018 – 0698.

Gibson, J. J. (1979). *The ecological approach to visual perception*. Boston, MA: Houghton Mifflin.

Goddard, J., & Asimakopoulos, I. (2004). Forecasting football results and the effciency of fxed-odds betting. *Journal of Forecasting*, 23(1), 51 – 66.

Goes, F., Meerhoff, L., Bueno, M., Rodrigues, D., Moura, F., Brink, M., Elferink-Gemser, M., Knobbe, A., Cunha, S., Torres, R., & Lemmink, K. (2020). Unlocking the potential of big data to support tactical performance analysis in professional soccer: A systematic review. *European Journal of Sport Science* (*online*). doi:10.1080/17461391.2020.1747552.

Gomez, G., Herrera Lopez, P., Link, D., & Eskofier, B. (2014). Tracking of ball and players in beach volleyball videos. *Plos One*, *9* (11), e111730. doi:10.1371/journal. pone.0111730.

Gourgoulis, V., Aggeloussis, N., Kasimatis, P., Vezos, N., Boli, A., & Mavromatis, G. (2008). Reconstruction accuracy in underwater three-dimensional kinematic analysis. *Journal of Science and Medicine in Sport*, *11* (2), 90 – 95. doi:10.1016/j. jsams.2007.02.010.

Gowsikhaa, D., Abirami, S., & Baskaran, R. (2014). Automated human behavior analysis from surveillance videos: A survey. *Artifcial Intelligence Review*, *42*, 747 – 765.

Graupe, D. (2007). *Principles of artifcial neural networks* (Vol. 6). Singapore: World Scientifc.

Graves, A. (2012). Supervised sequence labelling. In *Supervised sequence labelling with recurrent neural networks* (pp. 5 – 13). Berlin, Heidelberg: Springer.

Graves, A. & Schmidhuber, J. (2005). Framewise phoneme classifcation with bidirectional lstm and other neural network architectures. *Neural Networks*, *18*(5 – 6), 602 – 610.

Gray, A. J., Jenkins, D., Andrews, M. H. (2010). Validity and reliability of GPS for measuring distance travelled in feld-based team sports. *Journal of Sports Sciences*, *28*, 1319 – 1325.

Grehaigne, J. F. (1993). *L'organisation du jeu en football*. Paris: Éd. Action.

Grehaigne, J. F., Bouthier, D., & David, B. (1997). Dynamic-system analysis of opponent relationships in collective actions in soccer. *Journal of Sports Sciences*, *15*(2), 137 – 149.

Grimm, K., Stegmann, G., Jacobucci, R., & Serang, S. (2020). Big data in developmental psychology. In S. Woo, L. Tay, & R. Proctor (Eds.), *Big data in psychological research* (pp. 297 – 318). Washington, DC:

American Psychological Association.

Grunz, A., Memmert, D., & Perl, J. (2012). Tactical pattern recognition in soccer games by means of special self-organizing maps. *Human Movement Science*, 31(2), 334 – 343. doi:10.1016/j.humov.2011.02.008.

Guignard, B., Rouard, A., Chollet, D., Bonifazi, M., Dalla Vedova, D., Hart, J., & Seifert, L. (2020). Coordination dynamics of upper limbs in swimming: Effects of speed and fluid fow manipulation. *Research Quarterly for Exercise and Sport*, 91(3), 433 – 444. doi:10.1080/02701367.2019.1680787.

Guignard, B., Rouard, A., Chollet, D., Hart, J., Davids, K., & Seifert, L. (2017a). Individual-environment interactions in swimming: The smallest unit for analysing the emergence of coordination dynamics in performance? *Sports Medicine*, 47(8), 1543 – 1554. doi:10.1007/s40279 – 017 – 0684 – 4.

Guignard, B., Rouard, A., Chollet, D., & Seifert L. (2017b). Behavioral dynamics in swimming: The appropriate use of inertial measurement units. *Frontiers in Psychology*, 8, 383. doi:10.3389/fpsyg.2017.00383.

Güllich, A., Hardy, L., Kuncheva, L., Woodman, T., Laing, S., Barlow, M., Evans, L., Rees, T., Abernethy, B., Côté, J., Warr, C., & Wraith, L., (2019). Developmental biographies of olympic super-elite and elite athletes: A multidisciplinary pattern recognition analysis. *Journal of Expertise*, 2, 23 – 46.

Haider, S., Kaye-Kauderer, H. P., Maniya, A. Y., Dai, J. B., Li, A. Y., Post, A. F., Sobotka, S., Adams, R., Gometz, A., Lovell, M. R., & Choudhri, T. F. (2018). Does the environment infuence they frequency of concussion incidence in professional football? *Cureus*, 10(11), e3627. doi:10.7759/cureus.3627.

Haig, B. (2020). Big data science: A philosophy of science perspective. In S. Woo, L. Tay, & R. Proctor (Eds.), *Big data in psychological research* (pp. 15 – 34). Washington, DC: American Psychological Association.

Harari, G. M., Lane, N. D., Wang, R., Crosier, B. S., Campbell, A. T., & Gosling, S. D.(2016). Using smartphones to collect behavioral data in psychological science: Opportunities, practical considerations, and challenges. *Perspectives on*

Psychological Science, *11*, 838–854.

Harrison, H. S., Turvey, M. T., & Frank, T. D. (2016). Afordance-based perception-action dynamics: A model of visually guided braking. *Psychological Review*, *123*, 305–323.

Hausler, J., Halaki, M., & Orr, R. (2016). Application of global positioning system and microsensor technology in competitive rugby league match-play: A systematic review and meta-analysis. *Sports Medicine*, *46*(4), 559–588. doi:10.1007/s40279–015–0440–6.

Hearst, M. A., Dumais, S. T., Osuna, E., Platt, J., & Scholkopf, B. (1998). Support vector machines. *IEEE Intelligent Systems and Their Applications*, *13*(4), 18–28. doi:10.1109/5254.708428.

Heaven, W. (2020). Our weird behavior during the pandemic is messing with AI models. *MIT Technology Review*. Retrieved from https://www.technologyreview.com/2020/05/11/1001563/covid-pandemic-broken-ai-machine-learning-amazon-retail-fraud-humans-in-the-loop.

Heckerman, D. (1997). Bayesian networks for data mining. *Data Mining and Knowledge Discovery*, *1*(1), 79–119.

Hopkins, W. G. (2000). Measures of reliability in sports medicine and science. *Sports Medicine*, *30*, 1–15.

Horvath, S. (2011). *Weighted network analysis: Applications in genomics and systems biology*. London, UK: Springer.

Hsu, C.-C., Chen, H.-T., Chou, C.-L., & Lee, S.-Y. (2016). 2D Histogram-based player localization in broadcast volleyball videos. *Multimedia Systems*, *22*(3), 325–341. doi:10.1007/s00530–015–0463–8.

Hughes, M., & Franks, I. (2004). *Notational analysis of sport: Systems for better coaching and performance in sport* (2nd ed.). London, UK: Routledge.

Hughes, M., & Franks, I. (2008). *The essentials of performance analysis: An introduction*. London, UK: Routledge.

Hughes, M., Franks, I. M., & Dancs, H. (Eds.). (2019). *Essentials of performance analysis in sport*. New York, NY: Routledge.

Ichikawa, H., Ohgi, Y., & Miyaji, C. (1998). Analysis of stroke of the freestyle swimming using an accelerometer. In K. Keskinen, P. Komi, & P. Hollander (Eds.), *Biomechanics and medicine in swimming VIII* (pp. 159 – 164). Jyväskylä, Finland: University of Jyväskylä.

Ida, H., Fukuhara, K., Sawada, M., & Ishii, M. (2011). Quantitative relation between server motion and receiver anticipation in tennis: Implications of responses to computer-simulated motions. *Perception*, *40* (10), 1221 – 1236. doi:10.1068/p7041.

Iskakov, K., Burkov, E., Lempitsky, V., & Malkov, Y. (2019). Learnable triangulation of human pose. *Proceedings of the IEEE international conference on computer vision* (pp. 7718 – 7727). doi:10.1109/ICCV.2019.00781.

Jackson, P. R., & Wall, T. D. (1991). How does operator control enhance performance of advanced manufacturing technology? *Ergonomics*, *34* (10), 1301 – 1311, doi:10. 1080/00140139108964869.

Jaeger, J. M., & Schoellhorn, W. I. (2012). Identifying individuality and variability in team tactics by means of statistical shape analysis and multilayer perceptrons. *Human Movement Science*, *31* (2), 303 – 317. doi:10. 1016/j. humov.2010.09.005.

Jäger, J. M., & Schöllhorn, W. I. (2007). Situation-orientated recognition of tactical patterns in volleyball. *Journal of Sports Sciences*, *25* (12), 1345 – 1353. Retrieved from http://search. ebscohost. com/login. aspx? direct=true & db=s3h & AN=26446998 & lang=pt-pt & site=ehost-live & scope=site.

Jain, A. K., Mao, J., & Mohiuddin, K. M. (1996). Artifcial neural networks: A tutorial. *Computer*, *29* (3), 31 – 44.

James, N. (2012). Predicting performance over time using a case study in real tennis. *Journal of Human Sport and Exercise*, *7* (2), 421 – 433. doi: 10.4100/jhse.2012.72.08.

Jaspers, A., De Beeck, T. O., Brink, M. S., Frencken, W. G. P., Staes, F., Davis, J. J., & Helsen, W. F. (2018). Relationships between the external and internal training load in professional soccer: What can we learn from machine learning? *International Journal of Sports Physiology and Performance*, *13*(5), 625 – 630. doi:10.1123/ijspp.2017 – 0299.

Jennings, D., Cormack, S., Coutts, A. J., Boyd, L., & Aughey, R. J. (2010). The validity and reliability of GPS units for measuring distance in team sport specifc running patterns. *International Journal of Sports Physiology and Performance*, *5*(3), 328 – 341. doi:10.1123/ijspp.5.3.328.

Jerritta, S., Murugappan, M., Nagarajan, R., & Wan, K. (2011). Physiological signals based human emotion recognition: A review. In *2011 IEEE 7th International Colloquium on Signal Processing and its Applications* (pp. 410 – 415). Penang, Malaysia: IEEE.

Jiang, C., Chen, Y., Chen, S., Bo, Y., Li, W., Tian, W., & Guo, J. (2019). A mixed deep recurrent neural network for MEMS gyroscope noise suppressing. *Electronics*, *8*(2), 181.

Johnston, R. J., Watsford, M. L., Pine, M. J., Spurrs, R. W., Murphy, A. J., & Pruyn, E. C. (2012). The validity and reliability of 5-Hz global positioning system units to measure team sport movement demands. *Journal of Strength and Conditioning Research*, *26*(3), 758 – 765. doi:10.1519/JSC.0b013e318225f161.

Jones, L., & Ekkekakis, P. (2019). Affect and prefrontal haemodynamics during exercise under immersive audiovisual stimulation: Improving the experience of exercise for overweight adults. *Journal of Sport & Health Science*, *8*(4), 325 – 38.

Jonsson, G. K., Anguera, M. T., Blanco-Villasenor, A., Losada, J. L., Hernandez-Mendo, A., Arda, T., Camerino, O., & Castellano, J. (2006). Hidden patterns of play interaction in soccer using SOF-CODER. *Behavior Research Methods*, *38*(3), 372 – 381. doi:10.3758/bf03192790.

Joseph, A., Fenton, N. E., & Neil, M. (2006). Predicting football results using Bayesian nets and other machine learning techniques. *Knowledge-Based Systems*, *19*(7), 544 – 553. doi:10.1016/j.knosys.2006.04.011.

Júdice, P., Magalhães, J., Rosa, G., Henriques-Neto, D., Hetherington-

Rauth, M., & Sardinha, L. B. (2020, online). Sensor-based physical activity, sedentary time, and reported cell phone screen time: A hierarchy of correlates in youth. *Journal of Sport and Health Science*. doi: 10. 1016/j. jshs. 2020. 03.003.

Kampakis, S. (2013). Comparison of machine learning methods for predicting the recovery time of professional football players after an undiagnosed injury. In *MLSA@ PKDD/ECML* (pp. 58 – 68).

Karimzadeh, M., Zhao, J., Wang, G., Snyder, L., & Ebert, D. (2020). Human-guided visual analytics for big data. In S. Woo, L. Tay, & R. Proctor (Eds.), *Big data in psychological research* (pp. 145 – 178). Washington, DC: American Psychological Association.

Kazhdan, M., Bolitho, M., & Hoppe, H. (2006). Poisson surface reconstruction. *ACM International Conference Proceeding Series*, *256*, 61 – 70.

Kellmann, M. (2010). Preventing overtraining in athletes in high-intensity sports and stress/recovery monitoring. *Scandinavian Journal of Medicine & Science in Sports*, *20*, 95 – 102.

Kelly, D., Coughlan, G., Green, B., & Caulfeld, B. (2012). Automatic detection of collisions in elite level rugby union using a wearable sensing device. *Sports Engineering (Springer Science & Business Media B.V.)*, *15* (2), 81 – 92. Retrieved from http://search. ebscohost. com/login. aspx? direct= true & db=s3h & AN=75253946 & lang=pt-pt & site=ehost-live & scope= site.

Kempe, M., Grunz, A., & Memmert, D. (2015). Detecting tactical patterns in basketball: Comparison of merge self-organising maps and dynamic controlled neural networks. *European Journal of Sport Science*, *15*(4), 249 – 255. doi:10.1080/ 17461391. 2014.933882.

Kennedy, J. (2006). Swarm intelligence. In Zomaya, A. Y. (Ed.), *Handbook of nature-inspired and innovative computing* (pp. 187 – 219). Boston, MA: Springer.

Khillari, S. (2020). Artificial intelligence in manufacturing market size, share| Global Research Report, 2026.

Komar J., Seifert L., & Thouvarecq R. (2015). What variability tells us about motor ex-pertise: Measurements and perspectives from a complex system approach. *Movement & Sport Sciences – Science & Motricité*, *89*, 65 – 77.

Konrad, P. (2005). *A practical introduction to kinesiological electromyography*. Scottsdale, AZ: Noraxon INC.

Kovalchik, S., & Reid, M. (2018). A shot taxonomy in the era of tracking data in professional tennis. *Journal of Sports Sciences*, *36*(18), 2096 – 2104. doi: 10.1080/02640414. 2018.1438094.

Kovalchik, S. A., Sackmann, J., & Reid, M. (2017). Player, offcial or machine?: Uses of the challenge system in professional tennis. *International Journal of Performance Analysis in Sport*, *17*(6), 961 – 969. doi:10.1080/ 24748668.2017.1410340.

Kubat, M. (2015). *An introduction to machine learning*. Champ: Springer International Publishing.

Kugler, P. N., & Turvey, M. T. (1987). *Information, natural law, and the self-assembly of rhythmic movement*. Hillsdale, NJ: Lawrence Erlbaum Associates.

Kumar, E. P., & Sharma, E. P. (2014). Artifcial neural networks – A study. *International Journal of Emerging Engineering Research and Technology*, *2*(2), 143 – 148.

Kwon, Y. H. (1999). A camera calibration algorithm for the underwater motion analysis. In R. H. Sanders & B. J. Gibson (Eds.), *Proceedings of the XVIIth International Symposium on Biomechanics in Sports* (pp. 257 – 260). Perth, WA: Edith Cowan University.

Lai, M., Meo, R., Schifanella, R., & Sulis, E. (2018). The role of the network of matches on predicting success in table tennis. *Journal of Sports Sciences*, *36*(23), 2691 – 2698. do i:10.1080/02640414.2018.1482813

Lake, D. E., Richman, J. S., Griffn, M. P., & Moorman, J. R. (2002). Sample entropy analysis of neonatal heart rate variability. *American Journal of Physiology-Regulatory, Integrative and Comparative Physiology*, *283*(3), R789 – R797.

Lam, M. W. Y. (2018). One-match-ahead forecasting in two-team sports with stacked bayesian regressions. *Journal of Artifcial Intelligence and Soft Computing Research*, 8(3), 159 – 171. doi:10.1515/jaiscr – 2018 – 0011.

Lapham, A. C., & Bartlett, R. M. (1995). The use of artificial intelligence in the analysis of sports performance: A review of applications in human gait analysis and future directions for sports biomechanics. *Journal of Sports Sciences*, 13(3), 229 – 237.

Lara Cueva, R. A., & Estevez Salazar, A. D. (2018). Towards an automatic detection system of sports talents: An approach to Tae Kwon Do. *Sistemas & Telematica*, 16(47), 31 – 44. doi:10.18046/syt.v16i47.3213.

Lassoued, I., Zagrouba, E., & Chahir, Y. (2016). A new approach of action recognition based on Motion Stable Shape (MSS) features. *2016 IEEE/ACS 13th International Conference of Computer Systems and Applications (AICCSA) (IEEE)*, 1 – 8. doi:10.1109/AICCSA.2016.7945652.

LeCun, Y., Bengio, Y., & Hinton, G. (2015). Deep learning. *Nature*, *521*, 436 – 444.

Lee, L., & Grimson, W. E. L. (2002). Gait analysis for recognition and classification. In *Proceedings of ffth IEEE international conference on automatic face gesture recognition* (pp. 155 – 162). Washington, DC: IEEE.

Leicht, A. S., Gomez, M. A., & Woods, C. T. (2017). Team performance indicators explain outcome during women's basketball matches at the olympic games. *Sports*, 5(4). doi:10.3390/sports5040096.

Leite, W. S. (2017). Home advantage: Comparison between the major European football leagues. *Athens Journal of Sports*, 4(1), 65 – 74.

Leo, M., Mazzeo, P. L., Nitti, M., & Spagnolo, P. (2013). Accurate ball detection in soccer images using probabilistic analysis of salient regions. *Machine Vision and Applications*, 24(8), 1561 – 1574. doi:10.1007/s00138 – 013 – 0518 – 9.

Li, E. Y. (1994). Artificial neural networks and their business applications. *Information & Management*, 27(5), 303 – 313.

Liang, K., Chahir, Y., Molina, M., Tijus, C., & Jouen, F. (2014).

Appearance-based eye control system by manifold learning. *Proceedings of the 9th international conference on computer vision theory and applications - volume 3: VISAPP* (pp. 148 - 155). Lisbon, Portugal: IEEE. doi:10.5220/0004682601480155.

Liddy, J. J.,Zelaznik, H. N., Huber, J. E., Rietdyk, S., Claxton, L. J., Samuel, A., & Haddad, J. M. (2017). The effcacy of the Microsoft KinectTM to assess human bimanual coordination. *Behaviour Research Methods*, *49*(3), 1030 - 1047. doi:10.3758/s13428 - 016 - 0764 - 7.

Lim, S. M., Oh, H. C., Kim, J., Lee, J., & Park, J. (2018). LSTM-guided coaching assistant for table tennis practice. *Sensors (Basel)*, *18* (12). doi:10.3390/s18124112.

Link, D., & Hoernig, M. (2017). Individual ball possession in soccer. *Plos ONE*, *12*(7), e0179953. doi:10.1371/journal.pone.0179953.

Linke, D., Link, D., & Lames, M. (2020). Football-specific validity of TRACAB's optical video tracking systems. *PLoS ONE*, *15*, e0230179. doi:10.1371/journal. pone.0230179.

Lipton, Z. C., Berkowitz, J., & Elkan, C. (2015). A critical review of recurrent neural networks for sequence learning. arXiv preprint arXiv:1506.00019.

Liu, W., Yan, C. C., Liu, J., & Ma, H. (2017). Deep learning based basketball video analysis for intelligent arena application. *Multimedia Tools and Applications*, *76*(23), 24983 - 25001.

Lopes, A. M., & Tenreiro Machado, J. A. (2019). Entropy analysis of soccer dynamics. *Entropy*, *21*(2), 187.

Lopez, M. J., & Matthews, G. J. (2015). Building an NCAA men's basketball predictive model and quantifying its success. *Journal of Quantitative Analysis in Sports*, *11*(1), 5 - 12. Retrieved from http://search.ebscohost.com/login.aspx? direct=true & db=s3h & AN=102722690 & lang=pt-pt & site=ehost-live & scope=site.

López-Valenciano, A., Ruiz-Pérez, I.,Garcia-Gómez, A., Vera-Garcia, F. J., De Ste Croix, M., Myer, G. D., & Ayala, F. (2020). Epidemiology of injuries in professional football: A systematic review and meta-analysis. *British Journal of*

Sports Medicine, 54(12), 711 - 718. doi:10.1136/bjsports - 2018 - 099577.

Lorena, A. C., & de Carvalho, A. C. (2007). Uma introdução às support vector machines. *Revista de Informática Teórica e Aplicada*, 14(2), 43 - 67.

Lucchesi, M. (2001). *Attacking soccer : A tactical analysis*. Spring City, PA: Reedswain Inc.

Luo, J., Chen, H., Zhang, Q., Xu, Y., Huang, H., & Zhao, X. (2018). An improved grasshopper optimization algorithm with application to fnancial stress prediction. *Applied Mathematical Modelling*, 64, 654 - 668. doi:10.1016/j.apm.2018.07.044.

Magill, R., & Anderson, D. (2016). *Motor learning and control : Concepts and applications* (11th ed.). Columbia, NY: McGraw-Hill Education.

Maier,T., Meister, D., Trösch, S., & Wehrlin, J. P. (2018). Predicting biathlon shooting performance using machine learning. *Journal of Sports Sciences*, 36(20), 2333 - 2339. Re-trieved from http://search.ebscohost.com/login.aspx? direct=true & db=s3h & AN= 130648934 & lang=pt-pt & site= ehost-live & scope=site.

Manning, C. D., Raghavan, P., & Schütze, H. (2008). *Introduction to information retrieval*. Cambridge, UK: Cambridge University Press.

Martínez-Cagigal, V. (2018). *Sample entropy*. Massachusetts: Mathworks.

Martinez-del-Rincon, J., Herrero-Jaraba, E., Raul Gomez, J., Orrite-Urunuela, C., Medrano, C., & Montanes-Laborda, M. A. (2009). Multicamera sport player tracking with Bayesian estimation of measurements. *Optical Engineering*, 48(4). doi:10.1117/1.3114605.

Martins,R. G., Martins, A. S., Neves, L. A., Lima, L. V., Flores, E. L., & do Nascimento, M. Z. (2017). Exploring polynomial classifer to predict match results in football championships. *Expert Systems with Applications*, 83, 79 - 93. doi:10.1016/j.eswa.2017.04.040.

McCarthy, J. (1997). AI as sport. *Science*, 276(5318), 1518 - 1519.

McGinley, J. L., Baker, R., Wolfe, R., & Morris, M. E. (2009). The reliability of three-dimensional kinematic gait measurements: A systematic review. *Gait Posture*, *29*, 360 – 359.

McInnes, S. E., Carlson, J. S., Jones C. J., & McKenna, M. J.(1995). The physiological load imposed on basketball players during competition. *Journal of Sport Sciences*, *13*, 387 – 397.

Mello, R. G.,Oliveira, L. F., & Nadal, J. (2007). Digital Butterworth filter for subtracting noise from low magnitude surface electromyogram. *Computer Methods and Programs in Biomedicine*, *87*(1), 28 – 35.

Memmert, D., & Perl, J. (2009a). Analysis and simulation of creativity learning by means of artificial neural networks. *Human Movement Science*, *28* (2), 263 – 282. doi:10.1016/j.humov.2008.07.006.

Memmert, D., & Perl, J. (2009b). Game creativity analysis using neural networks. *Journal of Sports Sciences*, *27* (2), 139 – 149. doi: 10. 1080/02640410802442007.

Menayo, R., Encarnación, A., Gea, G. M., & Marcos, P. J. (2014). Sample entropy-based analysis of differential and traditional training effects on dynamic balance in healthy people. *Journal of Motor Behavior*, *46* (2), 73 – 82.

Merleau-Ponty, M. (1945). *Phénoménologie de la perception*. Paris: Éditions Gailimard.

Merletti, R., & Di Torino, P. (1999). Standards for reporting EMG data. *Journal of Electromyography and Kinesiology*, *9*(1), 3 – 4.

Meskó, B., Hetényi, G., & Györffy, Z. (2018). Will artificial intelligence solve the human resource crisis in healthcare? *BMC Health Services Research*, *18*(1), 545.

Mezyk, E., & Unold, O. (2011). Machine learning approach to model sport training. *Computers in Human Behavior*, *27* (5), 1499 – 1506. doi: 10.1016/j.chb.2010.10.014.

Miah, A. (2017). *Sport 2. 0: Transforming sports for a digital world*. Cambridge, MA: MIT Press.

Michaels, C. F., & Zaal, F. T. (2002). Catching fly balls. In S. Bennett,

K. Davids，G. J. P. Savelsbergh，& J. van der Kamp（Eds.），*Interceptive actions in sport：Information and movement*（pp. 172－183）. London，UK：Routledge.

Min，B.，Kim，J.，Choe，C.，Eom，H.，& McKay，R. I.（2008）. A compound framework for sports results prediction：A football case study. *Knowledge-Based Systems*，*21*（7），551－562. doi：10.1016/j. knosys. 2008. 03.016.

Mitchell，T.（1997）. *Machine learning*. New York，NY：Mcgraw-Hill.

Moher，D.，Liberati，A.，Tetzlaff，J.，& Altman，D. G.（2009）. Preferred reporting items for systematic reviews and meta-analyses：The PRISMA statement. *BMJ*，*339*，b2535. doi：10.1136/bmj.b2535.

Montoliu，R.，Martín-Félez，R.，Torres-Sospedra，J.，& Martínez-Usó，A.（2015）. Team activity recognition in Association Football using a Bag-of-Words-based method. *Human Movement Science*，*41*，165－178. Retrieved from http://search. ebscohost. com/login. aspx? direct＝true & db＝s3h & AN＝102312573 & lang＝pt-pt & site＝ehost-live & scope＝site.

Mooney，R.，Corley，G.，Godfrey，A.，Osborough，C.，Quinlan，L. R.，& ÓLaighin，G.（2015）. Application of video-based methods for competitive swimming analysis：A systematic review. *Sports and Exercise Medicine － Open Journal*，*1*，133－150. doi：10.17140/SEMOJ－1－121.

Mooney，R.，Quinlan，L. R.，Corley，G.，Godfrey，A.，Osborough，C.，& ÓLaighin，G.（2017）. Evaluation of the Finis Swimsense® and the Garmin SwimTM activity monitors for swimming performance and stroke kinematics analysis. *PLoS ONE*，*12*（2），e0170902. doi：10.1371/journal.pone.0170902.

Mora，S. V.，& Knottenbelt，W. J.（2017）. Deep learning for domain-specific action recognition in tennis. In *2017 IEEE Conference on Computer Vision and Pattern Recog-nition Workshops*（*CVPRW*）（pp. 170－178）. Honolulu，HI：IEEE.

Mortensen，J.，& Bornn，L.（2020）. Estimating locomotor demands during team play from broadcast-derived tracking data. arXiv：2001. 07692. Retrieved from https:// arxiv.org/abs/2001.07692.

Motoi, S., Misu, T., Nakada, Y., Yazaki, T., Kobayashi, G., Matsumoto, T., & Yagi, N. (2012). Bayesian event detection for sport games with hidden Markov model. *Pattern Analysis and Applications*, *15*(1), 59 – 72. doi:10.1007/s10044 – 011 – 0238 – 6.

Moura, F. A., Martins, L. E. B., Anido, R. D. O., De Barros, R. M. L., & Cunha, S. A. (2012). Quantitative analysis of Brazilian football players' organisation on the pitch. *Sports Biomechanics*, *11*(1), 85 – 96.

Muazu Musa, R., P. P. Abdul Majeed, A., Taha, Z., Chang, S. W., Ab. Nasir, A. F., & Abdullah, M. R. (2019). A machine learning approach of predicting high potential archers by means of physical ftness indicators. *Plos ONE*, *14*(1), e0209638. doi:10.1371/journal.pone.0209638.

Mündermann, L., Corazza, S., & Andriacchi, T. P. (2006). The evolution of methods for the capture of human movement leading to markerless motion capture for biomechanical applications. *Journal of NeuroEngineering and Rehabilitation*, *3*, 6. doi:10.1186/1743 – 0003 – 3 – 6.

Najafabadi, M. M., Villanustre, F., Khoshgoftaar, T. M., Seliya, N., Wald, R., & Muharemagic, E. (2015). Deep learning applications and challenges in big data analytics. *Journal of Big Data*, *2*(1), 1.

Nakano, N.,Sakura, T., Ueda, K., Omura, L., Kimura, A., Iino, Y., Fukashiro, S., & Yoshioka, S. (2020). Evaluation of 3D markerless motion capture accuracy using openpose with multiple video cameras. *Frontiers in Sports and Active Living*, *2*, 50. doi:10.3389/fspor.2020.00050.

Nargesian, F., Samulowitz, H., Khurana, U., Khalil, E. B., & Turaga, D. S. (2017). Learning feature engineering for classifcation. In *Proceedings of the Twenty-Sixth International Joint Conference on Artificial Intelligence (IJCAI)* (pp. 2529 – 2535). Melbourne, Australia: IJCAI.

Navarro, I., & Matía, F. (2009). A proposal of a set of metrics for collective movement of robots. In *Online Proceedings of Robotics: Science and Systems Workshop on Good Experimental Methodology in Robotics*. Seattle, WA: The MIT Press.

Nayel, H. A., & Shashrekha, H. L. (2019). Integrating dictionary feature into a deep learning model for disease named entity recognition. arXiv：1911.01600.

Nemec, B., Petric, T., Babic, J., & Supej, M. (2014). Estimation of alpine skier posture using machine learning techniques. *Sensors*, *14*(10), 18898 – 18914. doi：10.3390/s141018898.

Nilsson, N. J. (2014). *Principles of artificial intelligence*. Burlington, MA：Morgan Kaufmann. Nüesch, C., Roos, E., Pagenstert, G., & Mündermann, A. (2017). Measuring joint kinematics of treadmill walking and running：Comparison between an inertial sensor based system and a camera-based system. *Journal of Biomechanics*, *57*, 32 – 38. doi：10.1016/j.jbiomech.2017.03.015.

Nunome, H., Ikegami, Y., Kozakai, R., Apriantono, T., & Sano, S. (2006a). Segmental dynamics of soccer instep kicking with the preferred and non-preferred leg. *Journal of Sports Sciences*, *24*(5), 529 – 541.

Nunome, H., Lake, M., Georgakis, A., & Stergioulas, L. K. (2006b). Impact phase kinematics of instep kicking in soccer. *Journal of Sports Sciences*, *24*(1), 11 – 22.

Ofoghi, B., Zeleznikow, J., MacMahon, C., & Dwyer, D. (2013). Supporting athlete selection and strategic planning in track cycling omnium：A statistical and machine learning approach. *Information Sciences*, *233*, 200 – 213. doi：10.1016/j.ins.2012.12.050.

Ofoghi, B., Zeleznikow, J., MacMahon, C., & Raab, M. (2013). Data mining in elite sports：A review and a framework. *Measurement in Physical Education and Exercise Science*, *17*(3), 171 – 186. doi：10.1080/1091367X.2013.805137.

Omodei, M., & McLennan, J. (1994). Studying complex decision making in natural settings：Using a head-mounted video camera to study competitive orienteering. *Perceptual and Motor Skills*, *79*, 1411 – 1425. doi：10.2466/pms.1994.79.3f.1411.

Orth, D., Davids, K., Chow, J. Y., & Brymer, E., & Seifert, L. (2018a). Behavioural repertoire influences the rate and nature of learning in climbing: Implications for individualised learning design in preparation for extreme sports participation. *Frontiers in Psychology*, *9*, 949. doi:10.3389/fpsyg.2018.00949.

Orth, D., Davids, K., & Seifert, L. (2018b). Constraints representing a meta-stable régime facilitate exploration during practice and transfer of learning in a complex multi-articular task. *Human Movement Science*, *57*, 291–302. doi:10.1016/j.humov. 2017.09.007.

Orth, D., Kerr, G., Davids, K., & Seifert, L. (2017). Analysis of relations between spatiotemporal movement regulation and performance of discrete actions reveals functionality in skilled climbing. *Frontiers in Psychology*, *8*, 1744. doi:10.3389/fpsyg.2017.01744.

Osgnach, C., Poser, S., Bernardini, R., Rinaldo, R., & Di Prampero, P. E. (2010). Energy cost and metabolic power in elite soccer: A new match analysis approach. *Medicine & Science in Sports & Exercise*, *42*(1), 170–178.

Oswald, F. (2020). Future research directions for big data in psychology. In S. Woo, L. Tay, & R. Proctor (Eds.), *Big data in psychological research* (pp. 427–442). Washington, DC: American Psychological Association.

Owramipur, F., Eskandarian, P., & Mozneb, F. S. (2013). Football result prediction with Bayesian network in Spanish League-Barcelona team. *International Journal of Computer Theory and Engineering*, *5*(5), 812.

Panjan, A., Šarabon, N., & Filipčič, A. (2010). Prediction of the successfulness of tennis players with machine learning methods. Predvidanje natjecateljske uspješnosti tenisača korištenjem metoda strojnog učenja. *Kinesiology*, *42*(1), 98–106. Retrieved from http://search.ebscohost.com/login.aspx? direct=true & db=s3h & AN=52950514 & lang=pt-pt & site=ehost-live & scope=site.

Pappalardo, L., & Cintia, P. (2018). Quantifying the relation between performance and success in soccer. *Advances in Complex Systems*, *21*(3–4). doi:10.1142/s021952591750014x.

Pappalardo，L.，Cintia，P.，Ferragina，P.，Massucco，E.，Pedreschi，D.，& Giannotti，F.(2019). PlayeRank：Data-driven performance evaluation and player ranking in soccer via a machine learning approach. *ACM Transactions on Intelligent Systems and Technology*，10(5). doi：10.1145/3343172.

Passos，P.，Araújo，D.，Davids，K.，Gouveia，L.，Milho，J.，& Serpa，S. (2008). Information-governing dynamics of attacker-defender interactions in youth rugby union. *Journal of Sports Sciences*，26(13)，1421 – 1429. doi：10.1080/02640410802208986.

Passos，P.，Araújo，D.，Davids，K.，Gouveia，L.，& Serpa，S. (2006). Interpersonal dynamics in sport：The role of artificial neural networks and 3-D analysis. *Behavior Research Methods*，38(4)，683 – 691. doi：10.3758/bf03193901.

Passos，P.，Araújo，D.，Davids，K.，Gouveia，L.，Serpa，S.，Milho，J.，& Fonseca，S. (2009). Interpersonal pattern dynamics and adaptive behavior in multi-agent neurobiological systems：A conceptual model and data. *Journal of Motor Behavior*，41，445 – 459.

Passos，P.，Araújo，D.，& Volossovitch，A. (2017). *Performance analysis in team sports*. London，UK：Routledge.

Passos，P.，Davids，K.，Araújo，D.，Paz，N.，Minguéns，J.，& Mendes，J. (2011). Networks as a novel tool for studying team ball sports as complex social systems. *Journal of Science and Medicine in Sport*，14(2)，170 – 176.

Pavlakos，G.，Zhou，X.，& Daniilidis，K. (2018). Ordinal depth supervision for 3D human pose estimation. *Proceedings of the IEEE conference on computer vision and pattern recognition* (pp. 7307 – 7316). doi：10.1109/CVPR.20 18.00763.

Pavllo，D.，Feichtenhofer，C.，Grangier，D.，& Auli，M. (2019). 3D human pose estimation in video with temporal convolutions and semi-supervised training. *Proceedings of the IEEE conference on computer vision and pattern recognition* (pp. 7753 – 7762). doi：10.1109/CVPR.2019.00794.

Pelz，D. (2000). *Putting Bible：The complete guide to mastering the green*. New York，NY：Publication Doubleday.

Pers，J.，Bon，M.，Kovacic，S.，Sibila，M.，& Dezman, B. （2002）. Observation and analysis of large-scale human motion. *Human Movement Science*，*21*，295 – 311.

Pfster，A.，West，A. M.，Bronner，S.，& Noah, J. A. （2014）. Comparative abilities of Microsoft Kinect and Vicon 3D motion capture for gait analysis. *Journal of Medical Engineering & Technology*，*38*，274 – 280. doi：10.3109/03091902.2014.909540.

Pinder，R. A.，Davids，K.，Renshaw，I.，Araújo, D. （2011a）. Representative learning design and functionality of research and practice in sport. *Journal of Sport & Exercise Psychology*，*33*，146 – 155.

Pinder，R. A.，Davids，K.，Renshaw，I. & Araújo, D. （2011b）. Manipulating informational constraints shapes movement re-organisation in interceptive actions. *Attention*，*Perception*，*& Psychophysics*，*73*，1242 – 1254.

Pobiruchin，M.，Suleder，J.，Zowalla，R.，& Wiesner，M. （2017）. Accuracy and adoption of wearable technology used by active citizens：A marathon event feld study. *JMIR mHealth and uHealth*，*5*（2），e24. doi：10.2196/mhealth.6395.

Poitras，I.，Dupuis，F.，Bielmann，M.，Campeau-Lecours，A.，Mercier，C.，Bouyer，L. J.，& Roy，J.-S. （2019）. Validity and reliability of wearable sensors for joint angle estimation：A systematic review. *Sensors*，*19*（7），1 – 17. doi：10.3390/s19071555.

Polikar，R. （2012）. Ensemble learning. In C. Zhang，& Y. Ma （Eds.）. *Ensemble machine learning* （pp. 1 – 34）. Boston，MA：Springer.

Priddy，K. L. （2005）. *Artificial neural networks：An introduction* （Vol. 68）. Washington，DC：SPIE Press.

Proakis，J. G.，& Manolakis，D. G. （1996）. *Digital signal processing. Principles，algorithms，and applications.* Upper Saddle River，NJ：Prentice Hall.

Proctor，R.，& Xiong，A. （2020）. From small-scale experiments to big data：Challenges and opportunities for experimental psychologists. In S. Woo，L. Tay，& R. Proctor （Eds.），*Big data in psychological research* （pp. 35 –

58). Washington, DC: American Psychological Association.

Psycharakis, S. G., & Sanders, R. H. (2008). Shoulder and hip roll changes during 200-m front crawl swimming. *Medicine & Science in Sports & Exercise*, *40*(12), 2129 – 2136. doi:10.1249/MSS.0b013e31818160bc.

Raedeke, T. D., & Smith, A. L. (2001). Development and preliminary validation of an athlete burnout measure. *Journal of Sport and Exercise Psychology*, *23*(4), 281 – 306.

Ram, N., & Diehl, M. (2015). Multiple time-scale design and analysis: Pushing towards realtime modeling of complex developmental processes. In M. Diehl, K. Hooker, & M. Sliwinski (Eds.), *Handbook of intraindividual variability across the lifespan* (pp. 308 – 323). New York, NY: Routledge.

Ramos, J., Lopes, R. J., Marques, P., & Araújo, D. (2017). Hypernetworks reveal compound variables that capture cooperative and competitive interactions in a soccer match. *Frontiers in Psychology*, *8*, 1379. doi:10.3389/fpsyg.2017.01379.

Ramos, J. P., Lopes, R. J., & Araújo, D. (2020). Interactions between soccer teams reveal both design and emergence: Cooperation, competition and Zipf-Mandelbrot regularity. *Chaos, Solitons & Fractals*, *137*, 109872. doi: 10.1016/j. chaos.2020.109872.

Randers, M., Mujikab, I., Hewitt, A., Santisteban, J., Bischoff, R., Solano, R., Zubillaga, A., Peltola, E., Krustrup, P., & Mohr, M. (2010). Application of four different football match analysis systems: A comparative study. *Journal of Sports Sciences*, *28*(2), 171 – 182. doi:10.1080/02640410903428525.

Ravasz, E., & Barabási, A. L. (2003). Hierarchical organization in complex networks. *Physical Review E*, *67*(2), 026122. doi: 10. 1103/ PhysRevE.67.026112.

Razali, N., Mustapha, A., Yatim, F. A., & Ab Aziz, R. (2017). Predicting football matches results using Bayesian networks for English Premier League (EPL). *IOP Conference Series: Materials Science and Engineering*, *226*(1), 012099.

Reed, E. S. (1993). The intention to use a specifc afordance: A conceptual framework for psychology. In R. H. Wozniak & K. W. Fischer (Eds.), *Development in context*: *Acting and thinking in specific environments* (pp. 45 – 76). Hillsdale, NJ: Erlbaum.

Rein, R. (2012). Measurement methods to analyze changes in coordination during motor learning from a non-linear perspective. *The Open Sports Sciences Journal*, 5(1), 36 – 48. doi:10.2174/1875399X01205010036.

Rein, R., Button, C., Davids, K., & Summers, J. (2010). Cluster analysis of movement pattern dynamics in multi-articular actions. *Motor Control*, 14, 211 – 239.

Rein, R., & Memmert, D. (2016). Big data and tactical analysis in elite soccer: Future challenges and opportunities for sports science. *Springerplus*, 5, 1410.

Renshaw, I., Davids, K., Araújo, D., Lucas, A., Roberts, W. M., Newcombe, D. J., & Franks B. (2019). Evaluating weaknesses of "perceptual-cognitive training" and "brain training" methods in sport: An ecological dynamics critique. *Frontiers in Psychology*, 9, 2468. doi: 10. 3389/fpsyg. 2018.02468.

Reynolds, D. A. (2009). Gaussian mixture models. In S. Z. Li, & A. Jain (Eds.), *Encyclopedia of Biometric* (p. 741). Boston, MA: Springer.

Ribeiro, J., Davids, K., Araújo, D., Silva, P., Ramos, J., Lopes, R., & Garganta. J. (2019). The role of hypernetworks as a multilevel methodology for modelling and understanding dynamics of team sports performance. *Sports Medicine*, 49(9), 1337 – 1344. doi:10.1007/s40279 – 019 – 01104 – x.

Ribeiro, J., Figueiredo,P., Morais, S., Alves, F., Toussaint, H., Vilas-Boas, J. P., & Fernandes, R. J. (2017). Biomechanics, energetics and coordination during extreme swimming intensity: Effect of performance level. *Journal of Sports Sciences*, 35 (16), 1614 – 1621. doi: 10. 1080/ 02640414.2016.1227079.

Rich, E. (1983). *Artificial intelligence*. New York, NY: McGraw-Hill.

Richman, J. S., & Moorman, J. R. (2000). Physiological time-series analysis using approximate entropy and sample entropy. *American Journal of*

Physiology-Heart and Circulatory Physiology, 278(6), H2039 – H2049.

Rietveld, E., Denys,D., & Van Westen, M. (2018). Ecological-enactive cognition as engaging with a rich landscape of affordances: The skilled intentionality framework (SIF). In A. Newen, L. De Bruin, & S. Gallagher (Eds.), *The Oxford handbook of 4E cognition*. New York, NY: Oxford University Press.

Rindal, O. M. H., Seeberg, T. M., Tjonnas, J., Haugnes, P., & Sandbakk, O. (2018). Automatic classification of sub-techniques in classical cross-country skiing using a machine learning algorithm on micro-sensor data. *Sensors*, 18(1). doi:10.3390/s18010075.

Rish, I. (2001). An empirical study of the naive Bayes classifier. *IJCAI 2001 workshop on empirical methods in artifcial intelligence*, 3(22), 41 – 46.

Roberts, S., Trewartha, G., & Stokes, K. (2006). A comparison of time – motion analysis methods for feld-based sports. *International Journal of Sports Physiology and Performance*, 1, 388 – 399.

Robertson, S., Spencer, B., Back, N., & Farrow,D. (2019). A rule induction framework for the determination of representative learning design in skilled performance. *Journal of Sports Sciences*, 37(11), 1280 – 1285. doi: 10.1080/02640414.2018.1555905.

Robinson, A. C. (2011). Highlighting in geovisualization. *Cartography and Geographic Information Science*, 38, 373 – 383.

Rodrigues, A. C. N., Pereira, A. S., Mendes, R. M. S., Araújo, A. G., Couceiro, M. S., & Figueiredo, A. J. (2020). Using artificial intelligence for pattern recognition in a sports context. *Sensors*, 20(11), 3040.

Ross, G. B., Dowling, B., Troje, N. F., Fischer, S. L., & Graham, R. B. (2018). Objectively differentiating movement patterns between elite and novice athletes. *Medicine and Science in Sports and Exercise*, 50(7), 1457 – 1464. doi:10.1249/mss.0000000000001571.

Rossi, A., Pappalardo, L., Cintia, P., Iaia, F. M., Fernandez, J., & Medina, D. (2018). Effective injury forecasting in soccer with GPS training data and machine learning. *Plos ONE*, 13 (7). doi: 10. 1371/journal.

pone.0201264.

Rothwell, M., Davids, K., Stone, J., Araújo, D., & Shuttleworth, R. (2020). The talent development process as enhancing athlete functionality: Creating forms of life in an ecological niche. In J. Baker, S. Cobley, J. Schorer, & N. Wattie (Eds.), *Routledge handbook of talent identifcation and development in sport* (2nd Ed.). Abingdon, UK: Routledge.

Ruddy, J. D., Shield, A. J., Maniar, N., Williams, M. D., Duhig, S., Timmins, R. G., Hickey, J., Bourne, M. N., & Opar, D. A. (2018). Predictive modeling of hamstring strain injuries in elite australian footballers. *Medicine and Science in Sports and Exercise*, 50 (5), 906 – 914. doi:10.1249/mss.0000000000001527.

Russell, S., & Norvig, P. (2002). *Artificial intelligence: A modern approach*. Essex, England: Pearson Education Limited.

Russell, S., & Norvig, P. (Eds.). (2003). Constraint satisfaction problems. In *Artificial Intelligence: A Modern Approach* (pp. 137 – 160). Essex, England: Pearson Education Limited.

Sabatini, A. M. (2011). Estimating three-dimensional orientation of human body parts by inertial/magnetic sensing. *Sensors*, 11 (2), 1489 – 1525. doi:10.3390/s110201489.

Sadeghizadeh, M. R., Saranjam, B., & Kamali, R. (2017). Experimental and numerical investigation of high speed swimmer motion drag force in different depths from free surface. *Journal of Applied Fluid Mechanics*, 10 (1), 343 – 352.

Safavian, S. R., & Landgrebe, D. (1991). A survey of decision tree classifier methodology. *IEEE transactions on systems, man, and cybernetics*, 21 (3), 660 – 674.

Sak, H., Senior, A., & Beaufays, F. (2014). Long short-term memory recurrent neural network architectures for large scale acoustic modeling. In *Fifteenth Annual Conference of the International Speech Communication Association* (pp. 338 – 342). Singapore: ISCA.

Samuel, A. L. (1959). Some studies in machine learning using the game of checkers. *IBM Journal of Research and Development*, *3*(3), 210 – 229. doi:10.1147/rd.33.0210.

Sanchez-Algarra, P., & Anguera, M. T. (2013). Qualitative/quantitative integration in the inductive observational study of interactive behaviour: Impact of recording and coding predominating perspectives. *Quality y Quantity*, *47*(2), 1237 – 1257. doi: 10.1007/s11135 – 012 – 9764 – 6.

Sandau, M., Koblauch, H., Moeslund, T. B., Aanæs, H., Alkjær, T., & Simonsen, E.B. (2014). Markerless motion capture can provide reliable 3D gait kinematics in the sagittal and frontal plane. *Medical Engineering & Physics*, *36*(9), 1168 – 1175. doi:10.1016/j.medengphy.2014.07.007.

Sandnes, F. E., & Jian, H.-L. (2004). Pair-wise varibility index: Evaluating the cognitive diffculty of using mobile text entry systems. In S. Brewster & M. Dunlop (Eds.), *Mobile human-computer interaction* (pp. 347 – 350). Heidelberg, Germany: Springer.

Sarmento, H., Bradley, P., Anguera, M. T., Polido, T., Resende, R., & Campaniço, J. (2016). Quantifying the offensive sequences that result in goals in elite futsal matches. *Journal of Sports Sciences*, *34*(7), 621 – 629. doi:10.1080/02640414.2015.106 6024.

Schlipsing, M., Salmen, J., Tschentscher, M., & Igel, C. (2017). Adaptive pattern recognition in real-time video-based soccer analysis. *Journal of Real-Time Image Processing*, *13*(2), 345 – 361. doi:10.1007/s11554 – 014 – 0406 – 1.

Schmidt, A. (2012). Movement pattern recognition in basketball free-throw shooting. *Human Movement Science*, *31*(2), 360 – 382. doi:10.1016/j.humov.2011.01.003.

Schmitz, A., Ye, M., Shapiro, R., Yang, R., & Noehren, B. (2014). Accuracy and repeatability of joint angles measured using a single camera markerless motion capture system. *Journal of Biomechanics*, *47*, 587 – 591. doi:10.1016/j.jbiomech.2013.11.031.

Schölkopf, B. (2001). The kernel trick for distances. In T. K. Leen, T. G. Dietterich & V. Tresp (Eds.), *Advances in neural information processing systems* (pp. 301 – 307). Massachusetts: Massachusetts Institute of

Technology Press.

Schulte, O., Khademi, M., Gholami, S., Zhao, Z., Javan, M., & Desaulniers, P. (2017). A Markov Game model for valuing actions, locations, and team performance in ice hockey. *Data Mining and Knowledge Discovery*, *31*(6), 1735 – 1757. doi:10.1007/s10618 – 017 – 0496 – z.

Schuster, M., & Paliwal, K. K. (1997). Bidirectional recurrent neural networks. *IEEE Transactions on Signal Processing*, *45*(11), 2673 – 2681.

Schwartz, B. (2004). *The paradox of choice: Why more is less*. New York, NY: HarperCollins Publishers.

Scott, M.T. U., Scott, T. J., & Kelly, V. G. (2016). The validity and reliability of global positioning systems in team sport: A brief review. *Journal of Strength and Conditioning Research*, *30*(5), 1470 – 1490. doi:10.1519/JSC.0000000000001221.

Seel, T., Raisch, J., & Schauer, T. (2014). IMU-based joint angle measurement for gait analysis. *Sensors*, *14*(4), 6891 – 6909. doi:10.3390/s140406891.

Seifert, L., Boulanger, J., Orth, D., & Davids, K. (2015). Environmental design shapes perceptual-motor exploration, learning and transfer in climbing. *Frontiers in Psychology*, *6*, 1819. doi:10.3389/fpsyg.2015.01819.

Seifert, L., Button, C., & Davids, K. (2013). Key properties of expert movement systems in sport: An ecological dynamics perspective. *Sport Medicine*, *43*(1), 167 – 178.

Seifert, L., & Davids, K. (2012). Intentions, perceptions and actions constrain functional intra-and inter-individual variability in the acquisition of expertise in individual sports. *Open Journal of Sport Sciences*, *5*, 68 – 75.

Seifert, L., Hacques, G., Rivet, R., & Legreneur, P. (2020). Assessment of fluency dynamics in climbing. *Sport Biomechanics*. doi: 10. 1080/14763141. 2020.1830161.

Seifert, L., Komar, J., Barbosa, T., Toussaint, H. M., Millet, G., & Davids, K. (2014). Coordination pattern variability provides functional adaptations to constraints in swimming performance. *Sports Medicine*, *44*(10), 1333 – 1345.

Seifert, L., Komar, J., Hérault, R., & Chollet, D. (2014). Using inertial measurement unit for coordination pattern detection and recognition in breaststroke. In B. Mason (Ed.), *XIIth International Symposium for Biomechanics and Medicine in Swimming XII* (pp. 235 – 242). Canberra, Australia: Australian Institute of Sport.

Seifert, L., Orth, D., Boulanger, J., Dovgalecs, V., Hérault, R., & Davids K. (2014). Climbing skill and complexity of climbing wall design: Assessment of jerk as a novel indicator of performance fuency. *Journal of Applied Biomechanics*, *30*(5), 619 – 625.

Seifert, L., Orth, D., Mantel, B., Boulanger, J., Hérault, R., & Dicks, M. (2018). Affordance realisation in climbing: Learning and transfer. *Frontiers in Psychology*, *9*, 820. doi:10.3389/fpsyg.2018.00820.

Seifert, L., Schnitzler, C., Aujouannet, Y., Carter, M., Rouard, A., & Chollet, D. (2006). Comparison of subjective and objective methods of determination of stroke phases to analyse arm coordination in front-crawl. *Portuguese Journal of Sport Sciences*, *6*(Supl. 2), 92 – 94.

Shan, G., & Westerhof, P. (2005). Soccer: Full-body kinematic characteristics of the maximal instep soccer kick by male soccer players and parameters related to kick quality. *Sports Biomechanics*, *4*(1), 59 – 72.

Sibella, F., Frosio, I., Schena, F., & Borghese, N. A. (2007). 3D analysis of the body center of mass in rock climbing. *Human Movement Science*, *26*(6), 841 – 852. doi:10.1016/j. humov.2007.05.008.

Sillanpää, V., & Heino, O. (2013). *Forecasting football match results — A study on modeling principles and effciency of fixed-odds betting markets in football*. (Master's thesis on Quantitative Methods of Economics). Department of Information and Service Economy. Aalto University, School of Business.

Silvatti, A.P., Cerveri, P., Telles, T., Dias, F. A. S., Baroni, G., & Barros, R. M. L. (2013). Quantitative underwater 3D motion analysis using submerged video cameras: Accuracy analysis and trajectory reconstruction. *Computer Methods in Biomechanics and Biomedical Engineering*, *16*, 1240 – 1248. doi: 10. 1080/ 10255842.2012.664637.

Simbaña-Escobar, D., Hellard, P., Pyne, D., & Seifert, L. (2018a).

Functional role of movement and performance variability: Adaptation of front crawl swimmers to competitive swimming constraints. *Journal of Applied Biomechanics*, *34*(1), 53 – 64. doi:10.1123/jab.2017 – 0022.

Simbaña-Escobar, D., Hellard, P., & Seifert L. (2018b). Modelling stroking parameters in competitive sprint swimming: Understanding inter-and intra-lap variability to assess pacing management. *Human Movement Science*, *61*, 219 – 230.

Sinar, E. F. (2015). Data visualization. In S. Tonidandel, E. B. King, & J. M. Cortina (Eds.), *Big data at work: The data science revolution and organizational psychology* (pp. 129 – 171). New York, NY: Routledge.

SkillCorner. (2020). A new world of performance insight from video tracking technology. Retrieved from https://medium.com/skillcorner/a-new-world-of-performance-insight-from-video-tracking-technology-f0d7c0deb767.

Sokolova, M., Japkowicz, N., & Szpakowicz, S. (2006). Beyond accuracy, F-score and ROC: A family of discriminant measures for performance evaluation. In Sattar, A. & Kang, B. (Eds.), *Australasian joint conference on artifcial intelligence* (pp. 1015 – 1021). Berlin, Heidelberg: Springer.

Song, Q., Liu, M., Tang, C., & Long, L. (2020). Applying principles of big data to the workplace and talent analytics. In S. Woo, L. Tay, & R. Proctor (Eds.), *Big data in psychological research* (pp. 319 – 344). Washington, DC: American Psychological Association.

Spann, M., & Skiera, B. (2009). Sports forecasting: A comparison of the forecast accuracy of prediction markets, betting odds and tipsters. *Journal of Forecasting*, *28*(1), 55 – 72.

Stepp, N., & Turvey, M. T. (2010). On strong anticipation. *Cognitive Systems Research*, *11*, 148 – 164.

Stone, J., Straford, B. W., North, J. S., Toner, C., & Davids, K. (2018). Efectiveness and effciency of virtual reality designs to enhance athlete development: An ecological dynamics perspective. *Movement and Sport Science/Science et Motricité*, *102*, 51 – 60. doi:10.1051/sm/2018031.

Stone, K. J., & Oliver, J. L. (2009). The efect of 45 minutes of soccer-specifc exercise on the performance of soccer skills. *International Journal of Sports Physiology and Performance*, 4(2), 163 - 175.

Takahashi, M., Yokozawa, S., Mitsumine, H., & Mishina, T. (2018). Real-time ball-position measurement using multi-view cameras for live football broadcast. *Multi-media Tools and Applications*, 77(18), 23729 - 23750. doi:10.1007/s11042 - 018 - 5694 - 1.

Tang, B., Kay, S., & He, H. (2016). Toward optimal feature selection in naive Bayes for text categorization. *IEEE Transactions on Knowledge and Data Engineering*, 28(9), 2508 - 2521.

Tavana, M., Azizi, F., Azizi, F., & Behzadian, M. (2013). A fuzzy inference system with application to player selection and team formation in multi-player sports. *Sport Management Review*, 16(1), 97 - 110.

Tay, L., Jebb, A. T., & Woo, S. E. (2017). Video capture of human behaviors: Toward a big data approach. *Current Opinion in Behavioral Sciences*, 18, 17 - 22.

Taylor, L., Miller, E., & Kaufman, K. R. (2017). Static and dynamic validation of inertial measurement units. *Gait & Posture*, 57, 80 - 84. doi: 10.1016/j.gaitpost.2017.05.026.

Teufl, W., Miezal, M., Taetz, B., Fröhlich, M., & Bleser, G. (2018). Validity, test-retest reliability and long-term stability of magnetometer free inertial sensor based 3D joint kinematics. *Sensors*, 18(1980), 1 - 22. doi: 10.3390/s18071980.

Thewlis, D., Bishop, C., Daniell, N., & Paul, G. (2013). Next-generation low-cost motion capture systems can provide comparable spatial accuracy to high-end systems. *Journal of Applied Biomechanics*, 29(1), 112 - 117. doi: 10.1123/jab.29.1.112.

Trapattoni, G. (2000). *Coaching high performance soccer*. Spring City, PA: Reedswain Inc.

Travassos, B., Araújo, D., Duarte, R., & McGarry, T. (2012). Spatiotemporal coordination behaviors in futsal (indoor football) are guided by informational game constraints. *Human Movement Science*, *31*(4), 932 – 945. doi: 10.1016/j. humov. 2011.10.004.

Tsai, W. (2002). Social structure of "coopetition" within a multiunit organization: Coordination, competition, and intraorganizational knowledge sharing. *Organization Science*, *13*(2), 179 – 190.

Turvey, M. & Carello, C. (1981). Cognition: The view from ecological realism. *Cognition*, *10*, 313 – 321.

van Den Brink, R., & Borm, P. (2002). Digraph competitions and cooperative games. *Theory and Decision*, *53*(4), 327 – 342.

Van Winckel, J., Tenney, D., Helsen, W., McMillan, K., Meert, J., & Bradley, P. (2014). *Fitness in soccer — The science and practical aplicattion*. Levene: Moveo Ergo Sum.

Vigotsky, A. D., Halperin, I., Lehman, G. J., Trajano, G. S., & Vieira, T. M. (2018). Interpreting signal amplitudes in surface electromyography studies in sport and rehabilitation sciences. *Frontiers in Physiology*, *8*, 985.

Vilar, L., Araújo, D., Davids, K., & Button, C. (2012). The role of ecological dynamics in analysing performance in team sports. *Sports Medicine*, *42*(1), 1 – 10. doi: 10.2165/11596520 – 000000000 – 00000.

Vilar, L., Araújo, D., Davids, K., Travassos, B., Duarte, R., & Parreira, J. (2014). Interpersonal coordination tendencies supporting the creation/prevention of goal scoring opportunities in futsal. *European Journal of Sport Science*, *14*(1), 28 – 35.

Waldron, M., Worsfold, P., Twist, C., & Lamb, K. (2011). Concurrent validity and test-retest reliability of a global positioning system (GPS) and timing gates to assess sprint performance variables. *Journal of Sports Sciences*, *29*(15), 1613 – 1619. doi: 10.108 0/02640414.2011.608703.

Wallgrün, J. O., Karimzadeh, M., MacEachren, A. M., & Pezanowski, S. (2018). GeoCorpora: Building a corpus to test and train microblog geoparsers. *International Journal of Geographical Information Science*, *32*, 1 – 29.

Ward, P., Schraagen, J., Gore, J., & Roth, E. (2020). *The oxford handbook of expertise*. Oxford, UK: Oxford University Press.

Watts, D. J. (2002). A simple model of information cascades on random networks. *Proceedings of the National Academy of Science of the U.S.A.*, 99(9), 5766 – 5771. doi:10.1073/pnas.082090499.

Watts, P. B., España-Romero, V., Ostrowski, M. L., & Jensen, R. L. (2020). Change in geometric entropy with repeated ascents in rock climbing. *Sports Biomechanics*, 30, 1 – 10. doi: 10.1080/14763141.2019.1635636.

Whiteside, D., Cant, O., Connolly, M., & Reid, M. (2017). Monitoring hitting load in tennis using inertial sensors and machine learning. *International Journal of Sports Physiology and Performance*, 12(9), 1212 – 1217. doi: 10.1123/ijspp.2016 – 0683.

Willmott, A. G. B., James, C. A., Bliss, A., Leftwich, R. A., & Maxwell, N. S. (2019). A comparison of two global positioning system devices for team-sport running protocols. *Journal of Biomechanics*, 23(83), 324 – 328. doi:10.1016/j.jbiomech.2018.11.044.

Wilson, D. J., Smith, B. K., Gibson, J. K., Choe, B. K., Gaba, B. C., & Voelz, J. T. (1999). Accuracy of digitization using automated and manual methods. *Physical Therapy*, 79(6) 558 – 566.

Withagen, R., Araújo, D., & de Poel, H. J. (2017). Inviting affordances and agency. *New Ideas in Psychology*, 45, 11 – 18.

Withagen, R., de Poel, H. J., Araújo, D., & Pepping, G.-J. (2012). Affordances can invite behavior: Reconsidering the relationship between affordances and agency. *New Ideas in Psychology*, 30, 250 – 258.

Woo, S., Tay, L., Jebb, A., Ford, M., & Kern, M. (2020). Big Data for enhancing measurement quality. In S. Woo, L. Tay, & R. Proctor (Eds.), *Big data in psychological research* (pp. 59 – 86). Washington, DC: American Psychological Association.

Woo, S. E., Tay, L., & Proctor, R. W. (Eds.). (2020). *Big data in psychological research*. Washington, DC: American Psychological Association.

Woods, C., McKeown, I., Shuttleworth, R., Davids, K., & Robertson,

S. (2019). Training programme designs in professional team sport: An ecological dynamics exemplar. *Human Movement Science*, 66, 318 – 326. doi: 10.1016/j.humov.2019.05.015.

Wu, M. (2020). wgPlot – Weighted Graph Plot (a better version of gplot). Retrieved from https://www. mathworks. com/matlabcentral/fleexchange/ 24035-wgplot-weighted-graph-plot-a-better-version-of-gplot. MATLAB Central File Exchange. Accessed April 13, 2020.

Xie, J., Xu, J., Nie, C., & Nie, Q. (2017). Machine learning of swimming data via wisdom of crowd and regression analysis. *Mathematical Biosciences and Engineering*, 14(2), 511 – 527. doi:10.3934/mbe.2017031.

Xing, Z., Pei, J., & Keogh, E. (2010). A brief survey on sequence classifcation. *ACM SIGKDD Explorations Newsletter*, 12(1), 40 – 48.

Xu, M.,Orwell, J., Lowey, L., & Thirde, D. (2005). Architecture and algorithms for tracking football players with multiple cameras. *IEE Proceedings-Vision*, *Image and Signal Processing*, 152(2), 232 – 241.

Yadav, J. S., Yadav, M., & Jain, A. (2014). Artifcial neural network. *International Journal of Scientifc Research and Education*, 1(6), 108 – 118.

Yeh, H.-P., Stone, J., Churchill, S., Wheat, J., Brymer, E., & Davids, K. (2016). Benefts of green physical activity: An ecological dynamics perspective. *Sports Medicine*, 46, 947 – 953. doi:10.1007/s40279 – 015 – 0374 – z.

Yi, Z. (2013). *Convergence analysis of recurrent neural networks* (Vol. 13). Berlin, Germany: Springer Science & Business Media.

Zanone, P. G., & Kelso, J. A. S. (1992). Evolution of behavioural attractors with learning: Nonequilibrium phase transitions. *Journal of Experimental Psychology*: *Human Perception and Performance*, 18(2), 403 – 421. doi:10.1037//0096 – 1523.18.2.403.

Zelic, I., Kononenko, I.,Lavrac, N., & Vuga, V. (1997). Diagnosis of sport injuries with machine learning: Explanation of induced decisions. In Kokol, P. Stiglic, B., Brumen, B. & Brest, J. (Eds.), *Proceedings of computer based medical systems* (pp. 195 – 199). New York, NY: IEEE.

Zhou, H., & Hu, H. (2010). Reducing drifts in the inertial measurements of wrist and elbow positions. *IEEE Transactions on Instrumentation and Measurement*, 59 (3), 575 - 585. doi: 10. 1109/TIM. 2009.2025065.

Zhou, H., Stone, T., Hu, H., & Harris, N. (2008). Use of multiple wearable inertial sensors in upper limb motion tracking. *Medical Engineering & Physics*, 30, 123 - 133. doi: 10.1016/j.medengphy.2006.11.010.

Zhou, Z. H. (2012). *Ensemble methods: Foundations and algorithms*. Boca Raton, FL: CRC Press.

Zimmermann, H. J. (2012). *Fuzzy sets, decision making, and expert systems* (Vol. 10). Dordrecht, Netherlands: Springer Science & Business Media.

图书在版编目（CIP）数据

运动表现分析中的人工智能 ／（葡）杜阿尔特·阿劳
若著；王坤译. -- 上海 ： 上海教育出版社，2025. 8.
（运动科学前沿译丛）. -- ISBN 978-7-5720-3760-3

Ⅰ. G808.1-39

中国国家版本馆CIP数据核字第2025LM6657号

上海市版权局著作权合同登记号图字：09-2025-0442号

责任编辑　余　地　陈杉杉
装帧设计　肖禹西

Artificial Intelligence in Sport Performance Analysis
运动表现分析中的人工智能
[葡] 杜阿尔特·阿劳若　[葡] 米卡埃尔·科塞罗　[法] 卢多维奇·塞弗特
[葡] 雨果·萨尔门托　[英] 基思·戴维兹　著
王　坤　黄　涛　等译

出版发行	上海教育出版社有限公司
官　　网	www.seph.com.cn
地　　址	上海市闵行区号景路159弄C座
邮　　编	201101
印　　刷	上海龙腾印务有限公司
开　　本	700×1000　1/16　印张 13.25　插页 1
字　　数	217 千字
版　　次	2025年8月第1版
印　　次	2025年8月第1次印刷
书　　号	ISBN 978-7-5720-3760-3/G·3348
定　　价	78.00 元

如发现质量问题，读者可向本社调换　电话：021-64373213